龟兹石窟艺术

苗利辉 赵丽娅 沙娜 古丽扎尔·吐尔逊 著

清华大学出版社

北京

图书在版编目（CIP）数据

龟兹石窟艺术 / 苗利辉等著. —北京：清华大学出版社，2024.4
ISBN 978-7-302-64363-0

Ⅰ.①龟… Ⅱ.①苗… Ⅲ.①龟兹—石窟—研究 Ⅳ.① K879.294

中国国家版本馆 CIP 数据核字（2023）第 149802 号

责任编辑：纪海虹
封面设计：刘　派
责任校对：王荣静
责任印制：宋　林

出版发行：清华大学出版社
　　　网　　　址：https://www.tup.com.cn，https://www.wqxuetang.com
　　　地　　　址：北京清华大学学研大厦 A 座　　邮　　编：100084
　　　社 总 机：010-83470000　　　　　　　　邮　　购：010-62786544
　　　投稿与读者服务：010-62776969，c-service@tup.tsinghua.edu.cn
　　　质量反馈：010-62772015，zhiliang@tup.tsinghua.edu.cn
印 装 者：小森印刷（北京）有限公司
经　　销：全国新华书店
开　　本：180mm×260mm　　印　张：18　　字　数：364 千字
版　　次：2024 年 4 月第 1 版　　　　　　印　次：2024 年 4 月第 1 次印刷
定　　价：148.00 元

产品编号：081467-01

目　录

第一章

龟兹石窟的发现与相关研究

龟兹石窟被世人重新发现肇始于 18 世纪中叶，在我国清代一些文人官吏的著作、游记中，对当时保存在这一地区的一些石窟寺有所记载。谢济世在 18 世纪 30 年代曾经到过库车一带，他在著作《戎幕随笔》中记载了库木吐喇石窟的情况："丁谷山千佛洞白衣洞，即唐书所谓阿羯田山。……白衣洞有奇篆十余，剥落不可识。……上下山谷，佛洞以百数……"由于这些学人的学术重点在于当时兴起的西北舆地之学，因而对于石窟中的艺术元素大多没有记载，直到外国探险家们的到来……

第一节
早期外国探险家的调查和研究

20 世纪初英国人斯坦因（M. A. Stein），德国人勒柯克（A. von. Le Coq）、格伦威德尔（A. Grün Wedel）、特林克勒（Trinkler），俄国人奥登堡（S. F. Oldenburg）以及日本大谷探险队等均在龟兹地区对部分石窟进行过考古调查和发掘活动。

斯坦因在 1901—1914 年来华作了三次考察，后两次考察行程包含了新疆阿克苏地区的克孜尔石窟、托乎拉克艾肯石窟、温巴什石窟和铁吉克石窟。

德国考察队由格伦威德尔和勒柯克率领，1902—1914 年先后在新疆进行了四次发掘。他们在阿克苏地区考察了克孜尔石窟、库木吐喇石窟、森木塞姆石窟和玛扎伯哈石窟等，进行了测绘、摄影工作，并切割了大量壁画。（图 1.1）

图 1.1 勒柯克在克孜尔石窟

1909—1910 年，奥登堡率队考察了阿克苏地区的克孜尔石窟、库木吐喇石窟、克孜尔尕哈石窟、森木塞姆石窟和温巴什石窟。

在上述西方探险队考察的同时，日本大谷探险队进行了 3 次探险活动：第一次是在1902—1904 年，成员是渡边哲信和崛贤雄；第二次是在 1908—1909 年，成员是橘瑞超和野村荣三郎；第三次是在 1910—1914 年，成员是橘瑞超和吉川小一郎。渡边哲信和崛贤雄在克孜尔石窟测绘和发掘了一些洞窟。

在龟兹地区对石窟进行调查的外国探险队回国后，将他们的调查报告和劫掠文物的记录陆续出版。这些出版物主要有《西域考古图记》《西域考古图谱》《新西域记》《龙谷大学善本丛书一》《伯西和考察队考古资料丛刊》《新疆古佛寺》等。有一些材料至今没有公布，没公布的材料主要保留在俄国人手中。

他们对一些材料进行了专题研究，其研究成果主要在以下几个方面：①年代与分期；②洞窟形制；③壁画题材。主要著作有《西域文化研究》《龟兹》《新疆佛教艺术》（图 1.2）、《新疆艺术与文化史图说》和《犍陀罗、库车、吐鲁番》等。

外国探险队在这一地区的活动，一方面对龟兹石窟艺术造成了巨大的破坏，另一方面也拉开了对龟兹石窟进行科学考察和研究的序幕。

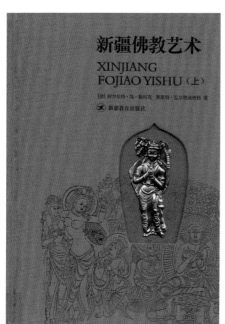

图 1.2　勒柯克等著，巫新华等译《新疆佛教艺术（上、下）》

第二节
早期中国学者的工作

1928 年，黄文弼曾在克孜尔石窟和库木吐喇石窟进行考古工作，对 140 个洞窟进行了编号，绘制了洞窟分布图和平面示意图，在克孜尔石窟发现了多种文字的文书写本和钱币等遗物。他的发掘和研究成果后来发表在他的《塔里木盆地考古记》一书中。黄文弼后来发表的《由考古上见到的新疆在文化上之地位》和《新疆考古之发现与古代西域文化之关系》两篇文章，初步探讨了克孜尔石窟佛教艺术的有关问题。(图 1.3)

我国革命艺术家韩乐然于 1946 年和 1947 年两次到克孜尔石窟进行考察。他对洞窟进行了编号、记录、拍照和临摹，并进行了关于克孜尔石窟分期的探讨。他将壁画分为上、中、下三期，时代界定在公元初至 5 世纪之间。他在考察结束后由乌鲁木齐乘飞机回兰州，经嘉峪关时，因飞机失事而不幸遇难，考察资料也大多不存。(图 1.4)

图 1.3　黄文弼在新疆考察　　　　　　　　图 1.4　韩乐然在克孜尔石窟考察

总体来说，这一时期，对于龟兹石窟及其艺术的研究，国人的成果就其调查区域、涉及领域和研究深度与国外学者相比均存在一定差距。但是前辈学者凭着一腔爱国热情，不畏艰难险阻，采用较为科学与系统的方法，对龟兹石窟艺术进行的调查研究，开启了我国学者研究龟兹石窟艺术的先河，使得它日益被国人关注，对以后的学术研究工作产生了重要的影响。

第三节

新中国成立后龟兹石窟研究的新阶段

新中国成立以后，对龟兹石窟的调查研究进入一个新阶段。

首先，新中国先后组织了两次大规模的石窟文物状况的调查。第一次是在 1953 年，西北文化局新疆文物调查组对阿克苏地区的克孜尔石窟、库木吐喇石窟、森木塞姆石窟、克孜尔尕哈石窟、台台尔石窟、玛扎伯哈石窟、托乎拉克艾肯石窟进行调查，对洞窟进行了编号。（图 1.5）

第二次是在 1961 年，中国佛教协会与敦煌文物研究所于 1961 年成立了新疆石窟调查组，调查了新疆天山以南的石窟。这次调查包括阿克苏地区的克孜尔石窟、库木吐喇石窟、森木塞姆石窟、克孜尔尕哈石窟、台台尔石窟、玛扎伯哈石窟。

这一时期其他比较重要的考察和发掘还有：

1979 年 8 月，北京大学历史系研究生马世长、晁华山、许宛音和中国社会科学院宗教研究所研究生丁明夷，在北京大学历史系教授宿白的指导下，到克孜尔石窟进行了长达两个半月的石窟考古学习。（图 1.6）

1995 年，第二届全国石窟考古培训班在克孜尔石窟举办。培训期间，在北京大学马世长

图 1.5　1953 年西北文化局考察克孜尔石窟

图 1.6　北大宿白教授和研究生与克孜尔文管所同志合影

教授的指导下，学员们考察了阿克苏地区的克孜尔石窟、台台尔石窟、温巴什石窟、阿克塔什石窟、喀拉苏石窟、都干石窟等石窟群。

　　20 世纪 70—80 年代，中国艺术研究院的谭树桐先后 7 次考察龟兹石窟。

　　为配合克孜尔石窟维修工程，1989 年、1990 年、1999 年，新疆文物考古研究所等单位先后 3 次对克孜尔石窟谷西区和谷内区窟前进行清理发掘，共清理出洞窟 30 余个。

　　2000 年以来，新疆克孜尔石窟研究所（前身为新疆龟兹石窟研究所、新疆龟兹研究院）多次组织专业人员前往龟兹地区各处石窟进行考察。

　　这一时期，通过 3 次全国文物普查对这个地区的所有石窟点进行了全面的普查，并整理出了相关的普查报告。

　　这一时期对龟兹石窟的研究工作主要由我国的学者完成，国外的学者也在一些方面取得了新的进展。

　　一方面随着对这一地区石窟、文物遗址的考察工作全面展开，不仅对克孜尔石窟、库木吐喇石窟、苏巴什石窟等著名石窟进行了较为全面的考察，发表了相关的报告，而且一些中小型石窟寺及过去未被发现的石窟寺也被发现、调查，并发表和出版了相关的考察报告。其中比较重要的有《新疆天山南路的文物调查》《新疆石窟艺术》《新疆天山以南的石窟》《新疆克孜尔石窟考古报告》《克孜尔石窟内容总录》《库木吐喇石窟内容总录》《森木塞姆石窟内容总录》《克孜尔尕哈石窟内容总录》等。

另一方面，对这一地区石窟的研究也进入一个新阶段，在石窟断代研究、壁画风格研究、特色研究、历史考古研究、壁画题材研究、佛学思想研究、石窟间比较研究、乐舞研究等方面取得了长足的进展，使我们对龟兹石窟的认识日益深刻。

中国学者对龟兹石窟进行研究的深度和广度都是此前所不能比拟的，而且专业化越来越强。这一方面是因为北京大学和中央美术学院等高等院校以及中国艺术研究院、中国社会科学院等科研院所组织专人前往古代龟兹地区进行调查研究，另一方面是因为与古代龟兹地区有关的各种新资料的不断发现和公布。改革开放使得许多研究者得以亲身到欧美、日本，或收集资料，或与外国同行切磋。

此外，20 世纪 80 年代初以来，有关龟兹研究的学术会议尤其是国际会议，不定期召开；许多与龟兹壁画研究有关的论文和专著陆续出版。特别是 1985 年，新疆维吾尔自治区龟兹石窟研究所的成立，标志着我国对龟兹石窟壁画的研究和保护工作进入了一个新的时期。（图 1.7）

相比而言，外国学者这一时期的研究成果不多。第二次世界大战以后，德国学者有关龟兹石窟的研究有以下两个方面：①整理和出版了与该地区石窟有直接关系的各种写本。②对石窟的壁画题材、内容、艺术风格、年代等各个方面进行专题研究。如原柏林印度艺术博物馆馆长赫·海尔特出版了几种有关克孜尔石窟壁画与印度、犍陀罗艺术关系的著作。印度艺术博物馆现任馆长 M. Yaldiz 著有《新疆考古与艺术史》（*Archaologie und Kunstgeschichte Chinesisch-Zentralasiens*（*Xinjiang*））一书，除壁画外，对龟兹地区的地面寺院遗址也作了一些介绍。

图 1.7　新疆克孜尔石窟研究所成立以来的部分研究成果

这一时期，由韩百诗（L. Hambis）组织一批学者从事伯希和在新疆和敦煌所获文物的系统分类整理工作，编有《伯希和考察队考古资料丛刊》，共16卷，这项工作现在还未结束。在已出版的第一卷《吐木休克》和第八卷《库车地区诸遗址·龟兹语铭文》中有出自克孜尔的壁画、塑像和龟兹文题记。

伯希和在库车地区发现的梵文和龟兹文写本，早年由菲诺（Louis Finot）和列维（Sylvain Levi）整理研究。20世纪80年代以来，这些龟兹文写本由皮诺（Georges Pinault）负责重新整理。近年来，他发表了一系列法藏龟兹文佛典和世俗文书的论文。此外，他还转写和翻译了全部伯希和在都勒都尔阿护尔发现的木简文书和考察队在库车地区石窟中所拍摄的龟兹文题记，著有《龟兹语铭文》。皮诺教授于90年代几次考察克孜尔石窟，参观了新疆克孜尔石窟研究所收藏的龟兹文文书，并对部分壁画中的龟兹文题记作了释读。

20世纪30年代以后，日本学者对于龟兹壁画的研究几乎陷于停顿。近十几年来，主要有名古屋大学的宫治昭、中川原育子以及龙谷大学的入泽崇进行了研究，主要是对龟兹石窟中的壁画进行图像学的研究。

第四节
研究成果简述

下文按专题对这一阶段的研究成果作一初步总结。

一、关于龟兹石窟年代的研究

考古学理论和碳14测年技术的使用为龟兹石窟年代学的考察搭建了科学的基础；风格学也是年代判定重要标准之一。

克孜尔石窟是龟兹石窟的代表，对它的年代研究具有典型意义，为中外学者特别关注。学者们对克孜尔石窟年代的判定尽管存在分歧，但是都有一个共同的特点，即都是对传统德国学者所提出的克孜尔石窟乃至龟兹其他地区石窟分期的挑战。尤其是宿白建立在考古地层学和类型学基础上对克孜尔石窟的分期，对龟兹石窟壁画进行研究的新途径。依据这种方法建立的佛教考古学为龟兹壁画的研究注入了新的活力，同时也使龟兹壁画的研究建立在科学的年代学的基础之上，从而将龟兹石窟的研究推进到一个新的时期。

碳 14 测年方法的引入，也是这一时期龟兹石窟年代研究的一个特点。先后对龟兹地区石窟，尤其是克孜尔石窟做过较为系统的碳 14 年代测定的主要有北京大学、中国社会科学院以及德国柏林亚洲艺术博物馆。

我国学者对克孜尔石窟分期意见，存在较大的差异。有的重于美术风格，有的重于考古，完全能使各方统一的年代观点尚未最后形成。因此，龟兹石窟年代的研究任重道远。

二、关于龟兹石窟壁画题材的研究

随着研究的不断深入，越来越多的题材被识别出。

诠释石窟壁画题材内容，是揭示石窟内涵的重要方面。这一时期不同学者的研究在不同程度上，将龟兹石窟壁画内容考释推向更深更广的层面。

其中，马世长在《克孜尔中心柱窟主室券顶与后室的壁画》一文中，根据汉文佛经，考证出克孜尔石窟保存较好的 90 余种本生故事、40 余种因缘故事，对其故事内容、参照的佛经经本、分布位置及其演变都进行了详细的论述。丁明夷等的《克孜尔石窟的佛传壁画》一文，则对分布于克孜尔石窟中的 60 个佛传故事进行了考证，包括故事内容、依据的汉文佛经、分布位置，并将其分为因缘类佛传和本行类佛传两种类型，在此基础上对克孜尔石窟佛传类型的演变进行了阐述。此外，贾应逸、丁明夷和许宛音分别对库木吐喇石窟、森木塞姆石窟、克孜尔尕哈石窟和台台尔石窟的洞窟壁画题材进行了辨识。近年来，新疆克孜尔石窟研究所的学者们，对龟兹地区壁画中的题材内容参照国内外学者的研究，进行了详细的考订，部分成果见于陆续出版的各个石窟的内容总录中。

此外，近年来，法国学者乐愕玛（Emmanuele Lesbre）著《克孜尔石窟顶部以佛为中心的画面的识读与分类初探》等文，对克孜尔石窟顶部的壁画内容进行辨识。她将这些壁画的题材分为 3 类：第一类是表现度化与皈依佛，第二类是强调六度中的布施与馈赠，第三类是佛教的一些寓言与譬喻故事。这种分类为我们认识克孜尔石窟壁画的性质提供了一个新的视角。德国学者莫妮卡·辛（Monika Zin）则通过对各种佛经文本的对勘，新识别出一些壁画题材。

三、关于龟兹石窟壁画风格、特色的研究

这是龟兹石窟壁画研究的重要课题，研究成果比较丰硕，是龟兹石窟艺术之中文化因素判定及涉及文化交流研究的重要内容。

中央美术学院教授金维诺撰写的《龟兹艺术的风格与成就》一文，从美术史的角度论证了以克孜尔石窟为代表的具有鲜明民族和地域特色的龟兹艺术风格的特点及其成

就。他认为克孜尔石窟中体现大乘思想的大像窟的时代应是鸠摩罗什在龟兹广弘大乘的时期。吴焯先生的《克孜尔石窟壁画画法综考——兼谈西域文化的性质》和《克孜尔石窟壁画裸体问题初探》等文章把壁画从宗教内容引向艺术领域，并和东西方艺术的发展联系起来。

对新疆壁画的艺术特色进行深入研究的谭树桐，在 20 世纪 70—80 年代先后 7 次考察龟兹石窟，1987 年 11 月在赴克孜尔石窟的途中不幸因车祸而殉职。他主编了我国最早的关于龟兹石窟的画册——《新疆の壁画》（日本美乃美出版社）。他撰写的有关克孜尔石窟的研究文章有《丹青斑驳　尚存金壁——龟兹石窟壁画欣赏》和《装饰性与生动性——克孜尔壁画散记之二》等。

在这两篇文章中，谭树桐先生将龟兹石窟艺术从建筑特色、壁画题材、艺术形象的生动性、画面的装饰性、线条艺术以及晕染艺术特点等几个方面进行了深入而富有见解的阐释，尤其是其中关于龟兹壁画艺术的装饰性、线条艺术以及晕染艺术特点的论述，条分缕析，使我们对龟兹壁画艺术的独特性有了比较清晰的认识。此外，作者还从地理位置、历史背景和绘画特征等方面分析了产生这些特点的原因。

对龟兹风艺术进行比较具体的研究的还有袁廷鹤，他长期从事龟兹壁画的临摹工作，在对其理论进行思考的基础上完成了《龟兹风壁画的形成与发展》一文。在这篇文章中，他将龟兹风壁画艺术按照构图布局、人物造型、线条、晕染和色彩等方面，结合自身的临摹实际，以及与域外其他的艺术的比较，作了准确的阐述。

这一时期的关于龟兹艺术风格特色的研究，注重发掘龟兹自身文化艺术底蕴，强调龟兹艺术的本地基础，外来的影响只是一种被吸收的因子，并在此基础上，鲜明提出"龟兹风"的概念。同时对于非本地因素，不只是看到西方的影响，也注意到东方汉地的文化影响，从而改变了以往"西来说"的偏颇。

四、关于龟兹历史的研究

与对龟兹石窟壁画研究同步，龟兹历史、考古研究也取得了巨大的进展，龟兹历史中的基本问题得以解决，基本线索得以廓清，为我们了解龟兹壁画产生的历史背景提供了丰富的资料。

季羡林的《西域佛教史》主要编写了龟兹及焉耆的佛教历史。大概因为有的章节涉及于阗佛教，而称《西域佛教史》。《西域佛教史》有两个突出的特点：一是利用了大量吐火罗语的文献来研究龟兹、焉耆的佛教史；二是提出了一些龟兹、焉耆佛教史研究中应当注意的问题。作者这些思考深邃、观察细腻的问题，大大超越了同时代学者对西域佛教理解的高度和深度。季羡林的《西域佛教史》的龟兹部分是我国目前对龟兹佛教及其历史，论述最深入的著述。

宿白是中国佛教考古的开创者，他的《克孜尔部分洞窟阶段划分与年代等问题的初步探索》一文，通过深入调查、细致观察，弄清了克孜尔石窟形制方面，包括洞窟组合、打破关系特点，对壁画内容实质、艺术特色和渊源关系等也作了探讨。他认为克孜尔石窟壁画具有鲜明的地方和民族特色，闪耀着中西文化交融的异彩，反映的主要是小乘佛教、特别是说一切有部的思想内容，在我国佛教文化史上有着特殊地位，使克孜尔石窟的真正价值得到了最为准确和深刻的揭示。宿白提出的有关克孜尔石窟部分洞窟阶段划分与年代的意见，为进一步研究克孜尔石窟乃至新疆其他石窟提供了可信的年代坐标，奠定了坚实的科学基础。

周连宽所著《大唐西域记史地研究丛稿》中有《屈支国考》一文，利用古代文献史籍，利用近代古今学者的研究成果，分国名、历代诸王、都城、语言文字和宗教以及音乐等几个方面对古代龟兹的基本情况进行了梳理，廓清了龟兹的一些基本史实，史料翔实，结论确凿。

荣新江长期致力于西域史和中西交通史的研究，《唐代西域的汉化佛寺系统》和《唐代龟兹地区流传的汉文典籍——以德藏"吐鲁番收集品"为中心》等篇章，反映了他根据汉文文献中有关龟兹历史文化的记载，结合这一地区出土的文书、题刻材料，对龟兹地区汉文化尤其是汉传佛教流传情况的思考。

然而，目前的龟兹考古历史研究中，对于壁画中所反映的社会史、文化史的内容研究还是远远不够的，尽管有的学者已经注意到了这个问题，但是对于丰富多彩的龟兹社会生活而言，这些研究仍然显得比较单薄。

五、关于龟兹石窟反映佛教思想的研究

关于龟兹石窟的探索研究已有百年的历史，经过中外学者不懈的努力，取得巨大的研究成果。但是，龟兹石窟研究的一些根本性的命题，即其佛教思想理念和理论特征，也就是它的"表法"功能和内容，还远没有全面而深刻地揭示出来，还存在许多对佛教美术与佛教义学关系认识上的模糊认识。因为"佛教美术是和佛教的教义紧密联系结合在一起的。佛像都是表法的，佛教教义的谛，就体现在佛教艺术"，所以如果关于佛教教义的根本性问题不取得突破性进展，艺术、考古层面的研究都不会是很准确、很深刻的。有鉴于此，这一时期，龟兹石窟研究的一个重要方面是对龟兹壁画所反映的佛教义理的探讨。

图1.8　霍旭初在窟内指导年轻业务人员

霍旭初长期致力于龟兹佛学研究，发表了多篇相关的文章，逐渐确立了以毗昙学作为龟兹佛学研究主要理论基础的研究框架和方法。经过长期的探索和努力，目前关于龟兹佛学的基本研究体系已经确立，一些基本问题也有了基本结论。(图 1.8)

从文献与文物看，龟兹佛教一开始就属于部派佛教思想体系，同时也有大乘思想传入。龟兹主要接受的是部派佛教中势力最强、理论最丰富的说一切有部（简称有部）。龟兹是有部在东方的重要基地。

基于上述认识，霍旭初认为，"龟兹佛学的研究，必须以毗昙学作为基本研究方向，把握有部基本观念，继续运用其他相关经典文献等资料，吸收科学的研究方法，进而作细致而深入的考证鉴别工作"，从而最终建立起龟兹佛学的理论大厦。

六、关于龟兹石窟反映的东西文化交流问题的研究

作为丝绸之路上的重要佛教艺术遗存，龟兹的石窟艺术是中西文化交流的产物，要了解其艺术特点及其演变，就必须与周边其他佛教艺术进行对比，其中最为重要的一个方面，就是与周边其他石窟作比较研究。学者们对此也多有论及，这种研究都大大深化了我们对龟兹石窟内涵的理解。此外，在许多学者的相关论述中，也不时出现关于龟兹石窟与周边石窟的对比研究。李崇峰在中印文化交流的背景下，将克孜尔石窟中心柱窟与印度支提窟和中原北方塔洞进行了比较，指出它们之间的源流关系，这是目前对克孜尔石窟中心柱窟研究最为全面的论述。贾应逸、祁小山著《印度到中国新疆的佛教艺术》中，较为全面地揭示了龟兹石窟与周边石窟的关系。(图 1.9)

图 1.9　贾应逸在龟兹石窟考察

七、关于龟兹乐舞的研究

乐舞形象是龟兹石窟壁画一大特色，是龟兹文化艺术在佛教艺术中的反映。汉唐间，龟兹乐舞活跃在世界的东方，对亚洲各地的音乐舞蹈艺术的发展，产生过十分深远的影响。

我国历史文献中丰富的龟兹乐舞的记载和龟兹地区的石窟壁画中的乐舞形象，以及出土文物的实物资料，为龟兹乐舞研究提供了基础条件。以往关于龟兹乐舞的研究，主

要依靠我国史籍上的记载，而且偏重龟兹乐舞在中国内地流传情况的研究，出现了以内地的龟兹乐舞记载代替龟兹本地乐舞原貌的偏颇。在龟兹石窟壁画逐渐被认识和考古文物资料陆续出现之后，将文物与文献资料相结合，龟兹乐舞的真实面貌逐步被揭开，龟兹乐舞的研究才出现了新的局面。

20 世纪 80 年代开始，龟兹乐舞的研究向深度和广度发展，出现了一些专题的研究。这些研究开始注意使用龟兹石窟壁画中的音乐舞蹈形象和近年出土文物的新资料，同时随着对丝绸之路和西域文明研究的深入，忽视西域艺术在中国文化发展中的作用和地位的倾向逐步克服，使中国音乐史和舞蹈史研究趋于全面。

在龟兹壁画乐舞艺术的研究中，贡献较大的是周吉、霍旭初和周菁葆等几位学者。

周吉的《龟兹遗韵——论当代库车地区维吾尔族传统音乐与龟兹乐的传承》是在几十年对新疆古代文化的研究和维吾尔传统音乐的创作实践研究基础上完成的。他利用历史民族音乐学的理念和方法，从库车维吾尔传统音乐的沿用乐器、曲体结构、乐律乐调等音乐本体的承袭与变异，以及当代库车维吾尔音乐丰富的民俗性与其功用性对古龟兹乐舞的传承，维吾尔族音乐与乌孜别克族、裕固族、蒙古族以及阿拉伯音乐之间的共性及差异等方面，论证了维吾尔传统音乐是在龟兹乐的基础上与各民族音乐文化相互交流、相互影响而形成的。

八、关于龟兹石窟中语言文字的研究

众所周知，历史时期的语言文字材料对于解读某一时空范围内的历史具有非常重要的价值，是使历史研究走向深入和全面的关键。对于龟兹壁画的研究来说，题记有助于我们了解绘制题材，为后续的研究提供便利。尽管龟兹石窟中文字题记十分丰富，遗憾的是，汉文文书多为残片，题记大多已漫漶或损坏，而其他语言——尤其是龟兹语——的研究一直都很薄弱。

新疆克孜尔石窟研究所经过多年的调查，发现还有许多洞窟保存有婆罗谜文字题记，有相当多的题记没有被西方探险队发现。新疆克孜尔石窟研究所对各石窟群婆罗谜文字或民族古文字题记的数目与位置进行了记录，这些成果发表于 2000 年以后陆续出版的各石窟的内容总录。

近年来，由新疆克孜尔石窟研究所、北京大学中国古代史研究中心和中国人民大学国学院联合组成的考察组先后 6 次对龟兹地区保存的龟兹文题记进行了考察和记录，陆续公布了苏巴什、克孜尔石窟后山区、库木吐喇石窟、克孜尔尕哈石窟、森木塞姆石窟、玛扎伯哈石窟和亦狭克石窟等石窟群的题记材料，并发布了一些研究论文，2020 年汇编为《龟兹石窟题记》一书。（图 1.10）

龟兹石窟的研究，如果从 19 世纪末算起，已有 100 多年，它的神秘面纱已被慢慢揭开。然而，仍然有许多的未解之谜等待我们去探索。

图 1.10　亦狭克石窟龟兹文题记考察

　　龟兹石窟艺术在中国乃至世界美术史上有着极其重要的地位，国内外学者的研究也使得我们对它的了解日益深入。但是由于种种原因，对它进行系统介绍的著作并不多，阻碍了国内外广大读者对于它的了解。

　　有鉴于此，本书作者在广泛吸收国内外学者研究成果的基础上，将龟兹石窟艺术分为建筑、雕塑、壁画等几个方面，以通俗易懂的语言分别加以介绍。务求这本书不仅能为学者提供资料，也能为一般读者迈入龟兹艺术殿堂提供向导。书中配有 350 余幅彩色图版，生动形象地将龟兹艺术之美分享给读者，从而使大家能够直面这些古代艺术家留下的伟大作品。

　　倘若本书对广大龟兹石窟艺术和佛教艺术爱好者能有所帮助和启发，我们将感到无比的高兴。

第二章　龟兹石窟艺术综述

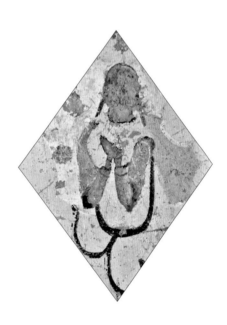

第一节
龟兹历史文化

古代龟兹，地处中亚腹地塔里木盆地北缘，它的核心地区在今天阿克苏境内的库车市域内。其最强盛时西边与疏勒接壤，东面与焉耆相邻，包括今天阿克苏地区的阿克苏、库车、拜城、新和、沙雅和巴州的轮台县等地。[1] 其北托天山，南邻塔克拉玛干大沙漠。

考古资料证明，3000 多年前，在古代龟兹所在的土地上，就发现了许多青铜器时代的遗址和遗物。阿克苏地区克孜尔水库墓地和多岗墓地都出土了青铜器时代的青铜器和彩陶，时代上限为距今 3000 多年。[2] 其中克孜尔水库墓地出土陶器的特点为：器型以带流彩陶器为主要特征，纹饰以宽带的带状纹、正三角纹和水波纹（折线纹）为主。[3]（图 2.1）

龟兹地区开始有文献记载的历史始于西汉。魏晋南北朝时期，古代龟兹地区进入繁盛时期，经济繁荣。此时龟兹经济以农牧业为主。由于采用先进的农耕技术，农业发展

图 2.1　新疆拜城克孜尔水库墓地出土的彩陶罐

① 《中国大百科全书》总编委会编：《中国大百科全书（第二版）》第 18 册，第 214 页，北京，中国大百科全书出版社，2009 年 4 月。
② 张平：《从克孜尔遗址和墓葬看龟兹青铜时代的文化》，载《新疆文物》1999 年第 2 期，第 62 页。
③ 张平：《从克孜尔遗址和墓葬看龟兹青铜时代的文化》，载《新疆文物》1999 年第 2 期，第 60 页。

得很快，主要作物有麦、稻、粟等，此外还种植葡萄等园艺作物。畜牧业也很发达，龟兹以产良马闻名。毛纺和丝织业发达，丘慈锦是其著名产品。龟兹北境山中有铜铁煤等矿产，龟兹冶炼业发达，所产铁器畅销西域。[①] 今天古龟兹境内的库车等地发现了大量的冶铜冶铁遗址就是明证。[②]（图2.2）此外，龟兹位于丝路北道，商业发达，龟兹五铢钱成为重要的货币，汉五铢钱也在使用。（图2.3）

图 2.2　库车市阿格乡提克买克冶炼遗址

这一时期，龟兹白氏家族长期执掌政权，政治和社会稳定。尽管这一时期，也发生过吕光、万度归征龟兹，焉耆王龙会入侵等事件，但是龟兹白姓王系的统治总体没有发生根本性变化。[③]龟兹石窟图像中，龟兹国王和王族显贵供养人形象之同一、时代之持久、地位之显赫，鲜明印证了这一历史事实。统一的王权能实现社会比较长久的安定，为佛教的生存发展提供良好的条件。

产生于印度的佛教约在公元前3世纪开始向外

图 2.3　龟兹五铢钱

传播。公元1世纪，由于贵霜王朝迦腻色迦的大力推动，开始传入中国新疆。约在公元

---

① （北魏）郦道元：《水经注》，陈桥驿校注，第 37 页，北京，中华书局，2013 年。

② 新疆维吾尔自治区文物局编：《新疆维吾尔自治区第三次全国文物普查成果集成·阿克苏地区卷》，北京，科学出版社，2011 年。

③ （唐）房玄龄等著：《晋书》，第 2542~2543 页，北京，中华书局，1974 年；（北齐）魏收著：《魏书》，第 2267 页，北京，中华书局，1974 年。

2 世纪，佛教经疏勒传入龟兹。① 由于龟兹经济的繁荣和龟兹王族的大力倡导，3、4 世纪之际，龟兹佛教逐渐进入其发展的繁盛期。一方面，僧众众多，大师云集，律法严谨②，建寺造像风行③；另一方面，葱岭东西王侯妇女都来到这里修行听法，龟兹成为西域佛教中心之一，并且小乘说一切有部占据主流地位。与此同时，许多龟兹佛教徒前往中原，传播佛法，参与译经。④（图 2.4）

图 2.4　库车市苏巴什佛寺遗址

公元 4、5 世纪，由于佛学大师鸠摩罗什的推动，大乘一度占据上风。《高僧传》卷二《晋长安鸠摩罗什传》记：罗什"广诵大乘经论，洞其秘奥，龟兹王为造金师（狮）子座，以大秦锦褥铺之，令什升而说法"，受到龟兹王白纯的特殊礼遇。又记当时"西域诸国咸伏什神俊，每至讲说，诸王皆长跪座侧，令什践而登焉，其见重如此"。但随着罗什的离去，小乘说一切有部重新成为龟兹的主要佛教派别。但是，大乘佛教仍然有一定的影响。佛教教派的更迭，并未对龟兹佛教的发展产生影响，龟兹佛教继续发展。

公元 7 世纪以后，龟兹的政治、经济和社会发展进入一个新的阶段。

---

① 余太山：《西域通史》，第 241 页，郑州，中州古籍出版社，2003 年。
② 《鸠摩罗什传》，载《出三藏记集》卷十四，"时龟兹僧众一万余人"，见《大正藏》，第 55 册，第 100 页。
③ 《比丘尼戒本所出本末序》，载《出三藏记集》卷十一，"拘夷国寺甚多。修饰至丽。王宫雕镂立佛形像与寺无异。"见《大正藏》，第 55 册，第 79 页。
④ 《首楞严后记第十一》，载《出三藏记集》卷七，"咸和三年岁在癸酉，凉州刺史张天锡在州出此《首楞严经》……时译者归慈王世子帛延善晋胡音，延博解群籍内外兼综，受者常侍。"见《大正藏》，第 55 册，第 49 页。

这一时期，龟兹经济继续发展，除生产产量、规模超过以前，生产工艺也有所提高。白姓王族继续统治龟兹。与此同时，龟兹地区也经历了几次大的民族和文化变迁。

公元 658 年，唐朝将"安西都护府"从西州移治龟兹，随后升格为"安西大都护府"。在此之前，唐代已在龟兹建立"龟兹都督府"。这一时期，安西地区军事、民政事务，由大都护府掌管。龟兹地方事务由龟兹王所任命的都督来掌管。

尽管唐代安西都护府时期有北部突厥、突骑施和南部吐蕃不断侵扰以及安史之乱的影响，但 100 余年里，龟兹地区政治、经济、文化的主流是发展的、进步的、安定的。

这一时期，龟兹地区佛教继续发展，《大唐西域记》卷一载，"伽蓝百余所，僧徒五千人，习学小乘教说一切有部。经教律仪，取则印度，其习读者，即本文矣。尚拘渐教，食杂三净。"[1]

公元 7 世纪中叶以后，随着唐中央政府对该地控制的日益增强及龟兹经济的发展，唐朝中央还委任官员，专门管理安西的佛教事务，推动了汉传佛教在龟兹的发展，龟兹佛教进入一个新的发展期。这里开始出现本地佛教与汉地佛教共同发展的局面，"此龟兹国足寺足僧，行小乘法，食肉及葱韭等也。汉僧行大乘法。"[2] 有一些精通多国语言的高僧在此活动，如莲花精进法师"语通四镇，梵汉兼明"，不仅在龟兹国西门外莲花寺译出梵文《十力经》，还在北庭参与了梵文《回向轮经》的翻译。[3]

图 2.5　克孜尔尕哈石窟第 31 窟后甬道正壁的吐蕃供养人

公元 790 年以后，吐蕃占领龟兹，仍然实行与唐相似的羁縻制度，地方事务仍然由龟兹地方政权管理。但是由于回鹘势力的强大，吐蕃在龟兹的统治并不稳定，可能时间也不长，加之这一时期征战不断，龟兹社会经济受到一定影响，因而他们在此地主要是改建了一些洞窟，在这些改建洞窟的壁画中可以看到吐蕃风格壁画的影响，并出现了穿有吐蕃服饰的人物。（图 2.5）

8 世纪末至 9 世纪初，漠北回鹘的势力已扩展至龟兹。为了与吐蕃对抗，回鹘

①（唐）玄奘、辩机等著：《大唐西域记》，季羡林等校注，第 54 页，北京，中华书局，2000 年。
②《游方记抄·往五天竺国传》，见《大正藏》，第 51 册，第 2089 页。
③《游方记抄·往五天竺国传》，见《大正藏》，第 51 册，第 2089 页。

汗国在北庭、龟兹驻有大量军队。公元 840
年前后，由于天灾人祸，回鹘政权被其宿
敌黠戛斯所灭，部众四散，西迁的一支进
入龟兹，被称为"龟兹回鹘"。后来"龟兹
回鹘"并入"高昌回鹘"。这一时期，龟兹
社会处于相对稳定时期，社会经济得到恢
复和发展，原本信仰摩尼教的回鹘人也逐
渐改信了佛教，龟兹佛教，仍然是西域佛
教的中心之一。回鹘人改建和新建了一些
洞窟。不过由于这一时期回鹘政权的中心
在高昌地区，加之伊斯兰教势力的兴起，
龟兹佛教的影响有所下降。（图 2.6）

　　11 世纪以后，随着黑汗王朝（操突厥
语的民族在今新疆、中亚建立的封建王朝）
的强盛，龟兹地区伊斯兰教有所发展，14
世纪中叶，龟兹成为东察合台汗国的一部
分，龟兹佛教就逐渐消亡了。

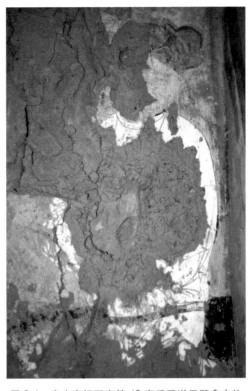

图 2.6　森木塞姆石窟第 40 窟后甬道正壁龛内的
回鹘供养人

　　长期繁荣发展的社会历史创造了辉煌
灿烂的龟兹文明，留存至今，成为这一地区宝贵的物质文化遗产。它们的类型包括烽
燧、城址、佛寺和石窟等，其中最重要的是石窟。

第二节

龟兹诸石窟

古代龟兹地区保存下来的石窟往往成群分布，规模不等，有 27 处，被称为龟兹石窟。这些石窟保存洞窟总计达 827 个。保存较好的有克孜尔石窟、库木吐喇石窟、森木塞姆石窟、克孜尔尕哈石窟、玛扎伯哈石窟、托乎拉克艾肯石窟、温巴什石窟、台台尔石窟以及阿艾石窟。

一、克孜尔石窟

克孜尔石窟是公元 3—9 世纪开凿于天山南麓古龟兹地区的佛教石窟寺，位于拜城县克孜尔乡南 7 公里明屋塔格山的断崖上，现存洞窟分为谷西、谷内、谷东和后山四个区，共 349 个洞窟，是西域地区现存最早、规模最大、持续时间最长、洞窟类型最齐备、影响广泛的佛教石窟寺遗存。（图 2.7）

克孜尔石窟洞窟形制有中心柱窟、大像窟、方形窟、僧房窟、龛窟、异形窟和多种洞窟组合形式，若干洞窟的组合即代表一座独立的寺庙。

中心柱窟是克孜尔石窟形制方面的最大特色和创新，该类型的石窟源于印度以塔为中心的"支提窟"，但在保留其基本结构和功能的基础上，结合克孜尔石窟当地砂岩的结构特点和中亚、西域游牧民族的丧葬、生活特点而形成。（图 2.8）

在克孜尔石窟建筑艺术中，除了中心柱窟，大像窟的开凿也是其重要贡献。这种

图 2.7　克孜尔石窟外景

洞窟形制规模宏大，洞窟主室中塑造的大立佛，是以后中亚阿富汗巴米扬东西大佛和河西、中原石窟中雕凿大立佛的滥觞。（图 2.9）

　　龟兹石窟壁画的题材主要是和教主释迦牟尼有关的故事画，包括本生、因缘和佛传等，数量众多，有世界佛教故事画的海洋之美誉。（图 2.10）

　　克孜尔石窟壁画融合希腊化的犍陀罗艺术、印度本土风格的秣菟罗艺术、中原以及西亚艺术因素。早期（3—4 世纪）壁画中人物形象具有明显的西来风格，尤其是受到犍陀罗佛教造型艺术的影响；5 世纪人物造型风格近似印度秣菟罗艺术；6—7 世纪壁画人体造型曲线即"三屈法式"的增强，显示出印度笈多佛教艺术风格的影响；壁画

图 2.8　克孜尔石窟第 8 窟主室内景

图 2.9　克孜尔石窟第 47 窟大像窟

图 2.10　克孜尔石窟第 171 窟主室券顶　因缘故事

图 2.11　克孜尔石窟第 60 窟主室左侧壁前低台正壁对鸟绶带联珠纹

中还出现了萨珊波斯王朝流行的联珠纹饰等。（图 2.11）

　　克孜尔石窟雕塑，主要以彩绘泥塑、木雕、石雕等形式来表现佛、菩萨、天人等佛教内容，与石窟建筑和壁画融为一体，烘托出清净、庄严的宗教氛围。在艺术表现与风格上融犍陀罗、笈多、萨珊波斯、希腊—罗马艺术及中原文化为一体，形成了独特的龟兹雕塑艺术风格，曾对我国河西地区及中原佛教造像产生了深远的影响，是研究中国雕塑艺术史乃至世界雕塑艺术史极其重要的典范。由于诸多历史因素，目前克孜尔石窟遗存下来的雕塑较少，因此极为珍贵。（图 2.12）

　　克孜尔石窟既是龟兹石窟的代表，也是佛教石窟寺从印度北传中国后，地理位置最西的

图 2.12　克孜尔石窟第 77 窟彩绘泥塑　天人头部

一处石窟群，受到了印度、中亚乃至中原北方佛教艺术的多重影响，既可称作西域地区佛教石窟寺的典范，又是印度与中原北方石窟的媒介。它以独特的洞窟形制和壁画风格，明显揭示出佛教经西域地区由西向东的传播轨迹，以及在传播过程中所形成的本土化过程，即龟兹风格，成为丝绸之路上最重要的佛教遗迹之一，2014 年被公布为世界文化遗产。

二、库木吐喇石窟

库木吐喇石窟位于库车市西约 25 公里的三道桥乡库木吐喇村。洞窟分布在渭干河出却勒塔格山口东岸崖壁上。现存的石窟群可分为南北两区，分别称为谷口区和窟群区，两区相距约 3 公里，现已编号洞窟 122 个。（图 2.13）

洞窟种类包括：中心柱窟、大像窟、方形窟、僧房窟、禅窟和罗汉窟等，其中中心柱窟、大像窟和方形窟等礼拜窟绝大多数是该石窟群的特点，而用于修行的僧房窟和禅窟较少见。

库木吐喇石窟建造年代略晚于克孜尔石窟，为公元 5—6 世纪。这一时期的洞窟形制以中心柱窟和方形窟为主。壁画风格中可见中原和犍陀罗艺术风格的影响。前者如谷口区新 1 窟主室左侧壁天宫上方的云气纹和天宫橼头上的兽头图案。（图 2.14）而后者如谷口区新 1 和新 2 窟穹顶的佛、菩萨及天人更为明显。（图 2.15）它不像犍陀罗那样用石雕的形式表现，而是塑绘结合，泥塑主尊，以绘画形式表现故事情节。在人物造型、线和色泽运用及讲究装饰意匠效果等方面，或深蕴着后来龟兹壁画风格的因素，或保持了当地的传统。

安西大都护府时期（约为公元 7—8 世纪），洞窟形制仍为中心柱窟和方形窟。壁画风格分为龟兹风和汉风两种。龟兹风格壁画除保持其基本内容、布局和风格外，又发生了一些新的变化，如简化了天相图，新出现塔中坐佛、横列因缘故事，甚至菱格坐佛、方格坐佛等题材。（图 2.16）汉风风格的壁画题材有大乘佛教的"西方净土变"和"药

图 2.13　库木吐喇石窟五联洞外景

图 2.14　库木吐喇石窟谷口区新 1 窟主室侧壁

图 2.15　库木吐喇石窟谷口区新 2 窟主室穹
窿顶　天人

图 2.16　库木吐喇石窟窟群区第 29 窟主室券顶的
方格坐佛

师变"等经变画。在人物造型、装饰图案、绘画构图上，都与敦煌莫高窟有相似之处。（图 2.17）龟兹风壁画与汉风壁画咫尺相邻，是库木吐喇石窟特有的奇观。

公元 9 世纪以后，明显受到中原文化影响的回鹘文化特色的佛教艺术给龟兹石窟增添了新的内容和风格，其壁画内容，基本与中原相同。在艺术上，首先以汉风为基础，又吸收龟兹的元素，而形成符合回鹘人爱好和审美观的风格，如窟群区第 45 窟。该窟为中心柱窟，纵券顶，形制上继承了龟兹本地区的特点。主室中脊绘团花图案，以圆形莲花为中心，周围绿叶和茶花环绕，两侧又以带状茶花纹装饰，活泼规整，具有时代特征。（图 2.18）

图 2.17　库木吐喇石窟窟群区第 14 窟主室正壁　阿弥陀经变

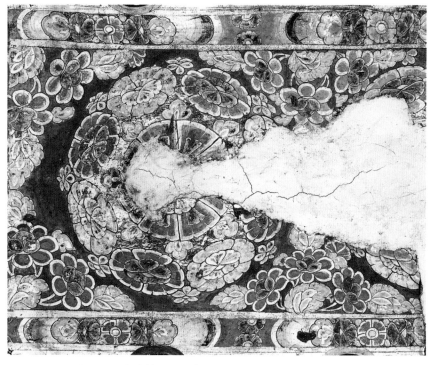

图 2.18　库木吐喇石窟窟群区第 45 窟主室券顶中脊的团花图案

　　回鹘风洞窟内出现了汉文、回鹘文和龟兹文合璧的供养人榜题，这是十分罕见的珍贵资料，是这一地区多民族、多文化共存的见证。库木吐喇石窟不管从壁画题材、艺术风格，还是绘画技艺等方面都较完整地反映了公元 5 世纪至 14 世纪间龟兹的政治、经济、文化和宗教的发展与变迁，是中华多元一体佛教文化逐步形成的历史见证。1961 年，库木吐喇石窟被列为第一批全国重点文物保护单位。

三、森木塞姆石窟

森木塞姆石窟位于库车市东北约 40 公里的牙哈乡克日西村北却勒塔格山口。这是龟兹境内现存位置最东、开凿时代较早、延续时间较长的一处石窟群。（图 2.19）洞窟分布在马蹄形的山谷里，按地理位置可分为东、南、西、北、中五个区，现有编号洞窟57 个。（图 2.20）

图 2.19　森木塞姆石窟第 11　　　　　　　图 2.20　森木塞姆石窟外景
　　　　窟后室

洞窟类型包括中心柱窟、大像窟、方形窟和禅窟等。遗址中区中部为一寺院遗址，可见佛塔、土墙等建筑遗存。

森木塞姆石窟的洞窟形制有自己的特点。第 26 窟的形制最富特色。该窟为中心柱窟，主室各壁均开大龛，中心柱四壁也开大龛，后室各壁也开龛。（图 2.21）主室正壁龛下方为须弥座样式，龟兹石窟中仅此一例。后室正壁开明窗通室外，这种样式也见于森木塞姆石窟第 24、30 和 32 窟等。中心柱后甬道开明窗为龟兹其他石窟所罕见。对荼毗题材的强调是这个石窟的一个特点。在一些礼拜窟，特别是大像窟的后室前壁上部凿出或构筑一台，用来表现佛涅槃之后荼毗的情景，或可称其为荼毗台。有的中心柱窟的后室也有类似的做法。如第 32 窟后室正壁凿出涅槃台，前壁上部残存放置泥塑的孔洞，孔洞上方残留佛的身光和熊熊燃烧的荼毗火焰纹。

方形穹窿套斗顶的形制在龟兹地区仅见于这处石窟。这种石窟的窟顶不是一般圆形的穹窿，也不是仿木构方形套叠的"斗四"，而是以花瓣围成的弧边八角形的空间层层相错叠套，兼有穹窿和斗四的意匠，形成倒垂莲花式的窟顶，尤以第4、13和15窟最为明显，后两者均为三层莲瓣套叠。在龟兹石窟中，只有在森木塞姆石窟出现了这种窟形，应该是穹窿顶的发展或变体。（图2.22）

图 2.21　森木塞姆石窟第 26 窟主室　　　　图 2.22　森木塞姆石窟第 15 窟顶部（局部）

森木塞姆石窟的中心柱窟、大像窟和方形窟中均绘制壁画。同龟兹地区其他石窟一样，这里的壁画内容最多的是佛教故事画，包括本生、佛传、因缘等，此外还有尊像、千佛、供养人等，但有些内容是其他石窟所没有的。

第48窟前壁门上方绘佛从忉利天下三道宝阶回人间。故事讲述释迦牟尼成佛后前往忉利天给他的母亲摩耶夫人讲法七天后，通过自在天子变化出的三道宝阶（金银铜）回到了人间。画面中举着拂尘的帝释在两侧护卫，目犍连跪在宝阶的左侧，合十礼拜，他的旁边有马宝、象宝和捧盘供养的世俗人。（图2.23）

该窟的天相图也很有特点。它是以一轮红色圆日显示日天，以满月中卧白兔表现月天，其中最具特点的是出现了一身坐于白雁上的禅定比丘。（图2.24）

图 2.23　森木塞姆石窟第 48 窟主室前壁　佛从忉利天下三道宝阶

图 2.24　森木塞姆石窟第 48 窟主室券顶中脊

　　第 31 窟左甬道外侧壁绘有猴王舍身救群猴本生故事。和龟兹地区表现此题材的流行方式不同，画师把这个情节放在甬道券顶的上下相邻的两个菱格内进行表现。上方的菱格内猴王把长长的藤条系在腰部，下面的一个菱格内则绘一个猴子握着藤条的下端，保护着猴王，并帮助猴王将围困的群猴救出。（图 2.25）

　　第 44 窟为回鹘时期的一个洞窟，该窟左甬道顶部分别绘出了具有中原风格的龙和印度风格的龙王形象，显示出龟兹地区两种文化元素的和谐共存。（图 2.26）

　　森木塞姆石窟遗存壁画大体可分为 3 个时期：早期为公元 5 世纪，洞窟以中心柱窟和方形窟为主，其形制与克孜尔石窟相当，石窟中大量的佛经故事壁画题材主要是佛本生、因缘和供养故事画。在题材内容和表现形式上具有鲜明的龟兹地方特色，主要体现了说一切有部的小乘佛教思想。中期为公元 6—7 世纪，大像窟即在此时期开凿。第 11 窟高约 15 米，是仅次于克孜尔石窟第 47 窟的大像窟。晚期为公元 8 世纪以降，回鹘风和汉风洞窟的出现是此时期的突出特点。

　　森木塞姆石窟是龟兹石窟的重要组成部分，开凿时代为公元 5—14 世纪。森木塞姆石窟的洞窟数量虽然没有克孜尔石窟和库木吐喇石窟那样多，却囊括了龟兹石窟艺术发展的全过程，对了解和研究龟兹佛教的形成、发展，佛教石窟艺术的演变及其社会背景有着重要的意义。1957 年，森木塞姆石窟被列为自治区级文物保护单位；1996 年，被国务院公布为全国重点文物保护单位。

图 2.25　森木塞姆石窟第 31 窟左甬道外侧壁　　图 2.26　森木塞姆石窟第 44 窟左甬道券顶中脊　龙
　　　　　猴王舍身救群猴

图 2.27　克孜尔尕哈石窟外景

四、克孜尔尕哈石窟

克孜尔尕哈石窟位于库车市西北 12 公里盐水沟旁的却勒塔格山脉的丘陵地带，与耸立在沟口的克孜尔尕哈烽燧遗址隔道相望。（图 2.27）

克孜尔尕哈石窟编号洞窟 66 个，分布在山谷的东、西、北三面崖壁上，5 个单元组合内。

克孜尔尕哈石窟洞窟形制主要有中心柱窟、大像窟、僧房窟和龛窟等。

壁画是克孜尔尕哈石窟面积最大、内容最丰富的艺术品。根据壁画题材内容分为故事画（本生故事、因缘故事和佛传故事）、天相图和供养人等几类。

　　壁画中的本生故事达四十多种，其中可识别内容的有 29 种。本生故事出现在中心柱窟主室券顶下部、主室侧壁下部、甬道侧壁下部、甬道券顶和甬道侧壁 5 个部位。而且，每个部位的表现形式也不一样。比如，第 21 窟左、右甬道外侧壁下部绘制的本生故事都是以横幅形式出现的，每幅本生故事间多以山相间隔，且题材与水中内容有关，如溺水比丘舍身持戒、大施抒海夺珠、龟救商客被杀等。（图 2.28）

　　甬道券顶的本生故事是以菱格画的形式表现出来的，即一个菱格内绘一个故事，如第 11、16 和 23 窟；而甬道侧壁则是以大幅画面表现本生故事，如第 11、13、14、30 和 31 窟等。绘制在甬道侧壁的大幅本生故事多为龟兹石窟中经常出现的题材，诸如摩诃萨埵舍身饲虎和尸毗王割肉贸鸽等。这种以大幅画面表现本生故事的壁画在龟兹石窟中是不多见的。（图 2.29）

　　在克孜尔尕哈石窟中，因缘故事占据了中心柱窟主室券顶，其种类也约有 40 种，但目前能辨识的不多，主要有以下几种：鼓声因缘、梵志燃灯供养、佛度恶牛缘、摩羯陀鱼、斗象因缘、难陀悭贪为盲子缘、降伏火龙、罗云为佛洗足缘、苏陀夷因缘。（图 2.30）

图 2.28　克孜尔尕哈石窟第 21 窟右甬道外侧壁　本生故事

图 2.29　克孜尔尕哈第 14 窟左甬道外侧壁尸毗王本生故事

图 2.30　克孜尔尕哈石窟第 14 窟主室券顶　因缘故事

佛传故事一般绘制在主室后甬道或后室侧壁。绘制在后甬道或后室中，多表现涅槃或与涅槃有关的一些题材内容，诸如"下三道宝阶""涅槃""荼毗（焚棺）""八王争分舍利"。在克孜尔尕哈石窟中，"涅槃"题材被淡化了，内容不如克孜尔石窟等石窟群那样丰富。有些洞窟内甚至没有出现这一题材，诸如第11、13窟等。与此同时，却突出了八王争分舍利和荼毗（焚棺）题材，大部分荼毗题材还是以绘塑结合的形式来表现的。（图2.31、图2.32）

图 2.31 克孜尔尕哈石窟第14窟后甬道正壁 八王争分舍利（局部）

图 2.32 克孜尔尕哈石窟第13窟后甬道前壁 焚棺

　　飞天在克孜尔尕哈石窟壁画中占有重要的位置。第16窟券顶中脊绘两列飞天，他们或上裎身下结裙，或斜披天衣，屈曲双腿，飞翔在蔚蓝的天空中。第23窟主室券顶的两列飞天有的持花绳，有的双手合十，情态各异。最精彩的要数这两窟后室顶部的举哀天人了。（图2.33）第16窟的举哀天人脚踩莲花，双腿相交，身躯朝向涅槃佛的头部倾斜，极富韵律感。第23窟的举哀天人竟达28身之多，满铺后室顶部。这些天人有的弹琵琶，有的奏箜篌，有的执排箫，有的在散花。第30窟后室顶部的飞天保存较完整。8身飞天被联珠纹边饰分隔为两排，每排4身，中央的两身相对而飞，两侧的前后相随。这几身飞天或上裎身下结裙，或天衣络腋，披帛飞扬，彩裙飘荡。克孜尔尕哈石窟壁画中的飞天群几乎都是深色和浅色皮肤相间排列，宝珠、璎珞和香花缤纷而落，显得满壁风动，生气盎然。（图2.34）

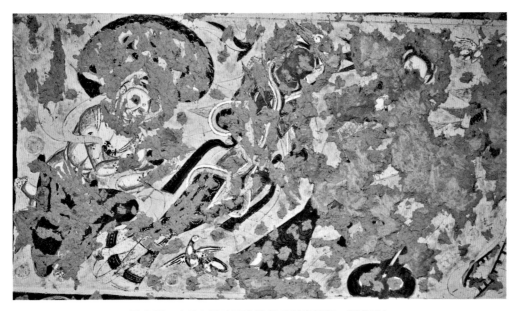

图2.33　克孜尔尕哈石窟第23窟后室顶部　举哀天人

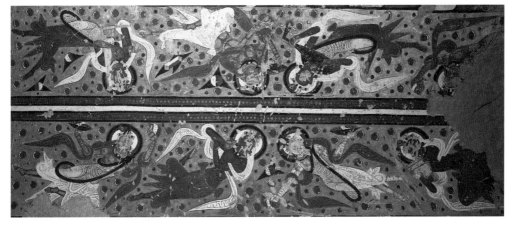

图2.34　克孜尔尕哈石窟第30窟后室顶部　飞天

克孜尔尕哈石窟 7 个洞窟中出现了供养人画像。在克孜尔尕哈石窟壁画中，多绘制国王、王后及其他王族供养人像。第 13、14 窟右甬道内侧壁前端供养人下方绘地神双手托举供养人的双脚，是龟兹石窟壁画中出现的新内容。（图 2.35）

图 2.35　克孜尔尕哈石窟第 14 窟右甬道内侧壁　地神

这些洞窟开凿的年代比较集中，大致可分为两个时期：前期为公元 6—7 世纪，后期为公元 8 世纪以后。第 13 窟和第 14 窟的供养人画像中出现了地神"坚牢"托举龟兹国王和王后的形象，为龟兹石窟所独有。根据国王和王族供养像及龟兹文题记判断，这里应是龟兹王室寺院。洞窟形制以中心柱窟为多，壁画题材内容主要有本生故事和因缘故事等。本生故事以大幅画面绘在中心柱窟甬道侧壁，为龟兹其他石窟所少见。第 30窟后室顶部的伎乐飞天造型优美，是龟兹石窟中保存完好的艺术品。

五、玛扎伯哈石窟

玛扎伯哈石窟位于库车市东北 30 公里处的玛扎伯哈村西南部戈壁丘陵上，现已编号洞窟 44 个，能辨别窟形的有 36 个。（图 2.36）

玛扎伯哈石窟数量最多的是方形窟，共有 11 个。依据其平面和顶部的不同，又可分为两类。

第一类为方形穹窿顶窟，如第 1、10、24 窟。其中第 1 窟顶部穹窿顶外壁面尚残存熏黑壁画。顶部后端左侧三角平面绘佛传故事"鹿野苑初转法轮"，其两侧各见一飞天相向飞行。这种将佛传故事绘于穹窿顶的布局在龟兹地区极为罕见。（图 2.37）

第二类为纵券顶长方形窟，如第 4、5、15、16、20、29、30、40 等窟。这些窟的壁画大多不存，仅在第 29 窟中尚保存有一些壁画，券顶中脊绘天相图，现残存里端，左侧为月天，一圆月中绘一只白兔。右侧为一圆轮。券顶残存天人部分以及水池和树木等。说明此类洞窟可能也是作为礼拜场所使用的。

　　玛扎伯哈石窟的洞窟类型包括中心柱窟、方形窟、僧房窟、禅窟，没有大像窟。其中，中心柱窟为 2 个，方形窟为 11 个，僧房窟为 10 个，禅窟为 13 个，其中 7 个为长条形禅窟。（图 2.38）

图 2.36　玛扎伯哈石窟外景

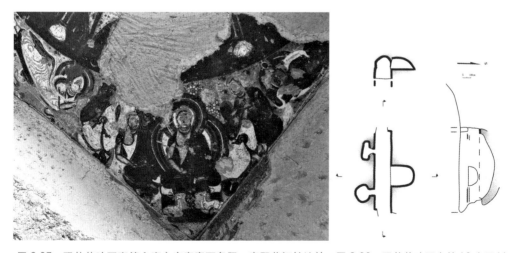

图 2.37　玛扎伯哈石窟第 1 窟主室穹窿顶角隅　鹿野苑初转法轮　图 2.38　玛扎伯哈石窟第 18 窟平剖面图

　　可以说玛扎伯哈石窟一半以上的洞窟都是为僧侣信众禅修服务的，玛扎伯哈石窟的洞窟组合类型所占比重也能说明这一点。玛扎伯哈石窟的洞窟组合类型有 4 种，其中 3

种明显都是用于禅修的。这样的洞窟组合共有 9 组，占玛扎伯哈石窟目前可以判定洞窟组合的 82%。这种石窟类型及组合特点与相距 7 公里的森木塞姆石窟有着明显的不同。

根据目前的研究，森木塞姆石窟洞窟类型包括中心柱窟、大像窟、方形窟、僧房窟、龛窟等，其中中心柱窟和大像窟为 27 个，方形窟为 22 个，其中约有 2/3 为礼拜窟或讲经窟，两者相加约占洞窟总数的 73%。森木塞姆石窟的洞窟组合以中心柱窟与方形窟以及大像窟与方形窟的组合为主，说明这里主要是为僧侣及信众礼拜观像之用。

玛扎伯哈石窟大约开凿于公元 5 世纪，可能废弃于回鹘统治龟兹时期。

六、托乎拉克艾肯石窟

托乎拉克艾肯石窟位于新和县大尤都斯乡西北部的却勒塔格山南麓，现已编号洞窟 20 个。石窟分布于却勒塔格山南麓东西长约 600 米、南北宽约 500 米的山坡上，分为沟西和沟东两个区。沟西北侧山顶保存一座寺院遗址，东西长 30 米，南北宽 25 米，四周墙体多残损，仅保存部分根部的墙体且均为夯筑而成，在寺院东面崖壁中部目前仍残存原始栈道遗迹。（图 2.39）

图 2.39　托乎拉克艾肯石窟外景

洞窟类型较多，计有中心柱窟 7 个、方形窟 7 个、僧房窟 5 个、条形窟 1 个。洞窟坍毁严重，多数洞窟淤积大量泥沙。壁画除 15 窟保存较为完整外，仅第 3、4、9、10、11、18 窟残存少量壁画。

壁画题材包括菱格因缘和本生、佛传、天相图、坐佛、纹饰。

菱格因缘是托乎拉克艾肯石窟现存壁画绘制较多的一类题材，主要保存在第9、15和18窟中，画面形式为龟兹地区常见的菱格形。该石窟保存的本生故事仅有一幅，即绘制于第15窟右甬道内侧壁下部的萨埵太子以身饲虎图。画面方形构图，与龟兹地区流行的菱格构图不同，不过画面由两个情节构成，即太子纵身跳下和虎食太子，又和龟兹地区本生故事异时同图的形式相同。（图2.40）

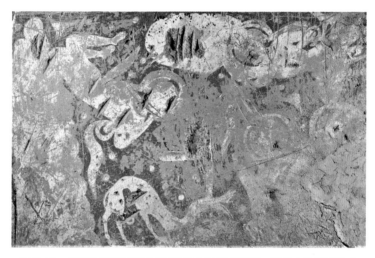

图 2.40　托乎拉克艾肯石窟第15窟右甬道内侧壁　萨埵太子以身饲虎

现存有壁画洞窟保存纹饰类型有筒瓦纹、忍冬纹、卷草纹、联珠纹和茶花纹。其中第11窟的联珠纹很有特点，该联珠纹绘于穹顶中心的条幅内，上下两列，联珠的直径20厘米，两个联珠间由一个直径4厘米的圆环相连接，环内的鸭子，嘴扁平且长，两联珠内的鸭子对首相向。（图2.41）

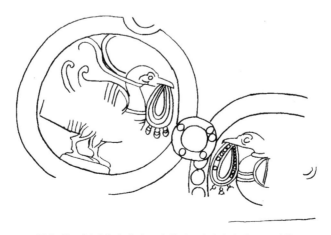

图 2.41　托乎拉克艾肯石窟第11窟主室穹隆顶联珠纹

托乎拉克艾肯石窟的壁画风格总体上来说，与库木吐喇石窟唐以后风格接近，人物造型尤其是佛像脸形长圆，高发髻，手指细长，佛像所着袈裟很多是双领下垂式。红色等鲜艳色使用较多，而蓝色等色使用偏少。线条不仅使用铁线描，也使用汉式的兰叶描。人体晕染强调不如克孜尔石窟，有些地方使用平涂。

托乎拉克艾肯石窟开凿时间大约在公元 6 世纪，14 世纪以后废弃。

七、温巴什石窟

温巴什石窟位于拜城县的温巴什乡境内，东距拜城县城 40 公里，石窟开凿于却勒塔格山北麓的一条洪水沟两侧的山崖上。（图 2.42）

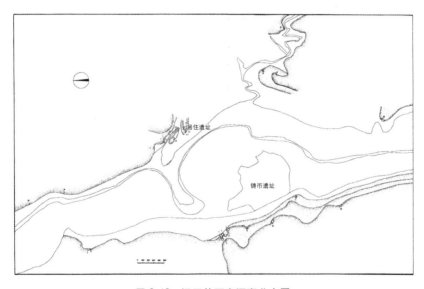

图 2.42　温巴什石窟洞窟分布图

温巴什石窟现存石窟 26 个，可统计窟型的石窟有 24 个。石窟类型包括中心柱窟、僧房窟、方形窟、禅窟和瘗窟。

在所有的石窟中，僧房窟有 8 个，约占洞窟总数的 30.8%，禅窟有 6 个，占洞窟总数的 23%，两者相加约占 53.8%；方形窟只有 3 个，占总数的 11.5%，中心柱窟只有 3 个，占总数的 11.5%，两者相加只有 23%。僧房窟与禅窟是为僧侣提供居住和修行的场所，方形窟和中心柱窟除为僧侣提供禅观场所外，也是为世俗信众提供祈福礼拜的场地。温巴什石窟的洞窟类型以僧房窟与禅窟为主，开凿使用时间长；方形窟和中心柱窟少，开凿时间晚，第 14 窟甚至没有完工，说明温巴什石窟主要是服务于僧侣的坐禅修行。

此外，在第 9~11 窟前台地上保存有面积约 10 平方米的铸币遗址。该台地高出沟底河床 8~11 米，面积约为 1000 平方米，散布着许多夹砂红陶片、动物骨殖及大量炼渣。

另外还可见不少的红色陶片。该遗址出土有钱范、铜钱等遗物。[1]

温巴什石窟绘制有壁画的洞窟并不多，保存下来的就更少。现存壁画主要保存于第 1、9、11、14 窟。壁画内容包括因缘、佛传、天相图、坐佛、立佛、菱格山水树木及动物、纹饰等。

温巴什石窟的兴建与废弃年代约在公元 5—14 世纪。

八、台台尔石窟

台台尔石窟位于拜城县克孜尔乡东北约 6 公里处。它与位于克孜尔乡东南约 7 公里处的克孜尔石窟恰好处于南北一条线上。（图 2.43）

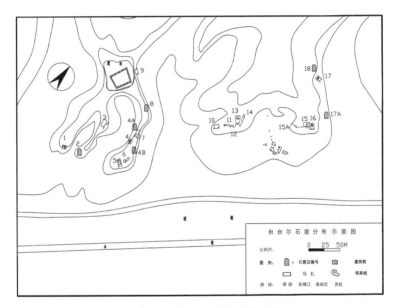

图 2.43 台台尔石窟洞窟分布图

台台尔石窟坐落于木扎提河北岸向北延伸出去的戈壁丘陵上。石窟群的范围，东西长约 400 米，南北宽约 160 米。洞窟分布在东、西两座山丘上。西侧山丘高出东侧山丘约 30 米，顶部有一处遗址。登临此处可居高临下，俯视四周。窟群东侧有一条宽约百米的沟谷，顺沟谷北行约 55 公里，可至博者克拉格沟沟口，即著名的"龟兹左将军刘平国治关城颂"（旧称乌累碑）刻辞处。

洞窟开凿于山丘的半腰上，大部分洞窟窟口朝南，少数洞窟坐西朝东。台台尔石窟现有编号洞窟 22 个。这些洞窟中窟形较完整或存有壁画的有 6 个。洞窟类型包括中心柱窟 5 个、方形窟 4 个、僧房窟 6 个、龛窟 1 个、不明形制洞窟 6 个。其中第 16 窟形制

① 新疆维吾尔自治区文物普查办公室、阿克苏地区文物普查队：《阿克苏地区文物普查报告》，载《新疆文物》，1995（4），第 85 页。

比较有特点。该窟为中心柱窟，主室和甬道顶部
不再是券形，而均为平顶。中心柱四壁开龛，前
壁和后壁开大龛，大龛上方外围各凿 5 个小龛，
两侧壁中部各开一小龛。（图 2.44）

　　台台尔石窟现存壁画主要保存在中心柱窟
中。壁画题材内容与龟兹其他石窟相同，但在布
局上有所变化。

　　第 13 窟主室券顶绘菱格本生故事，为龟兹
石窟流行的样式。主室侧壁绘几排山中塔，塔中
有坐佛，最上一排平顶山峦的山顶与山顶之间半
圆形部位内，绘有树木和对鸟。这与龟兹石窟中
心柱窟主室侧壁通常所绘的佛说法图完全不一样

图 2.44　台台尔石窟第 16 窟主室正壁

了。侧壁上方叠涩面上绘飞天，这在龟兹石窟中是绝无仅有的现象。（图 2.45）

图 2.45　台台尔石窟第 13 窟主室　叠涩飞天

　　第 16 窟从主室门道侧壁、甬道外侧壁至后甬道正壁，满绘 15 身大立佛，其中有 3 身
立佛残失。立佛高 1.8~2 米（包括头光），立佛肉髻为石青或石绿色。立佛手印各异，也有
托钵的。除了两身立佛著通肩袈裟外，其余立佛皆著袒右袈裟。立佛皆跣足立于莲花上。
立佛均有头光和身光，头光和身光中还绘出化佛；大部分头光中部绘一身小坐佛或摩尼宝
珠，两侧各绘两身小立佛；立佛身光中的化佛有 8~10 身不等。后甬道正壁一身立佛身光

中还绘出一身供养天人。大立佛身光中绘出绿
色火焰纹。立佛之间还穿插有供养人、小坐佛
和佛塔等。（图2.46）这种洞窟内遍绘大立佛
在龟兹石窟属于中晚期以后才出现的现象。该
窟中心柱左右后三壁下方绘佛涅槃像，在龟兹
地区仅此一例。第17窟后室券顶绘有"飞行
夜叉"闻法的场面，为龟兹石窟罕见。

台台尔石窟的年代应在公元6—8世纪。
虽然距离克孜尔石窟较近，但洞窟内的壁画
题材布局打破了克孜尔石窟那种程式化的模
式，较为随意、自由，体现了它较为独特的
风格。

九、阿艾石窟

阿艾石窟位于库车市阿格乡依地克村东
北克孜利亚库木鲁克艾肯（维吾尔语，沙沟
的意思）的崖壁上，与著名的阿艾炼铁遗址、
阿艾古城相距甚近。（图2.47）

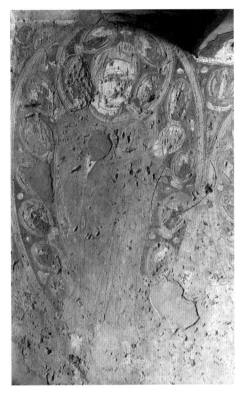

图2.46　台台尔石窟第16窟后甬道正壁　立佛

图2.47　阿艾石窟外景

该石窟开凿于红色砂岩上，为一方形窟，仅存主室，平面长方形，面宽 3.3 米，进深 4.3 米，面积约 15 平方米，纵券顶，距地面为 2.5 米。一阶叠涩。地坪中部偏北凿一坛基。该坛基是开凿时预留的平台，在其上用土坯砌筑，平台上置泥塑像，是供信徒礼佛、拜佛的场所。（图 2.48）

　　阿艾石窟主室地坪中部的坛基上原来应放有塑像。但由于该窟在正式发掘以前，已被盗掘破坏，清理发掘仅得到一件泥塑残件和一个小的白色石雕像。泥塑残件为一人物造像拳头及腕部。石雕像为一坐佛像，石质为白色石英石，佛像仅

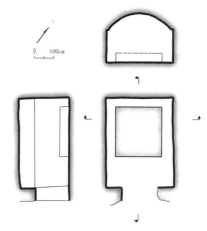

图 2.48　阿艾石窟平面、剖面图

雕出轮廓，结跏趺坐于一方台座上。依据石雕佛像底座上雕凿的沟槽，推测其原属于某一大型造像。

　　阿艾石窟的壁画题材及风格与龟兹地区流行的"龟兹风"洞窟绘画内容和风格有着明显的不同，最显著的特征是洞窟内绘制大幅经变画、汉式立佛、菩萨与汉式千佛。

　　归纳起来，阿艾石窟壁画中的佛有：阿弥陀佛、药师琉璃光佛、卢舍那佛。菩萨有：文殊师利菩萨、观音菩萨、地藏菩萨和弥勒菩萨。加上题记中写出十方佛、七佛和千佛，阿艾石窟集中反映了大乘佛教"净土世界"的思想观念。阿艾石窟壁画内容丰富。从佛像上看，几乎集中了中原大乘佛教尊奉的佛与菩萨。这种多佛多菩萨绘在一个洞窟内，在其他地区是十分罕见的。究其原因，可能与开窟人的经济情况和社会地位有关，应当是下层民众以社邑形式联合开凿共同供养的洞窟。

　　阿艾石窟壁画的人物造型，比例适度、面相丰腴、体态健美、庄严沉静。菩萨意态婉约，神韵妩媚，颇具女性风姿。壁画中定型线十分流畅。右侧壁的观音菩萨的衣纹线条，用笔洒脱，气韵贯通，具有相当的功力。佛和菩萨的头光颜色有白色和石绿两种，帔帛用较淡的石青，只是少数菩萨的裙裤用赭石色勾勒，总体色调以石绿为主，显得素淡平和。

　　阿艾石窟中的千佛一般没有界格，佛与佛间绘出云气纹，此外，坐佛一般着双领下垂袈裟，人物造型比较清瘦。

　　阿艾石窟的壁画无论是就其内容还是就其风格而言，与敦煌莫高窟唐代洞窟非常相似，应属汉传佛教艺术系统。

　　阿艾石窟所绘壁画色彩以绿、白、浅赭为主，人物以土红色勾勒，晕染较淡。这与克孜尔石窟壁画风格不同，是阿艾石窟的独特之处，亦为盛唐时期中原汉风石窟壁画艺术的特点。壁画中人物丰腴肥硕，与敦煌石窟盛唐壁画中浓厚汉风的人物形象相似。正壁的观无量寿经变图更多地出现在敦煌莫高窟的盛唐壁画上（图 2.49）。在壁画的绘法技巧方面，表现在左侧壁文殊师利菩萨画面上，画师采用的是 3/4 侧视画法，这种技法

图 2.49　阿艾石窟主室正壁　观无量寿经变

在盛唐时期才出现在壁画中。偏头光画法、人物正面像的鼻梁不加勾勒，则为盛唐时期敦煌壁画中所常见。（图 2.50）此外，本窟正壁无量寿经变与十六观间的分隔图案也为

图 2.50　阿艾石窟右侧壁尊像图

敦煌盛唐时期所常见。[①]

本窟汉文题记的书法体例成熟，是魏碑体到柳体、欧体的过渡，可以断定是唐代的书法墨迹。

阿艾石窟主室右侧壁卢舍那佛右侧下方刻划两列竖行题刻："白光口""乙巳年五月十五日"，为我们断定该石窟的废弃年代提供了一个很好的依据。

此刻记是用硬器在墙壁白底色上刻划的。这种随意刻划，只能是在洞窟废弃后发生。安西都护府陷于吐蕃后，龟兹地区纪年多用干支而不署唐年号。[②]9世纪末叶回鹘西迁占领龟兹后，该地区使用七曜历，纪年用十二生肖表示。[③]乙巳年在安西大都护府期间有两个：唐中宗神龙元年（公元705年）、唐代宗永泰元年（公元765年），阿艾石窟刻划的乙巳年不可能是这两年，只有在吐蕃陷龟兹后洞窟废弃才有可能。干支为己巳，年代又恰在回鹘统治该地区以前，应为唐宣宗大中三年，即公元849年。

综上所述，我们可以断定阿艾石窟大约开凿于公元7世纪末8世纪初，废弃于公元9世纪中叶。

第三节
龟兹石窟艺术特点

一、多元性

龟兹石窟艺术中荟萃了世界多种文明的元素，多元性是龟兹石窟的重要特点。

龟兹石窟中心柱窟的主室券顶顶部常常绘有日天。日天是佛教中的天界诸神之一，掌管着太阳的正常运行。龟兹石窟中的日天形态多样，既有源于自然的圆日造型，也有身披盔甲，坐于马车之上的王者造型。后者的思想溯源显然是受希腊神话中太阳神赫利俄斯的影响（图2.51）；而头戴虎皮帽的金刚形象更是古希腊大力神赫拉克利斯的东方翻版（图2.52）。

金翅鸟是佛教的护法神。克孜尔石窟第8窟天相图中金翅鸟为双头鹰的形象，这种造型最早起源于公元前18世纪的西亚地区，后来亚历山大东征时期传到了犍陀罗地区，

① 谢生保主编：《敦煌图案》，第66页，兰州，甘肃人民美术出版社，1996年。
② 马世长：《库木吐喇的汉风洞窟》，载《中国石窟·库木吐喇石窟》，第222页，北京，文物出版社，1992年。
③ 新疆维吾尔自治区教育委员会、新疆历史教材编写组：《新疆地方史》，乌鲁木齐，新疆大学出版社，1993年。

图 2.51 克孜尔石窟第 17 窟主室券顶 日天　　　　图 2.52 克孜尔石窟第 175 窟主室正壁 金刚

并从那里传入了古代龟兹。(图 2.53)

　　佛教起源于印度，因而佛教中的许多元素都可以找到它的印度起源。比如，梵天在印度古代神话中为世界的起源，而在传入龟兹的佛教中，成为佛教的护法神。(图 2.54)

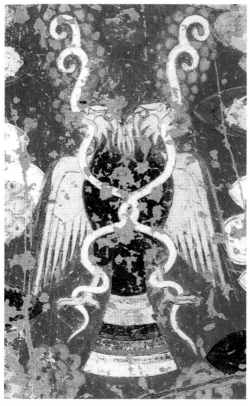

图 2.53 克孜尔石窟第 38 窟主室券顶中脊 金翅鸟　　　图 2.54 克孜尔石窟第 189 窟主室右侧壁 梵天

印度笈多时代的重要艺术风格特点为衣纹非常轻薄，给人以薄衣透体的感觉。龟兹石窟中的许多人物造型都有这一特点。（图 2.55）

对龟兹石窟艺术产生影响的还有粟特文明、波斯文明、突厥文明和回鹘文明等。

克孜尔石窟第 17 窟主室券顶本生故事中的商人造型与魏晋至唐时期活跃在丝绸之路沿线的粟特商人的造型一致，反映出粟特文明在龟兹地区的印迹（图 2.56）；克孜尔石窟第 167 窟的套斗顶造型则是属于波斯文明传统的阿富汗巴米扬石窟的典型窟顶形式（图 2.57）；突厥文明属于游牧文明，其纪念亡人的伤害肢体的习俗也可以在克孜尔石窟中见到（图 2.58）；回鹘民族约在公元 9 世纪以后成为龟兹地区的主体民族，这一时期的石窟造像中大量出现的回鹘供养人就是这段历史的见证。

图 2.55　克孜尔石窟第 7 窟后甬道右端壁　度化善爱乾闼婆王　　图 2.56　克孜尔石窟第 17 窟主室券顶　萨博引路

龟兹石窟受到世界上多种文明的影响，但是中华文明的影响从来没有中断过，它是中华文明的重要组成部分。

第一，公元前 60 年，西汉在乌垒城（今轮台县境内）建立西域都护府，汉宣帝任命郑吉为第一任西域都护，正式在西域设官、驻军、推行政令，汉朝正式开始在西域行使最高统治权和管辖权，对西域进行有效的控制和管理，西域从此成为我国领土不可分割的一个组成部分。中原文化和包含龟兹文化在内的西域文化互相影响和交融，共同促进了中华文化的进一步发展。

图 2.57　克孜尔石窟第167窟主室套斗顶　　　图 2.58　克孜尔石窟第224窟后甬道前壁
　　　　　　　　　　　　　　　　　　　　　　　　佛传故事"焚棺"图

　　第二，汉地铁质工具、先进的农耕技术——如灌溉和耕作技术传入龟兹，极大地提高了龟兹地区的生产力。

　　第三，汉地的各种物质产品，如丝绸、瓷器和漆器等传入龟兹，丰富了当地人民的生活内容。

　　第四，内地的大量典章和书籍传入龟兹，促进了龟兹地区制度文明和文化事业的发展。

　　第五，中华文化的元素已经渗透龟兹文化的各个方面，龟兹石窟中可以看到丰富的中华文化元素。

　　天相图是绘制于龟兹石窟中心柱窟、方形窟和大像窟主室或甬道券顶中脊位置的一类题材，其中可见许多佛教神话中的事物。它是佛教宇宙观的反映，一般为长方形构图。（图 2.59）

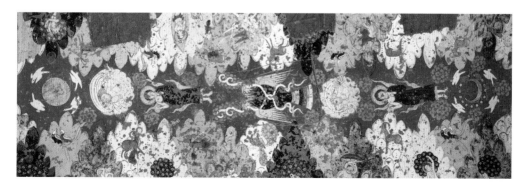

图 2.59　克孜尔石窟第38窟主室券顶中脊　天相图

这种在建筑顶部中脊绘制天相图的构图形式，我们在汉代中原地区的券顶砖室墓中可以看到。结合西汉自张骞凿空西域以后，龟兹与中原地区有了密切联系这样的历史背景，我们可以说，这种构图形式很可能是中原文化影响的结果。

龟兹石窟壁画中有许多反映乐舞的内容，其中也不乏来自中原的乐器，如排箫。（图 2.60）

图 2.60　克孜尔石窟第 38 窟主室右侧壁　排箫图

排箫是由一系列管子构成的管乐器，管子都是按由长到短或由短到长的顺序排列，并且把它们并排连接在一起，管子的底部都用塞子堵住，构成一个个独立的吹管，吹奏时，气流进入管中，可以产生高低不同的音调。排箫的音色纯美、轻柔细腻、空灵飘逸。排箫这种乐器既可以独奏又可以合奏。排箫在夏朝就已盛行，是古代常用的乐器之一，有 4000 多年的历史。迄今发现的世界上最早的排箫是出土于河南鹿邑长子口墓的骨排箫，现保存在河南省博物院。长子口墓是商末周初的大型墓葬，距今 3000 多年。[①] 1977 年河南淅川下寺 1 号墓出土春秋时期的石排箫，是世界上发现最早、保存最好的石排箫[②]；1984 年河南省光山县黄君夫妇墓中出土了春秋早期的竹排箫，也是目前发现的中国古代最早的竹排箫。[③]

龟兹石窟壁画中的排箫有两种形态。早期排箫体积较大，箫管长；晚期壁画中的排箫发生了变化，出现了体积略小，箫管排列由短渐长，管数增多，并外扎蔑箍的一种形制，与中原排箫比较接近。（图 2.61）

排箫在龟兹石窟早、中、晚期的洞窟壁画中都有，说明排箫曾在龟兹长期流行。

排箫这种乐器传入龟兹，或许在绛宾王时期。《汉书》记载，解忧公主长女弟史嫁于龟兹王绛宾后，龟兹国与汉朝关系亲密无间。绛宾王与弟史多次进长安朝贺，汉宣帝曾赠予"歌吹数十人"。排箫在龟兹王室推行汉室礼仪时得到普及，成为龟兹乐中的主要乐器。

唐代，汉地大乘佛教反传西域，龟兹的大乘佛教也日益兴盛，留下了大量汉传佛教遗迹，其塑绘内容反映了汉传大乘佛教思想。

库木吐喇石窟窟群区第 16 窟为盛唐建造的中心柱窟。它位于库木吐喇石窟窟群区南侧临渭干河的崖壁上，由主室和后室组成，主室面宽 375 厘米，进深 437 厘米，高

① 河南省文物考古研究所、周口市文化局：《鹿邑太清宫长子口墓》，第 192~194 页（彩版 9），郑州，中州古籍出版社，2000 年。

② 河南省文物研究所、河南省丹江库区考古发掘队、淅川县博物馆：《淅川下寺春秋楚墓》，第 95~96 页（图版三八），北京，文物出版社，1991 年。

③ 河南省信阳地区文管会等：《春秋早期黄君夫妇墓发掘简报》，载《考古》，1984（4），第 328 页。

475厘米。主室窟室正中带有像龛的方形柱体，以及正壁前的长方形像台为礼拜的中心。主室正壁上部绘塑结合表现法华经变。主室正壁上部龛中原塑有释迦牟尼像，像后影塑身光。佛像坐于两树下，佛头上方的券顶内，飞天吹箫奏乐。表现的是世尊在灵鹫山为诸菩萨、阿罗汉等说法的情景。（图2.62）

图2.61　克孜尔石窟第189窟主室右侧壁　排箫图

图2.62　库木吐喇石窟窟群区第16窟主室
正壁　法华经变

第16窟主室左侧壁绘观无量寿经变，中堂部分尚存各种乐器悬浮，不鼓自鸣。水榭楼台中绘菩萨、歌舞伎乐和飞天。残存立轴条幅中，可见汉式宫廷建筑和汉装人物。条幅榜题为："佛从岐阇崛山中没王宫中见韦提夫人自缢时""韦提夫人观见水变成冰时"。[1]（图2.63）第16窟主室右侧壁原绘药师经变。画面构图也是中间为中堂式画面，两侧配以立轴式条幅。中堂部分残损。西侧条幅中有多组人物形象，但是画面已被熏黑。汉文条

图2.63　库木吐喇石窟窟群区第16窟主室左
侧壁　日想观经变画

---

[1]　[日] 渡边哲信：《西域旅行日记》，载《新西域记》上卷，有光社，1937年，第336页。

幅榜题有："第二愿者使我来世自身光明"①"一者横病二者横有口舌"。②

第16窟主室前壁门道上方绘有一幅涅槃经变，也是古代龟兹地区绘制最为精美的一幅涅槃经变。画面的下方，释迦牟尼佛右胁而卧，宁静安详。画面上方及左右，绘出众弟子、菩萨及供养天人。弟子的表情、神态各异，有的神态安详，合十礼佛，坦然面对佛的离世；有的则因为失去了导师的指导，哀伤悲痛，不能自禁。画面上方的飞天体态婀娜轻盈，散花供养。（图2.64）

图 2.64　库木吐喇石窟窟群区第 16 窟主室前壁涅槃图

本窟形制基本上还是龟兹式的中心柱窟，但是主室正壁上部开龛，下部前方凿低台，则是这一地区新出现的样式。此外，洞窟内的壁画无论是题材，还是艺术风格，都具有浓郁的唐风艺术特点，显示出汉风艺术的强烈影响。

9世纪以后，回鹘人进入龟兹地区，原来信仰摩尼教的他们很快改信了佛教。他们改建了许多洞窟，也新建了一些洞窟。回鹘人的石窟艺术尽管具有很多自身的特点，但是汉传佛教艺术对其的强烈影响也是其显著特点。

库木吐喇石窟窟群区第79窟为一方形窟。主室正中有一方形坛基。本窟表层壁画

① 新疆维吾尔自治区文物管理委员会、库车市文物保管所、北京大学考古系编：《中国石窟·库木吐喇石窟》，第 209 页，北京，文物出版社，1992 年。
② 新疆维吾尔自治区文物管理委员会、库车市文物保管所、北京大学考古系编：《中国石窟·库木吐喇石窟》，第 209 页，北京，文物出版社，1992 年。

是回鹘人时期绘制的。坛基正壁绘一列供养人和比丘，后壁和两侧壁绘本生故事。洞窟主室前壁绘一列供养人。主室右侧壁下部绘地狱变，上部绘方格坐佛。

　　本窟中供养人中有回鹘人，且有回鹘文题记，明显为回鹘时期绘制的。但是它造型以墨线为主，兼有兰叶描和柳叶描，色彩以平涂为主，色调淡雅，与汉传佛教艺术的传承关系一目了然。（图 2.65）

图 2.65　库木吐喇石窟窟群区第 79 窟主室坛基正壁供养人图

　　多元性的文化元素在龟兹地区汇聚，龟兹艺术家将这些元素巧妙地组合起来，创造了瑰丽多姿的龟兹石窟艺术。

二、创造性

　　龟兹石窟艺术包括多种艺术风格，其中龟兹风艺术风格最具本地特色。由于塑像多毁，今天我们领略它的艺术特色只能从建筑和壁画两个方面展开。

　　公元 3 世纪开始建造的"龟兹式"中心柱窟是龟兹石窟形制方面的最大特色和创新。该类型的石窟源于印度以塔为中心的"支提窟"，但在保留其基本结构和功能的基础上，结合克孜尔石窟当地砂岩的结构特点和中亚、西域游牧民族的丧葬、生活特点，形成了印度所没有的中心柱窟。这种形制显著影响了敦煌石窟、龙门石窟，以及云冈石窟的早中期洞窟的建造。（图 2.66）

图 2.66　克孜尔石窟第 17 窟主室券顶菱格故事画

公元 4 世纪开始建造的"大像窟"是世界同类洞窟中现存开凿年代最早者，这种开凿大像窟并在洞窟内雕塑大佛的传统对新疆以东地区，甚至是葱岭以西阿富汗地区同类石窟的开凿都产生了重大影响。

充满韵律感的菱格形构图以及对比强烈、格调宁静庄严的色彩运用，使得龟兹壁画极具装饰感。（图 2.66）形体造型中，线条是主要的造型手段，线条粗细均匀、刚劲有力、富有弹性，颇有屈铁盘丝的效果。（图 2.67）衣纹塑造一般用两根线为一组的绘画方式，随着身体结构的起伏附着在形体上，是"曹衣出水"画法的最好诠释。传自印度的晕染法也得到了很好的运用。龟兹画师采用不同明度的同一色彩，由浅入深或由深渐浅，层层重叠，层次分明地对表现对象加以晕染，使得表现的物象具有很强的立体感。（图 2.68）

龟兹风艺术模式形成后，对周边地区也产生了影响。从建筑上看，吐鲁番的吐峪沟石窟，河西的文殊山石窟、马蹄寺石窟、金塔寺石窟、天梯山石窟、敦煌莫高窟、宁夏的须弥山石窟以及云冈石窟早期洞窟都是直接或间接在龟兹式的中心柱窟影响下建造起来的。（图 2.69）

从壁画上来说，一些龟兹壁画中的题材内容和图像在敦煌莫高窟、云冈石窟的早期洞窟中也有出现，如莫高窟和云冈石窟中的天宫伎乐造型与龟兹同类题材有着极大的相

图 2.67 克孜尔石窟第 38 窟主室前壁上方半圆端面上的闻法天人　　图 2.68 克孜尔石窟第 175 窟 右甬道内侧壁的比丘

似性。(图 2.70) 莫高窟第 285 窟的日月天形象也与克孜尔石窟第 17 窟券顶中脊的日月天显示出极大的一致性。(图 2.71)

　　新疆吐鲁番地区吐峪沟石窟的壁画风格尽管在细部的处理上,比如晕染的具体方式、用线的技法、人物的造型,都与龟兹石窟不同,但从总体上看,其构图布局等方面明显受到了龟兹风格的影响。(图 2.72)

　　莫高窟第 272 窟主室正壁龛内的胁侍菩萨,采用了来自龟兹石窟的晕染法来表现人物的体积感和结构感,用同一种颜色由浅入深、层层重叠的方法晕染在人体的结构部位。(图 2.73)

　　炳灵寺石窟第 169 窟左侧壁的千佛说法图、正壁第 12 号龛等处说法图,人物的鼻棱、眉棱等处以白色染出以示高光,身体部分由外向内晕染,显然受到来自龟兹晕染法的影响。(图 2.74)

图 2.70 敦煌莫高窟第 248 窟右侧壁 天宫伎乐

图 2.69 敦煌莫高窟第 254 窟主室内景

图 2.71 敦煌莫高窟第 285 窟主室 日天

图 2.72 吐峪沟石窟第 38 窟右侧壁 说法图

图 2.73 敦煌莫高窟第 272 窟正壁龛内的胁侍菩萨 　　图 2.74 炳灵寺石窟第 169 窟左侧壁的说法图

第四节

龟兹石窟艺术发展

一、龟兹风格逐渐成熟

在龟兹地区诸石窟寺中，龟兹石窟艺术的逐渐形成时期为公元 3—5 世纪。克孜尔石窟是龟兹石窟中最早开凿的。这个阶段龟兹石窟的主要洞窟类型都已经出现，以具有礼拜性质的方形窟和中心柱窟以及大像窟为核心的洞窟组合开始形成，洞窟主要开凿区域在谷西区和谷内区的部分区域。除克孜尔石窟外的其他石窟基本没有开凿。

公元 5 世纪以后，龟兹石窟艺术日益繁荣，库木吐喇石窟、克孜尔尕哈石窟、森木塞姆石窟和玛扎伯哈石窟都开始开凿，龟兹石窟艺术的形式日益多样。这个时期克孜尔石窟各个区域均有洞窟开凿，新的洞窟组合也不断出现，石窟不同区域的功能分化有所发展。同时，不同的石窟群的功能也有很大分化，以方形窟为核心的洞窟组合类型在一些石窟中没有发现，如森木塞姆石窟、克孜尔尕哈石窟和台台尔石窟，这种情况的出现可能和某些佛教部派在这些石窟群所在区域没有分布有关。

壁画题材主要是反映小乘说一切有部思想的本生、因缘和佛传故事，也反映出一定的大乘佛教的影响。随着龟兹佛教进入繁盛期，壁画艺术风格本地化特点逐渐形成，并且成为主流的艺术风格。

说一切有部认为"三世实有，法体恒有"，认为我们生存的有情世界是生灭无常的，是人生苦的根源，而"涅槃"才是永恒的实体。众生因为不了解世间真理，把生灭无常的世间万象作为追求的对象，因而产生烦恼，由此烦恼造就无穷业报，从而不停地轮回，无法解脱。只有了知佛法，追求涅槃，才是获得解脱的最终路径，而佛的前世今生事迹为我们提供了这种道路的典范。

佛教艺术都是为佛教的理论和宗教目的服务的，由于说一切有部的这种理念和旨归，决定了这一时期龟兹石窟的题材必然是以释迦牟尼的事迹展开的，故而本生、因缘和佛传故事成为其主要内容。

这时期龟兹石窟壁画的突出特点是龟兹风格壁画艺术的成熟。龟兹风壁画艺术特点首先是它的菱格化的故事构图，排列有序，繁而不乱。每一个菱形的顶端都指向券顶的纵轴线，形成一道道有变化的半圆形的弧圈，与券顶的弧面相吻合，加强了建筑节奏感；同时每个菱格仅表现一个故事，容纳了大量的佛教内容。人物形态已经龟兹化。龟兹人头圆，颈粗，鬓际到眉间的距离长，横度也宽，五官在面部占的比例小而集中。手指的第一节画得粗，逐节减细。腿一般圆润修长。躯干和四肢修长优美，造型丰满而不臃肿。晕染法的使用，凸显了人体的结构感。龟兹画师用层层叠染的方法表现人物的体积感，显得十分厚重。有单面染也有双面染，以及从四面进行晕染的"圈染"。如森木塞姆石窟第 42 窟窟顶绘制的菩萨形象，在给菩萨肌肤着色时，先用浅朱砂色画在人体的外轮廓上，再在上面用深朱砂色提染人体结构的关键部位，形成色阶，从而使人体具有很强的体积感。线条细劲刚健，富有弹力。凡是佛或菩萨的宽大袍裙衣纹都是用 U 形线套叠组成，二三根一组，随体形变化，U 形的转折变圆或变尖。纹饰上流行各种忍冬纹、缠枝卷草纹、筒瓦纹等。

二、汉传佛教回流

7 世纪末，汉传佛教艺术传入龟兹地区，汉传石窟艺术模式传入龟兹，给龟兹石窟艺术注入新的因素，这类洞窟主要集中在库木吐喇石窟和阿艾石窟。与此同时，台台尔

石窟、温巴什石窟、托乎拉克艾肯石窟等中小型石窟也纷纷建造起来。与此同时，崇尚
"唯礼释迦"的克孜尔石窟衰落下去，很少再有开窟活动。

这一时期，龟兹石窟和地面寺院的规模继续扩大，除继续沿用前期的石窟和佛寺类
型、寺院组合和布局方式外，新出现了受汉传佛教艺术影响的中心方柱为扁平形的中心
柱窟、主室地面设置低坛的方形窟，僧房窟也有简化的趋势。

此时期的壁画题材的最大变化是开始出现反映汉地大乘佛教的内容。

大乘佛教是在小乘部派佛教基础上发展起来，它的基本思想一方面是提出了世间存
在多佛，释迦牟尼佛仅仅是人类生活的娑婆世界的教主，在世界的其他空间还存在其他
的佛，包括西方净土世界的阿弥陀佛、东方琉璃世界的药师佛等；进而提出了还有高于
释迦牟尼佛的卢舍那佛，它是所有佛的法身，阿弥陀佛和药师佛等佛是报身佛，释迦牟
尼佛是化身佛。这种思想贬低小乘佛教的阿罗汉地位，认为在佛与阿罗汉之间还有菩萨
这一阶位，菩萨已具备了成佛的条件，但是为了度化众生，暂不成佛，以帮助诸佛完成
度化，重要的菩萨有观音菩萨、大势至菩萨、地藏菩萨等。大乘佛教改变了小乘佛教众
生只能依靠自力解脱，难以成佛的观念，认为众生皆有佛性，借助于诸佛的愿力皆可成
佛，并为此设计了一系列的成佛途径，其中往生净土，尤其是西方净土是最主要的一个
法门。

这样的思想反映到佛教艺术上，就是更注重十方佛、卢舍那佛、观音等菩萨的造像
以及与净土有关的经变画故事的绘制，从而为众生往生彼岸，解脱成佛提供膜拜和观想
的对象。

汉传佛教的流布，一方面使龟兹石窟中出现了反映汉人审美情趣的汉风艺术风格的
壁画。其中阿艾石窟表现得最为典型。

阿艾石窟壁画题材包括西方阿弥陀净土变、卢舍那佛、药师佛、文殊菩萨、观音
菩萨、地藏菩萨和弥勒菩萨以及千佛等，与此期敦煌石窟壁画题材相同。人物造型比例
适度、面相丰腴、体态健美、庄严沉静。菩萨意态婉约，神韵妩媚，颇具女性风姿。观
无量寿经变中的 42 身菩萨，个个丰面硕腮、身姿婀娜、体态绰约。右侧壁的文殊菩萨，
身躯微侧，肌肉白皙，手指纤细，宛然秀丽的倩女。阿艾石窟壁画中定型线十分流畅。
左侧壁的观音菩萨的衣纹线条用笔洒脱、气韵贯通，具有相当的功力。阿艾石窟壁画色
彩比较淡雅，多用平涂。佛和菩萨的头光颜色有白色和石绿两种，帔帛用较淡的石青，
只是少数菩萨的裙裤用赭石色勾勒，总体色调以石绿为主，显得素淡平和。经变画的建
筑是用赭石色画出窗框和栏檐。整个经变画的格调显得淡雅、肃穆，图案纹饰多使用茶
花纹。

另一方面，具有汉地佛教观念的图像在龟兹风洞窟中出现。如库木吐喇石窟窟群
区第 58 窟。本窟主室正壁绘塑结合表现帝释窟说法的场景，但是在主室正壁龛的正壁，
绘出了一棵圆冠形的树，树干上系有绿色的飘帛，下部似绘有方座，画面已残损，树上

残存树神形象。此外还绘有多种乐器，包括琵琶、鼓、腰鼓、锣、筚篥，乐器之间的空间饰以莲蕾。这种图像与大多数龟兹风洞窟此位置绘佛陀的头光和身光不同。这种图像一般认为是对净土世界的描绘。

三、吐蕃风格

吐蕃风的壁画题材内容和龟兹风洞窟并无太大不同，但是更重视发心供养和授记等方面，如克孜尔尕哈石窟第32窟右甬道外侧壁和后甬道正壁均绘制了表现佛于过去世供养诸佛的故事。此外，它们也强调对金翅鸟的信仰，克孜尔尕哈石窟第31窟主室窟顶原绘金翅鸟，森木塞姆石窟第4窟窟顶残存金翅鸟痕迹，均反映了这一特点。同时，在这些洞窟中，出现了穿着吐蕃人"褚巴"服饰的人物，如克孜尔尕哈石窟第31窟左甬道内侧壁绘制的萨埵太子的父母形象。壁画风格，也具有同时期吐蕃艺术的特点。如在塑造人物时，采用粗细不同的线条勾勒轮廓和衣纹，然后薄施淡彩；在菩萨的装饰上，仅用朱红色点缀出项链和腕钏。另外，色彩使用上，画面多薄涂蓝、绿、白等色，显得淡雅恬静。

四、回鹘风格的流行

公元9世纪以后，入主龟兹地区的回鹘人改信了佛教。他们新建了一些洞窟，并对以往建造的一些洞窟进行了改建，并继续使用以往历代建造的石窟。库木吐喇石窟是此时最重要的石窟群，同时森木塞姆石窟和克孜尔尕哈石窟以及温巴什石窟等石窟群也有改建和重修洞窟的现象。

洞窟壁画题材内容既有龟兹风格的本生、因缘和佛传故事画，也出现了反映多佛思想的尊像图，如森木塞姆石窟第40窟右甬道外侧壁就绘制了立佛尊像图。使用铁线描，同时也使用兰叶描。用密集的线条表现衣服的褶襞，勾圆表现人物关节，线条紧劲，酣畅淋漓，体现出回鹘画师对佛陀慈悲和勇毅人格的深刻理解。人物造型健壮，面孔丰腴圆润，修长的眉毛稍挑起，柳叶形眼睛，黑色眸子，嘴小，鼻梁高稍显拱形。以平涂为主，同时也运用晕染法，但已退居次要地位。喜欢热烈的暖色调。壁画中大量使用赭红、朱砂等色泽，并以白色为底，石绿色相衬。图案纹饰流行团花纹、火焰纹。

公元14世纪以后，龟兹佛教衰落乃至消亡，石窟遗址也逐渐荒废了。

第五节

石窟壁画的功能

一、提供修行礼拜的观想对象

佛教美术首要功能是为修行者提供进行礼拜观想的对象。龟兹佛教美术也不例外。这种观想的对象具有多方面的内容。

首先是对佛像的观想。我们可以从当时这里流行的一些禅观经典中看到这一点。鸠摩罗什在其编译的《坐禅三昧经》中有详细的记载，对于初学禅定的人，应该把他们带到或者让他们自己去有佛像的地方，认真地观看佛像的三十二相和八十种好，一直到可以牢记于心。然后到一个安静的地方，意念集中，观想佛像，不停地修行，直到能够清楚地看见佛像，就像我们用肉眼看到佛塑像的情形一样。[①] 然后，修行的人应该接着观想释迦牟尼在菩提树下成道、在鹿野苑给五比丘说法以及在耆阇崛山为大众说法。这种观想的方法，佛教称之为生身观。接下来，修行者可以观想释迦牟尼在过去世修行的事迹以及积累的诸种功德，如十力、四无所畏、大慈大悲等。[②] 从上述佛经的记载，我们可以看到佛教徒观想的对象是多方面的，但是这些影像的最初来源大抵还是佛教寺院或石窟中的造像。

龟兹石窟中有一类洞窟组合，即中心柱窟与僧房窟的组合。中心柱窟的主室正壁内开龛，龛内原有佛像，是用于观想的佛像。正壁外绘天众，两侧壁各绘两栏因缘佛传，前壁绘释迦菩萨于兜率天宫说法，券顶中脊绘天相图，两侧券腹各绘菱格本生或因缘故事，后室各壁绘佛塔或与涅槃有关的事迹。（图 2.75）这些都是用于对佛陀生身和法身进行观想的内容。与中心柱窟相邻的僧房窟中没有壁画，但有禅床和壁炉等生活设施，应是用于冥想的场所。其功能组合恰与上述的经文一致，反映出佛教美术提供礼拜观想对象的功能。

二、宣教功能

佛教的涅槃境界是不可言说的，但是要让广大信众了解并信仰它，则需要采用包括

---

① 《大正藏》，第 15 册，第 276 页。
② 《大正藏》，第 15 册，第 229 页。

图 2.75　克孜尔石窟第 163 窟内景

佛教美术在内的各种方便之道以教化众生。

　　佛典中记载了一则佛在世时以佛陀画像来宣传佛教、吸收信众的故事。佛在王舍城为大众说法，引用了一个故事，讲述的是胜音城的仙道王向王舍城的影胜王赠送了一身宝甲，影胜王十分喜爱却发愁没有相当的礼物可以酬谢回赠给仙道王，于是大臣就给他出主意，说现今佛在王舍城，可画一幅佛像作为回礼。因而影胜王就来见佛禀白此事，征求佛的意见，得到佛同意后，制作了佛的画像，送给了仙道王，并对观看佛像的具体方法进行了介绍，要求仙道王按照上述要求实行。①

　　没想到的是，仙道王看了影胜王的信后非常生气，在大臣的劝说下才勉强按信上交待的做了。当他们在街衢之中打开画像时，产生了戏剧性的一幕：所有观看佛像的人都被震撼了，都合掌膜拜，共同大声赞颂佛。仙道王本人也明白了佛法的真谛。②

　　一幅佛像画，竟然收到这么好的劝化效果，可见僧人们"设像行道"是有经典渊源的。

　　龟兹石窟中绘制了大量以释迦牟尼为中心的佛教故事。这类故事包括本生故事、因缘故事和佛传故事。本生、因缘和佛传故事画绝大部分是佛教徒吸收了流行于古印度的民间寓言故事改编而成的，在充满智慧与进取精神的故事中包含深奥的佛教哲理，能够吸引信众，从而扩大佛教在信众中的影响，满足佛教广泛宣传的需要。

---

① 《大正藏》，第 23 册，第 874 页。
② 《大正藏》，第 23 册，第 874 页。

此外，佛经还记载了佛陀安排僧众在寺门下绘生死轮回图并讲解，使人信从佛教的故事。在这个故事中，佛陀安排僧人在寺门上画了生死轮回图，为来往世人解说生死轮回的因缘道理。有一个家境贫寒的学生，听闻六道轮回的原因后，为了将来轮回到天道，就用自己挣的钱供养佛和僧人。①

生死轮回图使俗众愿作供养之事，像教之功用可见一斑。克孜尔石窟中也有五趣轮回的图像，其功用应该与上述故事相同。

形像往往比文字更有魅力，富于感人的力量，尤其是对于文化水平有限的普通百姓来说，更能直接地打动他们的心灵。佛教美术在僧侣的宣教过程中越是应用得广泛，佛教的教义也就越容易得到理解并为广大信众所接受。

三、日常修行中的认识功能和教育功能

说一切有部经律中对于僧侣的服饰和修行场所的装饰都有戒律限制。如《十诵律》中记载：因服饰中的图案而引发官司，佛陀因此增加了一条有关制衣的戒律。舍卫国的掘多比丘尼请迦留陀夷为其制衣，掘多比丘尼将衣料交给迦留陀夷后离去，而迦留陀夷在衣服上缝制反映男女情事的图案，影响禅修，佛陀因而制定了相关戒律。②

这条与衣服图案有关的戒律其实是与佛教色戒相联系的，佛戒中的不邪行就包括："见画妇女。不念不观。无不善念。"③比丘不能画妇女像或观看这种类型的画。

佛像之于佛教具有神圣的意义，是有生命内涵的，是佛的体现，因而供奉在佛像前的物品也是不能随意处理的，比如："若苾刍尼，知与此佛像物，回与余佛像……得恶作罪。"④

原始佛教的一些戒律中还详细介绍了佛祖对寺中各处分别应当画什么题材内容的规定。如《根本说一切有部毗奈耶杂事》中讲述给孤独长者布施园林给佛作寺，向佛请示寺中各处当作何种画，佛给出了详细指示。如在讲堂画讲法高僧，在食堂画持饼药叉，在仓库画持宝药叉，在水堂画龙持水瓶，指明了不同的宗教场所的不同功能，为入寺礼佛的信众及游客提供了方便。在寺中诊所要画上佛亲自坐堂看病的情景，既让病人感受到慰藉，也使佛医治众生的形象深入人心。在僧舍中画白骨髑髅是帮助僧伽修不净观，让僧伽在寝室内也不忘三法印，精进修行。寺庙壁画与修行佛法紧密结合，在僧伽的日常生活中时刻起到提示和教育作用。⑤

克孜尔石窟的一些方形窟中也绘有高僧、白骨和死尸，应具有相同的功用。

---

① 《大正藏》，第 23 册，第 811 页。
② 《大正藏》，第 23 册，第 84 页。
③ 《大正藏》，第 17 册，第 231 页。
④ 《大正藏》，第 23 册，第 962 页。
⑤ 《大正藏》，第 24 册，第 283 页。

此外，《根本说一切有部毗奈耶杂事》还对可能会破坏损毁壁画的行为作了限制：不要在有壁画的地方点火；洗浴的地方不要有壁画[①]；没有穿僧祇支的僧侣不要站在壁画下面。[②]

还有对修补脱色壁画的规定。如《根本说一切有部目得迦》卷八记载：诸彩画壁不分明者，苾刍生疑，不敢重画。佛言，应可拂除，更为新画。[③]

由上述论述可以看出佛教造像的普遍使用和在僧伽日常生活中的重要性。在僧伽的日常生活中，佛教美术充分发挥了其认识功能与教育功能，具有很重要的实用性。（图 2.76）

图 2.76　克孜尔石窟第 175 窟左甬道内侧壁　五趣轮回图

四、供养、祈福和发愿

龟兹石窟中的佛教造像除具有上述功用外，还有为世俗信众提供供养对象的作用。玄奘《大唐西域记》卷五载：

释迦牟尼成佛后，到忉利天宫为其母摩耶夫人说法，3 个月没有回来，邬陀衍那王思慕，请尊者没特伽罗子施展神通力把画工接到天上，按照佛的相貌雕刻旃檀木像作为礼拜的对象。释迦牟尼回来时，雕刻的佛像前来迎接世尊。[④]

---

① 《大正藏》，第 24 册，第 283 页。
② 《大正藏》，第 23 册，第 282 页。
③ 《大正藏》，第 24 册，第 445 页。
④ 《大正藏》，第 51 册，第 898 页。

画工雕刻的像即是所谓的优填王像或旃檀佛像，后作为一种标准造像为佛教信徒反复翻摹。在佛教看来，佛造像原本并非为了艺术，而是具有佛化身的意义，在佛离世时代替佛教化开导世人。不但佛像，别的佛教造像同样如此，它们首先是膜拜体系的一部分，然后才是其他。石窟中的壁画一方面是为了表现佛国世界的美；另一方面也作为一种对佛的供养与赞叹。人们在这种供养行为中，希望佛能听到自己的祈福和发愿，期许得到功德利益。一些佛经中的宣扬促进了人们的这种信仰。

佛经记载，佛因为过去修菩萨道时修治佛像、制多和伽蓝，所以今得相好庄严，而身体残疾的人就是因为过去毁坏了佛像[①]，充分反映了果报的严重性。

壁画中还绘有供养人的画像。克孜尔尕哈石窟中的供养人画像，主要有王侯贵族、世俗供养人和僧侣供养人三类。在早期的洞窟中，供养人并非重大题材，一般画在主要壁画下方，非常矮小，排列成行，少则几身，多则十数身。后来逐渐占据洞窟的前壁和左右甬道等位置，体型逐渐与真人同大。供养人的旁边常能发现其姓名，有的还有发愿文。这些供养

图 2.77　克孜尔尕哈石窟第 14 窟右甬道内侧壁的供养人

人将自己的画像放在洞窟中，也是由于佛经的宣传造成的。《观佛三昧海经》中云：

若有众生于佛灭后，造主形像。幡花众香持用供养 ，是人来世必得念佛清净三昧，却除百亿那由他恒河沙劫生死之罪。[②]

由此可知为何很多的信众，愿意出资造像，将自己的姓名或是往生的亲人的姓名绘制于所供养的佛像左右，其目的无非让佛了解自己的虔诚心愿，使自己可以得到功德利益。（图 2.77）

总之，说一切有部认为佛教美术是用于阐释佛法的形式，在实际的运用中，它具有提供观想对象、宣教、认识、教育以及供人们供养、祈福和发愿的功能。

---

① 《大正藏》，第 25 册，第 120 页。
② 《大正藏》，第 15 册，第 678 页。

第六节
对龟兹石窟艺术的破坏

对龟兹石窟造成破坏的因素大体上可以分为自然和人为两类，其中在自然原因中，又以地震造成的破坏最大，它直接导致洞窟本体的开裂，甚至坍塌。这种破坏自克孜尔石窟开凿之日起就存在，很多石窟中都留下了古代龟兹人对由于地震破坏造成塌毁的洞窟进行修缮的痕迹。洞窟废弃后，这种因素造成的破坏就更加严重。今天许多洞窟的前室（前廊）不存就是明证。根据今天保留在克孜尔石窟外立面上的建筑遗迹，我们可以说，克孜尔石窟在其繁盛时期的规模要比现存的规模大许多。

人为破坏，则是洞窟内塑像和壁画损坏、消失的另一个重要原因。

一、影响石窟本体保存的主要自然因素

（一）地震

地震等内动力的地质作用也是造成岩体坍塌的因素之一。由于石窟地处相对稳定的塔里木地台和相对活动的天山褶皱带的过渡地带，地震活动强烈及频繁是该地区的一个特点。从库车市的地震记载来看，本地区有感地震时有发生，弱震发生也较频繁，地震频度有逐年增加的趋势，而且地震延续的时间也较长。1999 年克孜尔石窟周边地区发生地震时，第 126、127、128 三个石窟大部分窟体坍塌。

2002 年 7 月 16 日，由于发生有感地震，库木吐喇石窟窟群区第 10 窟上部危岩体产生垮塌。地震是影响龟兹石窟岩体稳定最主要的外力。

（二）风蚀

风的破坏作用体现在风蚀作用上。这种作用在气候干旱、温差大、物理风化强烈而植被稀少的地区，特别是荒漠中很强烈。对于石窟寺、古建筑、古遗址等室外文物的保护，它是必须考虑的重要环境因素之一。

据库车市气象站统计，当地年平均风速 1.0 米 / 秒，年平均大风日为 20 天，主要集中在夏季，占全年的 52%，春季次之，占 37%，秋季占 10%，冬季仅占 1%。4—8 月为大风集中出现期，占全年大风日总量的 85%。风向以北和西北为主，其次为偏东风。最

大风速 22 米 / 秒，大风持续最长时间为 12 小时，大风时常伴有沙暴。大风对岩体较差的石窟有极大的风蚀破坏。

（三）流水侵蚀

水对龟兹石窟群的危害是仅次于地震的又一大隐患。

降雨是导致岩体遭受破坏的主要外动力之一。

龟兹石窟所依附的山体含盐量极高，遇水极易崩解。还有龟兹石窟所在的山体大多开凿在无植被岩壁上，地表涵养水能力差。尽管新疆地区干旱少雨，常年降雨量并不大，但是由于雨量比较集中，加之裂隙发育贯通，雨季来临，一旦发生暴雨即会出现洪流冲刷，造成岩体被切割，导致窟壁坐落式塌毁。不仅如此，雨水还直接冲刷石窟崖体表面，加剧了石窟围岩的风化剥蚀，许多石窟都能看到雨水冲刷窟壁表面留下的挂泥与沟痕。

地下水也会对石窟整体和窟内环境造成很大的影响。克孜尔石窟谷底千泪泉的泉水对洞窟底部具有极强的冲蚀作用，长期侵蚀不仅会造成石窟临空面增高，还会造成洞窟底部山体掏空，使岩体层状坍塌。地下水位的变化造成岩体及壁画的含水量变化，从而使可溶盐类不断活动，造成龟兹石窟壁画及岩体形成坚硬的外膜或酥碱。

龟兹石窟洞窟内环境湿度在地下水、大气降水和游客带来的水汽综合作用下，对壁画表面产生影响。雨水和毛细水极易通过壁画表面的毛细孔渗入，造成壁画画面层、地仗层和支撑体的胶质流失和风化水解，降低壁画强度。壁画当中的可溶盐还会在水的带领下，进入壁画内部，又在温湿度、含水量的反复变化下，溶解—结晶—溶解—重结晶，这种循环结晶侵蚀现象使石窟壁画酥碱粉化，表面酥碱泛白，粉状、片状脱落。这种情况多见于壁画的根基部位，严重影响到壁画的整体稳定性。水在壁画内的富集还为微生物提供了生长环境，引起壁画的生物霉变。

（四）温度

温度对于文物的影响主要体现在环境温差较大的热胀冷缩。当温度与环境中的湿度、光、氧、虫、霉等环境因素共同作用时，温度就是加速剂、催化剂。在一定温度值内，温度每升高 10 度，反应速度加快 1~3 倍。

克孜尔石窟窟区最高气温可超过 40℃，最低气温仅 -30~-20℃，日温差和年温差极大。

此外，光照度、生物活动等也会对洞窟本体的保存状况带来影响。

总之，正是在上述因素的共同作用下，龟兹石窟产生了裂隙、空鼓、大面积脱落、酥碱、起甲、颜料变色褪色、生物病害等一系列严重的病害。

二、自然因素对文物本体造成的破坏

（一）岩体劣化

克孜尔石窟开凿于地质年代较晚的新生代第三纪和第四纪地层上，岩性以砂岩、含沙砾岩及泥岩为主，黏土矿物为蒙脱石、伊利石和少量高岭石，属弱膨胀性非水稳性泥质岩石，石窟岩体的岩性较松散，胶结状态比较差，空隙度较大，吸水性较强，抗风化能力比较弱。龟兹石窟窟区大气温湿度呈昼夜周期变化，并且昼夜间温湿度的差值均比较大。平时干旱少雨，蒸发强烈，降水量小，但偶有突发性骤雨。因此，克孜尔石窟岩体处于不断劣化状态，而且极端的环境因素会加速岩体的劣化。

（二）裂隙

裂隙是指由于长期的地质作用，导致岩体和壁画开裂或地仗层自身收缩而形成缝隙。克孜尔石窟的裂隙分布较多，主要为构造裂隙和卸荷裂隙。这些裂隙主要是因外力扰动、受力不均、地基沉降或石材自身构造等引起的石质文物开裂现象。这类裂隙多深入石材内部，严重时会威胁到石窟的整体稳定，裂隙交切、贯穿会导致石刻整体断裂与局部脱落。（图 2.78）

图 2.78　克孜尔石窟第 165 窟顶部裂隙

（三）空鼓和大面积脱落

壁画空鼓和大面积脱落在克孜尔石窟壁画中大量存在，严重影响壁画的长期保存。克孜尔石窟壁画的地仗层和洞窟支撑体结构组成差异比较大，在温湿度变化引起的热胀冷缩效应的影响破坏下，壁画地仗层与洞窟支撑体之间局部脱离鼓起，并逐渐向四周蔓延，形成空鼓，严重者在外界环境扰动下会形成大面积脱落。（图 2.79）

（四）酥碱

酥碱是指在水分参与下，洞窟围岩及地仗层中的矿物盐分在洞窟产生表集作用。龟兹石窟的岩体岩质较为疏松，风化现象严重。随着环境温湿度的变化，壁画层、地仗层

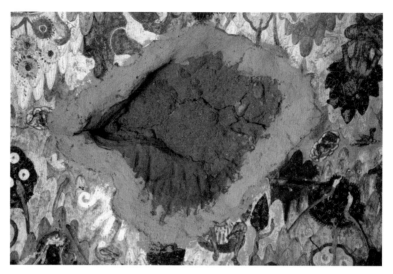

图 2.79　克孜尔石窟第 77 窟左甬道顶部岩体空鼓脱落

和支撑岩体中的盐分在表聚作用下逐渐从岩体内部迁移至壁画表面并聚集结晶，在水分的渗入作用下，反复溶解、迁移、结晶，从而使壁画地仗层疏松、植物纤维糟朽、颜料胶结物老化，并逐渐脱落。（图 2.80）

图 2.80　森木塞姆石窟第 32 窟右甬道的酥碱病害

（五）起甲粉化

龟兹石窟的起甲粉化面积较为广泛。起甲是指壁画白粉层及其上的颜料层发生龟裂，进而呈片状卷起，甚至脱落。尤其是颜料中的胶含量过高时，颜料粒子间黏着力过强，颜料层易与地仗层分离起翘，最终脱离画面，形成壁画起甲。壁画的粉化是指壁画颜料层中含胶量较低，颜料颗粒因为失去黏着力，逐渐粉化脱落。（图 2.81）

图 2.81　克孜尔石窟第 205 窟主室券顶起甲壁画

（六）颜料变色褪色

龟兹石窟壁画颜料的变色褪色病害是在环境温湿度波动和强光辐射影响下石窟壁画颜料逐渐变色褪色的现象。壁画所使用的部分颜料化学成分不稳定，使得其在长期的氧化过程中造成颜料的色相发生了改变。壁画胶料老化，使粗颗粒颜料逐渐脱落，露出白色底层，造成壁画颜色变淡。（图 2.82）

图 2.82　森木塞姆石窟第 24 窟主室券顶颜料变色

（七）生物病害

石窟群的生物病害主要有微生物霉变病害和鸟虫蛾粪便污染两种，龟兹石窟生物病害以鸟虫蛾粪便为主。洞窟中许多壁画被燕子粪便严重污染，还有大量的仿爱夜蛾活动，这些飞蛾会在壁画墙角处结茧生卵，污染壁画表面，其排泄物污染画面，引起颜料褪色、变色。此外，在该地区壁画上还经常可见巨型蜘蛛，其在爬移过程中会对脆弱壁画面造成破坏。（图2.83）

图 2.83　台台尔石窟第 13 窟主室中脊被粪便侵蚀

三、人为因素对文物本体造成的破坏

龟兹石窟的人为破坏主要包括以下几个方面。

（一）宗教战争的破坏

公元14世纪中叶，东察合台汗国的统治者秃黑鲁帖木儿接受伊斯兰教，随后在全汗国境内推行伊斯兰教。在他的支持下，名为"库车伊斯兰社团"的伊斯兰教组织进入库车，强迫当地佛教徒改宗伊斯兰教。库车的佛教徒进行了顽强的反抗，举行了武装起义。秃黑鲁帖木儿汗很快派兵镇压了武装起义。"库车伊斯兰社团"乘机对库车的佛教徒进行了残酷的迫害，对佛教进行了毁灭性的破坏。他们对抗拒者大肆屠杀，迫使佛教徒加入伊斯兰教；他们拆毁佛教寺院，捣毁佛像，焚烧佛教经典。具有1000多年历史的库车佛教文化几乎被破坏殆尽。

（二）19世纪末20世纪初，外国探险家的盗剥

外国探险队对龟兹石窟塑像和壁画的盗掘和切割是龟兹石窟历史上的一次浩劫。从

19世纪末开始，先后有俄、日、德、英和法国的探险队来到龟兹进行考察和盗掘活动，其中对龟兹壁画切割最多的是德国探险队。根据新疆克孜尔石窟研究所的调查统计，德国探险队在龟兹石窟切割走的壁画约500平方米。但是，收藏有切割壁画的亚洲艺术博物馆并不认同，据他们统计，只有300多平方米。两者之间相差的约200平方米的壁画，大概在以下几种情况下被破坏了：①切割壁画时破坏了；②运送过程中破坏或丢失了；③苏联红军攻陷柏林时被破坏。

割走的壁画都是龟兹壁画中的精品。此外，这些壁画都是被有选择性地切割走的，极大地破坏了整个洞窟壁画的整体性，给我们留下的只是满目疮痍的劫后残壁，令人唏嘘不已！

（三）石窟废弃后其他的人为破坏

1.来访者的破坏

龟兹石窟被废弃后，由于长期缺乏管理，石窟壁画遭到了极大的损坏，壁画曾经贴有金箔的地方均被整片刮走，画面上游客的刻画破坏也随处可见。（图2.84）

图 2.84　台台尔石窟第 5 窟的人为刻画

2.现代保护工作中的不当修复

由于早期修复方法的局限性，许多壁画修复处因修复材料与壁画本体不相容，致使所修复之处再次产生裂隙，盐析现象也较为严重。（图2.85）

3.烟熏壁画

烟熏通常是人为的，但并不一定是有意识的破坏，龟兹石窟壁画的烟熏问题主要与洞窟废弃以后的使用情况有关系。尽管在古代龟兹，窟内照明主要依赖油灯，但由于油

　　灯并非长年使用，这种影响造成的烟熏壁画面积应该不会太大。

　　龟兹石窟的烟熏最主要的原因应该是在洞窟废弃以后的千百年中，这里成为过往行人，尤其是放牧者的临时居住地，为了照明和取暖，大量燃烧柴火，致使许多洞窟烟熏非常严重，重则壁画漆黑一片，轻则壁画彩色晦暗、形象模糊。（图 2.86）

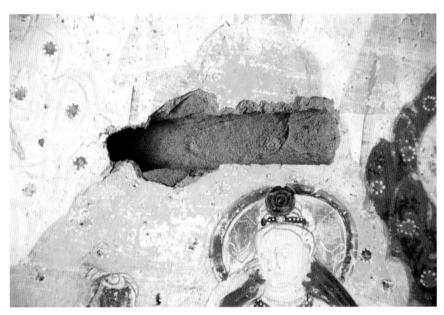

图 2.85　克孜尔石窟第 17 窟券顶的不当修复

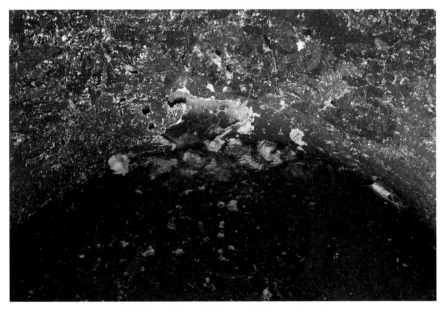

图 2.86　克孜尔石窟第 155 窟被烟熏的壁画

第三章　龟兹石窟洞窟形制

石窟的建筑空间形态，我们习惯称为洞窟形制。不同类型的洞窟，有其不同的建筑空间式样和特点。根据现有考古调查资料判断，龟兹石窟依据使用功能及其他特征的差异，可以分为中心柱窟、大像窟、方形窟、僧房窟和禅窟等几种不同的类型。

第一节

洞窟形制

一、中心柱窟

龟兹石窟中的中心柱窟源于印度的"支提窟"，在保留其基本结构和功能的基础上，结合龟兹石窟当地砂岩的结构特点和中亚、西域游牧民族的丧葬、生活特点，形成了印度所没有的龟兹型窟，是龟兹石窟中最有代表性的洞窟。

1.龟兹中心柱窟的内涵及其影响

中心柱窟的主要功能为礼佛拜佛、忏悔诵经，并通过观看佛陀的事迹得到教诲。所谓"中心柱窟"，顾名思义，即在窟内凿出一方柱，连接地面与窟顶，两侧为甬道，可供信徒旋绕礼拜。如果我们以中心柱为界，就可以将洞窟的壁画内容分为两部分，中心柱之前，是洞窟的主室，之后为左、右甬道及后甬道（或后室），前半部分主要宣扬佛陀前世今生的种种事迹，如本生故事、因缘故事、佛传故事等，而洞窟后半部分的主题常常为佛的涅槃。（图 3.1）象征佛入灭的卧佛像静静地躺在中心柱之后，这里光线灰暗、气氛压抑，正符合涅槃的神秘气息。

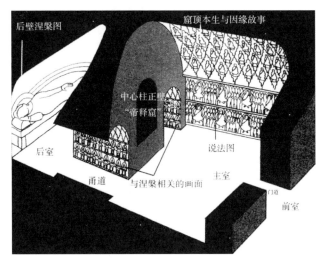

图 3.1　龟兹石窟中心柱窟示意图

但是，中心柱的含义，绝不止供信徒绕行、分隔洞窟空间那么简单，这座看似抽象的方柱，其实象征着佛教徒崇拜的核心——佛塔。

　　佛塔的梵语名为"stūpa"，即"窣堵波"。"窣堵波"是埋藏佛骨舍利之处。印度的"窣堵波"，呈半球形的覆钵状，上有层层相轮，它是佛法、佛的象征。

　　在印度石窟中，放置佛塔的石窟被称为"塔庙窟"，覆钵状的佛塔多位于方形或马蹄形洞窟的后部。（图3.2）

　　印度的塔庙窟随着佛教的东传，逐渐传入中亚和我国新疆地区，其形制也在逐渐发生着变化。贵霜时期，塔庙窟传入古代犍陀罗地区后，窟内的列柱消失了；接着传至古代新疆的龟兹后，不但列柱消失，而且"塔"的形状发生了变化，变成了几何状的方柱，从正面看形似一朵蘑菇。但是，它代表着佛塔，这一功能没有改变。

　　首先，中心柱两侧甬道所绘的座座小塔仍提示了其最初作为佛塔的含义（图3.3）；其次，洞窟后半部分的题材为涅槃，包括佛临近涅槃的"以神力渡恒河""举山至虚空"等事迹，以及佛的入灭、焚棺、八王争分舍利等，这些连续的情节构成了佛涅槃故事的一首交响乐。其中"焚棺"图往往绘于中心柱后壁：佛置于金棺之内，四周烈火燃烧，比丘呼号，人群悲悼（图3.4）。所谓"舍利"，乃是佛火化之后的遗骨。因此，将"焚棺"绘于方柱背后，暗示了中心柱所具有的埋藏舍利的功能，而这正是佛塔的功能。

　　龟兹人广泛建造中心柱窟，反映了他们对佛塔的极度崇拜。古龟兹境内佛寺佛塔林立，如《晋书·西戎传》载"龟兹国……起城三重，中有佛塔庙千所"，又如龟兹境内

图3.2　阿旃陀石窟第10窟主室内部

图3.3　克孜尔石窟第38窟右甬道佛塔

图 3.4　克孜尔石窟第 205 窟后甬道前壁　焚棺

最大的地面佛寺——苏巴什佛寺，古称"昭怙厘大寺""雀离大清净"等，寺内就有大型佛塔的遗迹。（图 3.5）

　　龟兹地区不同时期的中心柱其形制又有所不同。中心柱平面、顶式及叠涩样式都随时代的不同而有所变化。平面形状有凸字形、倒凸字形及日字形等；中心柱平面也有纵长方形、方形和横长方形的变化；早中期中心柱的前面有栏楯设施，后期有的中心柱前的地面上筑有低台。顶式有纵券顶、横券顶、穹窿顶、套斗顶、一面坡顶和平棊顶的变化。叠涩样式有一叠、二阶枭混等变化。窟内绘塑内容前期主要是表现与释迦牟尼有关的佛教故事。此外，还有表现佛教宇宙观的天相图，以及金刚、帝释、梵天和天龙八部等。唐以后，经变画、佛菩萨尊像图数量大增。艺术形式上，既有受犍陀罗艺术影响的早期风格，也有本土化的龟兹风格和唐以后的汉风和受中原地区艺术影响的回鹘风风格。中心柱窟是龟兹石窟中变化最丰富的一种洞窟类型，也是龟兹石窟中开凿较早、延续时间最长的一种洞窟。

　　龟兹中心柱窟的建筑形式，也影响了唐代入驻龟兹的汉族僧俗，以及公元 9 世纪以后进入这里的回鹘人。在库木吐喇石窟的唐代及回鹘时期的洞窟中，尽管壁画题材以大乘佛教的净土变、千佛、菩萨像为主，但洞窟形制不乏对中心柱窟的模仿与改建。也许，当时开凿洞窟的工人，仍为龟兹当地民众，而画师却是来自中原。

图 3.5　苏巴什佛寺遗址　西寺大塔

除了龟兹地区以外，中心柱窟还广泛见于新疆以东的莫高窟、西千佛洞、金塔寺石窟、马蹄寺石窟、云冈石窟等。这些地区的中心柱窟，相比于龟兹地区蘑菇状的塔柱，它们的形状多为方形，三面或四面开龛，有时还分上、下几层，每层开龛造像，这无疑是将汉地的楼阁式方塔移植到了石窟之中，但是它们作为供奉佛塔，供信众礼拜、修行的性质并没有发生变化。(图 3.6)

当然，与佛教艺术由佛塔崇拜向佛像崇拜逐渐过渡的发展特点相一致，塔庙窟在从西向东的传播过程中，也发生了一系列的变异。印度的"塔庙窟"，"塔"是洞窟内最重要的礼拜对象，而在龟兹中心柱窟，这种"塔"的形状抽象化了，并且塔前部开龛，龛里造像，显示了佛塔崇拜和佛像崇拜并存的状况。到了新疆以东的河西、北方地区，作为埋藏佛舍利的"塔"的含义更为减弱，将佛作为神像来崇拜的色彩愈趋浓厚，中心柱与其说是在窟内表现佛塔，不如说更像是设置"佛龛"的场所了。

2. 龟兹中心柱窟举例：克孜尔石窟第 13 窟

克孜尔石窟第 13 窟位于克孜尔石窟谷西区西端，其所在区域共有 4 层洞窟，第 13 窟位于下起第二层洞窟的东段，其西面为第 7—12 窟。宿白先生将其放在其洞窟排年的第一阶段，该窟碳 14 测定数据为公元 3—5 世纪。[1]

---

[1]　霍旭初：《克孜尔石窟年代研究和碳十四测定数据的应用》，载《西域研究》，2006（4），第 50 页。

该窟为中心柱窟。现存主室和甬道。主室平面方形纵券顶，一阶叠涩。正壁下方两侧开左、右甬道，甬道纵券顶。左右甬道里端与后甬道相通。后甬道为横券顶。（图3.7）

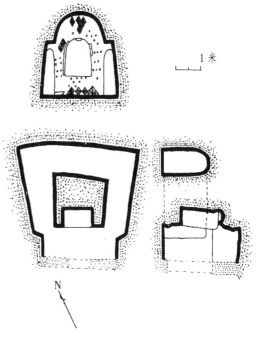

图3.6　云冈石窟第1窟中心塔柱　　　　图3.7　克孜尔石窟第13窟平面、剖面图

主室正壁中部开拱券顶龛，龛内塑像无存。正壁两侧甬道口上方各绘一身小坐佛。右侧甬道口上方小坐佛左侧绘一身供养人。

一般认为，克孜尔石窟中心柱窟主室正壁表现的是"帝释窟说法"或"梵天劝请"的佛传故事。[①]

该窟主室正壁所开拱券顶龛内正壁上部残存赭石色佛头光，龛顶与其后部连接处向上凹进一半球形顶窝，依据这些遗迹推测，龛内原应有一身坐佛塑像。龛外上方、两侧和龛台前壁有浮塑彩绘的菱格山峦，大部分脱落，可见底层壁面上的赭石色菱格图案，表现的应是帝释窟所在的因陀罗山。叠涩面上绘水生动物、人物和山峦，则是表现了世

---

① 目前学者对克孜尔中心柱窟主室正壁绘制题材有两种观点：
　一种以李崇峰先生为代表，认为绘塑内容为帝释窟说法。（李崇峰：《克孜尔中心柱窟主室正壁画塑题材及有关问题》，载《汉唐之间的宗教艺术与考古》，北京，文物出版社，2000年。）
　一种以霍旭初先生为代表，认为绘塑内容为梵天劝请。（霍旭初：《龟兹乾达婆故事壁画研究》，载《龟兹艺术研究》，乌鲁木齐，新疆人民出版社，1994年。）
　由于对这一题材的断定对本文论题讨论并无太大影响，因此在此对两种观点不作判别，一并列出。

界中心须弥山周围的大海、铁围山等。因此，该窟主室正壁表现的应是梵天劝请或帝释窟说法的佛传故事。

前者的故事内容是：释迦牟尼成佛后在因陀罗山中石室修行，他打算度化众生，但又因众生"皆乐生求安，贪欲嗜味，好于声色"，不能领悟深奥的佛法，因此，佛不愿向众生说法，打算涅槃。梵天明白了佛的心意，感到非常不安，知道如果佛不在世间传法，三界众生将长期在恶道之中轮回。于是梵天命帝释天派乐神般遮（又称五髻乾闼婆）前往石室，弹奏箜篌，唱颂佛德，请求他为众生说法。梵天认为那些众生虽然修习邪道，但也有应该被度化的人，应当度化他们。他对佛说："只希望您为了这些众生的缘故，转起法轮。"佛用天眼看到所有众生也有上、中、下根的分别，于是生起大悲心，开始为众生说法。从此便开始了以"初转法轮"为标志的传法的伟大事业。①

而"帝释窟说法"的故事内容则是：释提桓因了解到佛在摩揭陀国毗陀山因陀沙窟修行火焰三昧，便派般遮翼首先前往该窟，弹琴娱乐他，并探询他近来的情况。而后，他便亲率忉利天众前往礼佛。在得到佛的容许后，他把四十二件疑难事情画在石头上向佛询问，佛给他作了解答。②

梵天劝请和帝释窟说法是佛教发展中的两个重大事件。小乘佛教认为，佛陀与声闻、缘觉的最大不同在于佛陀用他具备的十八不共法从事一切拔济众生苦难的事业。而上面的两个事件正是佛陀从成道向伟大传法度化众生事业转变的开始，是其所以为佛的本质体现。此外，这两大事件也是佛教能够形成的前提条件，具有非常特殊的意义。类似的佛教壁画在犍陀罗地区也极为流行。③

该窟主室中心柱正壁及侧壁上绘出过去六佛，左右甬道侧壁及后甬道前壁绘出塔中舍利及塔中坐佛，主室前壁可能绘制弥勒兜率天说法图。这种壁画布局深刻地反映了小乘说一切有部的三世佛信仰。（图 3.8）

说一切有部认为"三世实有，法体恒有"，即不仅世上的一切事物和现象（物质和精神）是真实存在的，而且认为一切时间（过去、现在、未来）也是真实存在的。他们还以缘起的理论解释，认为释迦牟尼的成佛是由于礼敬过去诸佛，并且得到了他们授记的结果。因而过去世也有佛。该部派认为过去有六佛，分别是庄严劫的毗婆尸佛、尸弃佛和毗舍浮佛以及贤劫的拘留孙佛、拘那含牟尼佛和迦叶佛；现在有贤劫的释迦牟尼佛，未来有贤劫的弥勒佛。这些思想在早期佛教经典《大本经》等经中已经明确下来。④说一切有部还认为，佛不世出，二佛不同时出现于一个世界。当现在释迦牟尼的佛法仍在世间流传之时，作为未来佛的弥勒只能以补处菩萨的身份居于兜率天为天界众生说

① 《根本说一切有部毗奈耶杂事》卷三十七，载《大正藏》，第 24 册，第 1451 页。
② 《长阿含经》卷一，载《大正藏》，第 1 册，第 62~63 页。
③ [日]宫治昭著：《犍陀罗美术寻踪》，李萍译，第 70 页，北京，人民美术出版社，2006 年。
④ 《长阿含经》卷一，载《大正藏》，第 1 册，第 1 页。

图 3.8 克孜尔石窟第 13 窟右甬道外侧壁的舍利塔（被切割，现存于德国亚洲艺术博物馆）

法，等到释迦佛所传之法灭绝时，才来到世间成佛说法度化众生。[①]

该窟主室左、右侧壁各残存两栏表现释迦成道后游化四方的说法图。后甬道正壁及左右端壁则绘制了与涅槃有关的壁画。这些均是有关佛生平的佛传故事。开始的时候，佛经对释迦的生涯只是在解释戒律的佛经中有零碎片断的记载，关注的中心是佛的教说而非佛本身，但是后来佛经中有关释迦生涯的内容越来越多，渐渐被整理成了传记。这种对佛传记的重视尤以说一切有部为重。这一部派的特点之一，就是重视对释迦传记作阿毗达磨[②]的考察[③]；此外，他们也非常重视对佛在世功德的讲述和宣扬，这种传教工作主要由譬喻师完成，其最著名者是公元 1—2 世纪的北天竺僧人马鸣，《佛所行赞经》是其代表作。

券顶中脊绘天相图，现残存立佛和风神。

天相图是佛教宇宙观的反映。佛教认为一佛一世界，三千大千世界为一佛所化之区，天相图中绘出佛陀，正体现出佛国的特点。佛教徒把佛陀看作三界的导师，是超越人间的最高解脱者和最高完成者。天相图绘制在整个石窟建筑的最高部位，其中绘出立佛，且一般位于图像的中部，表现出佛作为天人师的特殊地位。

---

① 《佛说观弥勒菩萨上生兜率天经》，载《大正藏》，第 14 册，第 452 页。

② 佛教术语，意为依据佛经对佛教理论进行探究。

③ [日]木村泰贤：《小乘佛教思想论》，载《现代佛教名著全集》，第三卷。

两侧券腹各绘 4 列菱格本生故事。（图 3.9）

佛教认为，有情众生由于其行为的善恶，在五道（或六道）轮回中转生，永无休止。释迦牟尼在诞生前无数劫中，以种种不同的身份奉行菩萨道，才成为佛。这些菩萨累世修行成佛的故事就叫作本生故事。

佛陀入灭后，弟子想念佛，离佛去世的时间越久，这种对佛的难以压抑的情怀，一方面促成了对佛遗物的崇拜，另一方面又产生了佛和弟子毕竟不同的思想，并进而思考佛和罗汉、缘觉的不

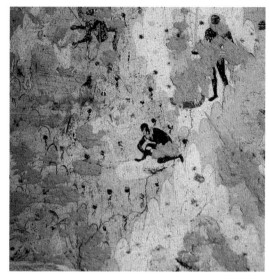

图 3.9　克孜尔石窟第 13 窟主室券顶　本生故事

同何在。于是发现，佛的修行是经历了非常久远的时代，佛之所以成正觉，是过去世中不断修行积累，并力行菩萨道的结果，这些修行故事就是佛本生，于是佛弟子们便开始收集佛曾经谈到的本生事迹，本生故事开始日益增多和广泛传播开来。

部派佛教时期，不同部派都有自己不同的本生故事集，这种差异主要源于他们不同的菩萨观，并进而产生了不同的菩萨修行道路。小乘说一切有部认为菩萨修行内容包括布施、持戒、精进、般若四波罗蜜多。克孜尔石窟第 13 窟可识别的本生故事均属于这四波罗蜜多。具体对应关系详见下表：

本 生 故 事	布施	持戒	精进	般若
猕猴王舍身救众猴	△			
鸽焚身施迷路人	△			
昙摩钳闻法投火坑			△	
狮王舍身不失信		△		
虔阇尼婆梨王闻法身燃千灯			△	
设头罗健宁王舍身施饥民	△			
熊救樵人被虎食	△			
须阇提割肉奉双亲	△			
勒那阇耶杀身济众	△			
马璧龙王救商客	△			
摩诃萨埵舍身饲虎	△			
端正王智断儿案				△

续表

本　生　故　事	布施	持戒	精进	般若
慕魄不言被埋		△		
五通比丘论苦之本				△

可以看出，第 13 窟可识别的本生故事所反映的佛学义理与说一切有部的菩萨修行内容是一致的。说一切有部认为"众生本无佛性。其中如有人得佛性或成佛的话，那是其等修得的结果。"①

第 13 窟内券顶绘制了有关四度波罗蜜多内容的本生故事，强调了菩萨修行的逐个阶段，正体现了修行至佛的思想。根据目前的研究，克孜尔石窟的本生故事种类有 130 种之多，这种情况即使是在佛教故事非常发达的犍陀罗中亚地区也是不多见的，反映出龟兹说一切有部论师对这一思想的重视。

第 13 窟左、右甬道外侧壁绘两列佛塔，佛塔中绘舍利或坐佛。内侧壁上方绘塔中坐佛或舍利盒。后甬道前壁壁画已毁，可能也绘佛塔。

释迦牟尼涅槃后，人们起塔将他的舍利放于其中进行顶礼膜拜，此为佛教塔供养的起源。

佛教进入部派时期以后，由于佛与弟子的差异逐渐显现出来，弟子们对佛陀的怀念与思念之情日深，再加上有关造塔可获功德思想的宣扬，造塔的行为日益繁盛，有僧众的地方就有佛塔。造塔受到各派的普遍关注。不同佛教部派对于建造、礼拜佛塔均有规定，只是由于教义的差别而有所差异。

说一切有部的律典《十诵律》记载，佛在世时，曾经告诉给孤独长者，可以造发塔、爪塔和龛塔。佛塔建造的地方就是塔地，具有神圣性。供养物品可以是白色、赤色、青色、黄色等颜色，可以供养花香和璎珞等。② 又如《根本说一切有部毗奈耶杂事》记载，应将供养的佛骨放在佛塔中。佛塔应该用两重砖作塔基。塔基上为塔身，塔身为覆钵形。它的上面再安置平头，正方形，边长二三尺，高一二尺。平头上竖立轮竿，轮竿上放置相轮，相轮的数量可一个、两个、三个，可多至十三个。相轮上要安置宝瓶。佛寺内重要的地方应安置世尊的佛塔，两旁安置各大弟子的佛塔，其他弟子等按照次序安排。③《阿毗达摩大毗婆沙论》卷八十二载："佛说有四补特伽罗能生梵福。云何为四？谓有一类补特伽罗，于未曾立窣堵波处。为佛舍利起窣堵波。是名第一补特伽罗能生梵

---

① [新加坡] 古正美：《定义大乘及研究佛性论上的一些反思》，载《佛学研究中心学报》，第 21~76 页，中国台北，台大佛学研究中心，第三期。
②《大正藏》，第 23 册，第 1435 页。
③《大正藏》，第 24 册，第 1451 页。

福。"[①] 上述记载包括了塔的种类、供养塔的方法、塔的形式及建造方法等。第 13 窟甬道中绘出舍利塔表现的说一切有部重视塔供养观念的产物。而同样绘于甬道侧壁的塔中坐佛则表现的是过去诸佛。[②]

纵观全窟，本窟由主室和后室组成。除主室正壁塑佛像外，主室空间从上至下，依次绘制了表现天界的天相图和佛于人界修行及度化众生的故事画，全景式地表现了释迦于娑婆世界度化众生的场景，是为禅定僧侣修行提供观想对象的。

佛经中有专门记述禅定修行方法的经典。其中记载，佛是法王，能帮助人们获得种种解脱的方法。所以修习禅定应该先观看佛像。观看的顺序分别是从上至下，从肉髻眉间白毫一直到脚，集中注意力观看，直到能够完全将它记在脑中，即使闭上眼睛也能看得清清楚楚。然后到一个安静的地方，闭目禅修，将意念集中在这个佛像上，不要放逸。再下一步，进一步观看佛一生事迹，如佛于菩提树下成佛，光明照耀四方；或者佛在鹿野苑给五比丘说"苦、集、灭、道"四谛；或者佛在耆阇崛山为诸大众说法。观看佛事迹也是先于有像的地方认真观看，待在脑中记得清清楚楚了，而后到安静的地方，闭目，用心眼观看佛一生的事迹，被称为生身观。再一步被称为法身观，首先看佛前世的事迹，或者说观看佛本生故事，观看佛于过去世，不惜奉献自己的生命而救助众生的伟大功德。记得清楚后，去安静的地方进行禅修。[③]

本窟主室及后室禅观内容是以释迦佛展开的，表现了他在往昔许多劫中，身为菩萨，不断修行，积累功德，到最后成就菩提而达于佛位，具足相貌庄严三十二相，八十种好；并且具备十力四无畏，凭借他超凡的能力而从事拔济众生的苦难的事业。洞窟中的图像表现与佛经记载是吻合的。

本窟佛传故事中无论是佛居中的构图布局还是其形态明显要大于周围的众生，画面中佛超人性的特点是一目了然的。

佛教认为，尽管佛陀与声闻弟子、缘觉辟支佛是不同的，但是佛的肉身（生身）也不是不灭的，该窟后室正壁绘出涅槃正说明了这一点。但是佛的法身是不灭的。这个法身即是佛陀传下的佛法及保存佛法的经藏，也包含上面所说的十力四无畏所谓十八不共法。左右甬道及后甬道前壁绘出塔中坐佛和塔中舍利正是佛陀法身崇拜和法体不灭观念的反映。

二、大像窟

大像窟一般无前室，只有主室、后室和中心柱部分。主室高大，主室正壁立有大

① 《大正藏》，第 27 册，第 425 页。
② 赖鹏举：《丝路佛教的图像与禅法》，第 132 页，中国台北，圆光佛学研究所，2002 年。
　该文认为塔与佛并列，即表示过去之意，则佛坐塔中应该也具此意。
③ 《大正藏》，第 15 册，第 327 页。

佛像（现均已毁）。大像窟后室宽大，都设有涅槃台，上塑佛涅槃像（大部分已毁）。大像窟主室两壁存有数排桩孔和立佛遗迹。龟兹石窟后期开凿的大像窟，形制上有所变化，主室与后室间已无中心柱，而是由立佛的腿部分隔出主、后室。这类洞窟如克孜尔石窟第 47、70 和 77 窟。（图 3.10）

在龟兹石窟，对大立佛的建造和礼拜是其显著的特征，可以说这一特征贯穿了这一石窟从兴建到废弃的全过程。放置大立佛的大像窟的形制发展也经历了一个完整的变化过程。以其为核心的洞窟组合也得到了大量的兴建，遍布于龟兹石窟各个区域。克孜尔石窟中的大像窟共有 10 处，它们分别是第 47、48、60、77、92A、139、148、

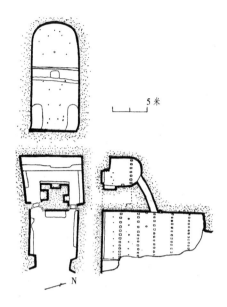

图 3.10　克孜尔石窟第 47 窟平面、剖面图

154、157、215A 窟。这些大像窟主室正壁均塑大立佛。其中克孜尔石窟第 47 窟大立佛据遗迹测得，其身高在 15 米以上。

此外，龟兹地区的石窟群中，都开凿有大像窟。库车市西南 30 公里的库木吐喇石窟有 4 处大像窟。库车市东北 40 公里的森木塞姆石窟南北崖共有大像窟 3 处；北崖第 11 窟原塑的大立佛身高 15 米左右。库车市西北 12 公里的克孜尔尕哈石窟也有大像窟 2 处，其中的第 23 窟原塑的大立像高近 10 米。大部分大像窟占据了石窟群最好的位置。可以说，开凿大像窟、崇拜大像是龟兹地区石窟艺术的一个特点。

这种窟的形制与中心柱窟十分接近，其最大不同是主室正壁、中心柱前立一尊高大的佛像，因而主室高度与后室高度相差很大。主尊的高度一般在 5 米以上，有的可达十几米。大像窟的发展趋势是日益简单化，窟形变小，中心柱三壁不再开龛等。

1. 龟兹大像窟举例：克孜尔第 47 窟

克孜尔第 47 窟位于龟兹石窟谷西区中部，其所在区域共有 2 层洞窟，第 47 窟位于上层洞窟的中部，其西面为第 44—46 窟，其东面为第 49—53 窟。第 47 窟所作的碳 14 数据共有 9 个[①]，除两个测定数据外，其余的数据都比较接近。根据碳 14 测定的采样原则，以麦秸作为标本更为精确。以麦秸测定结果为标准，并结合木料测定结果及法兰克福大学测定的植物标本数据，第 47 窟的建窟年代可推定在公元 4 世纪下半叶。

第 47 窟现存主室、甬道和后室。主室平面方形，纵券顶。

主室面宽 7.2 米，进深 6.9 米，高 16.9 米。

---

① 霍旭初：《克孜尔石窟年代研究和碳十四测定数据的应用》，载《西域研究》，2006（4），第 50 页。

主室正壁底部原有一半圆形莲瓣像座，其上方原立有一身大佛像。正壁下方有两列凿孔，每列各 3 个，用来固定佛像双腿的木骨；中部凿有 3 条平行的横凹槽，用于安放木梁，每个横凹槽延伸至两侧壁处还各有一个凿孔，用于固定木梁两端。3 条凹槽内的木梁与佛像上身的木骨榫卯连接，将佛像固定于正壁。凹槽的高度分别与大像的肘部、肩部和头部对应。与肘部对应的横凹槽之上有两个较大的凿孔，用于插放佛像两前臂的木骨，并以横凹槽内的木梁与凿孔内伸出的木骨咬合。安置前臂木骨的两个凿孔有着不同的倾角，即右侧凿孔几乎垂直于壁面，而左侧凿孔则向下倾斜，据此可以推断该窟中的主像持施无畏印：右臂前伸，轻微举起，掌心向外，左臂向下，左手持佛衣一角。与头部对应的横凹槽之下，也有一个较大的凿孔，其中安置着支撑佛像头部的主要木骨，另外，此凿孔也是一圈用于固定背光的较小的凿孔的中心。

主室两侧壁完全对称，其上满布塑像，壁面各凿 5 排长条形凿孔，每排间隔 2.2 米，底部残留有石像台遗迹。每个凿孔内插放一块托板，并填塞泥土使之固定在合适的位置。5 排托板之上各水平放置一条木板，形成了 5 层木像台，加上底部的石像台，共有 6 层像台。底部的石像台之上约 1.6 米处有 7 个凿孔，彼此间隔 1 米左右。自下而上的 4 层木像台情况类似，即每层像台之上约 1.6 米处有 7 个彼此间隔 1 米的凿孔。由此推测，7 尊真人大小的佛像倚靠墙壁立于 5 层像台之上，佛头与凿孔对应，原来应该有木钉使之固定，佛身两侧用黏土修塑，与壁面连成一体。最顶层木像台之上墙体向顶部收拢，空间所限，这层木像台上不太可能放置大型塑像。

根据龟兹地区保存较好的洞窟中的类似情况推测，此处放置的塑像很可能是天人半身像。该层木像台之上的壁面没有发现凿孔，表明这些半身像可能是由木榫固定于像台上的木刻雕像。前壁残损严重，已不见壁画。窟顶最初满绘壁画，以表现大飞天为主。（图 3.11）

总之，虽然所有塑像和大部分壁画都已遗失，但细致地进行分析和类比仍然可以复原主室装饰的题材内容：正壁一尊施无畏印的大像立于莲瓣像座上，由侧壁 70 尊等身大小的佛像和众多的天人半身像拱卫，窟顶绘制飞天。

整个主室表现的是宇宙佛及其化佛。

2. 化佛形象及其相关的佛教思想

早期佛教坚持人间佛陀观，认为佛陀尽

图 3.11　克孜尔石窟第 47 窟左侧壁

管有三十二相，身高是常人两倍，其身力、智慧力也都大大超过常人，但仍然是人身。即使部派佛教兴起后，这一观点仍然是说一切有部等小乘部派的基本观点。四五世纪时，受大乘佛教的影响，这种佛陀观开始有所变化。说一切有部认为，释迦牟尼所放的光明，充满阎浮提，扩放四大州，越过四大州，充满三千大千世界，进一步，照耀十方无量世界；同时，释迦牟尼的无量神力，变化作无数化佛，临十方世界教化众生。确切地说，一佛的国土虽只三千大千世界，然其教化力却可达到全宇宙，其他的佛不会同时在宇宙中出现。与此同时，佛教造像艺术也开始出现了宇宙佛的造像。这一时期的佛教艺术中不但出现了被化佛围绕的释迦牟尼佛，而且出现了展现大光明神变的佛，他们都是具有宇宙主意味的释迦佛。它们在构图

图 3.12　克孜尔石窟第 17 窟左甬道外侧壁

布局上的显著特点，是位于中央的佛像明显大于周边的菩萨、天人和信众等。[1] 克孜尔石窟中，第 17 窟左右甬道外侧壁外端的立佛以及第 123 窟主室侧壁的立佛，都是具有宇宙主意味的释迦佛。（图 3.12）大像窟主室的大佛像以及两侧壁的小佛像的造像组合也具有同样的内涵。但是为何主室两侧的小佛像每排都是 7 身呢？

笔者认为这是龟兹壁画表现化佛题材的程式。据笔者统计，龟兹地区此种在佛周围或身光或头光中绘制化佛的图像有多例。其中保存较完整的克孜尔石窟的 12 例，分别保存在第 13、14、17、47、48、123、160、175、176、184、186 和 189 窟。[2] 这些石窟中的佛像的头光和身光或其周围均绘出了小坐佛或立佛。其中第 13 窟的主室正壁甬道上方各绘一身小坐佛，而两侧壁上方近正壁处也各绘两身坐佛。

第 17 窟左右甬道外侧壁外端均绘有立佛，每身立佛头光、身光中均绘有三道和坐佛及立佛。头光中各绘 7 身坐佛，而身光部位则绘有 8 身、7 身和 6 身不等的小坐佛。第 175 窟左甬道外侧壁外端绘一坐佛，坐佛身光 3 圈，不完整，可辨识出五趣及四佛（立佛）。第 176 窟主室龛内侧壁绘坐佛。龛外两侧各绘 7 身坐佛，可以看出除了由于空间原因，在佛的头光或身光及其周围绘制 6 或 7 佛在克孜尔石窟中是比较常见的做法，

---

[1] [日]宫治昭著：《宇宙主释迦佛——从印度到中亚、中国》，贺小萍译，载《敦煌研究》，2003（1），第25~27 页。

[2] 克孜尔第 27 窟主室正壁及侧壁开出多龛，因为塑像全部毁坏，其题材无法辨识，本文不作讨论。

至于其原因，是释迦佛继承"过去佛"法统思想的体现，也有小乘"法身观"的内涵。[①]

第47窟主室正壁下方两侧开左、右甬道，甬道纵券顶。面宽约2.2米，进深约3.2米，高约4.74米。左、右甬道里端与后室相通，后室平面横长方形，横券顶。面宽9.4米，进深3.9米，高6.3米。

左、右甬道外侧壁下方地坪上均有预留的像台，延伸至后室涅槃台前。里端各绘一本生故事，右甬道外侧壁可识别的是摩诃萨埵舍身饲虎本生故事。内侧壁各开一龛，龛内塑绘三世佛造像，龛外绘立佛、坐佛或天众。

后室正壁下部有预留的涅槃台，台上塑像已无存。正壁中上部绘有佛头光和背光。头光有4圈，从里至外依次绘大雁衔环、小立佛、联珠纹、火焰纹；身光内圈绘小立佛，外圈绘火焰纹。北端残存1身飞天。

后室左端壁绘6身举哀比丘、宝珠、花蕾和绶带。后室右端壁里端绘有佛头光的一部分以及宝珠、花蕾和金刚杵。

券顶壁画大部分脱落，现残存7身飞天、宝珠、花蕾、绶带等。（图3.13）

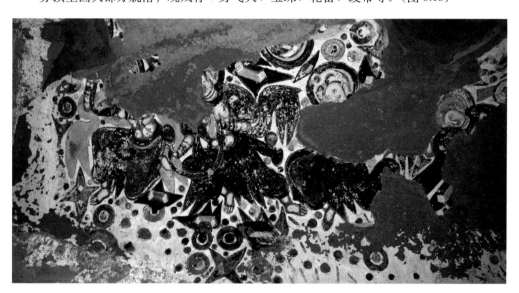

图3.13 克孜尔石窟第47窟后室券顶 飞天

此窟后室正壁、端壁及顶部所绘壁画，应为涅槃经变画。克孜尔石窟中的涅槃图多依小乘涅槃经典绘制，主要表现佛在拘尸那城娑罗双树下涅槃的情景。画面中常绘有梵天、帝释天、力士、金刚及佛诸弟子等，它一般是作为佛传的一部分。但是与克孜尔石窟中的一般涅槃经变画的不同之处，此窟中的涅槃图是在涅槃佛的头光和背光中绘有连续的小立佛。从涅槃佛的头光、身光中分化出无数的小立佛，明显表现的是大乘的"法身"观念。（图3.14）

---

① 霍旭初等：《龟兹石窟与佛教历史》，第243~246页，乌鲁木齐，新疆人民出版社，2016年。

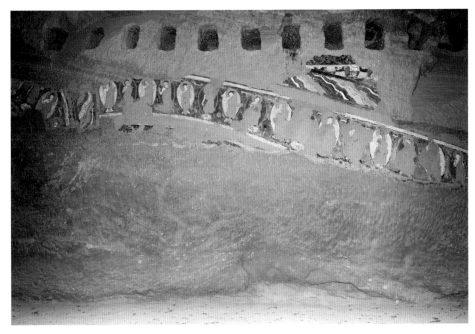

图 3.14　克孜尔石窟第 47 窟后室正壁

如上所述，小乘佛教以佛法为身，所谓法身乃是佛法的人格化。认为佛陀生身虽灭，但法身恒在。鸠摩罗什尊崇大乘中观学说，他关于佛陀生身观念虽与小乘大致相同，认为其是父母生身，但他认为诸法性空为佛法身。此外，他并没有刻意去区分佛的生身和法身。因为一切法相毕竟都是一相，即清净相，不必认真区分。[①]

该经中又记载："真法身者。遍满十方虚空法界。光明悉照无量国土。……从是佛身方便现化。常有无量无边化佛遍于十方，随众生类若干差品而为现形，光明色像，精粗不同。"[②]

关于化佛之特点，佛经中记载，这些化佛不但无量无边，而且姿态多样，立、行、坐和飞，各种姿势都有。[③] 在实际的石窟造像中，常以在佛头光、身光中遍绘小立佛表现佛法身，这种情况 4—5 世纪在中亚乃至中国内地都已出现。[④] 第 47 窟涅槃佛也是以绘出多身立姿小佛表现佛法身的。

关于法身与涅槃的关系，鸠摩罗什认为，实相的真义为"空"，即为法身。而泥洹为涅槃的另一译名。涅槃的实质也是实相的"空"。故法身即涅槃。[⑤] 两者从本质上说是一致的。这也正是第 47 窟涅槃图所反映的佛学内涵。

① 《大正藏》，第 45 册，第 1856 页。
② 《大正藏》，第 45 册，第 1856 页。
③ 《大正藏》，第 26 册，第 1521 页。
④ 赖鹏举：《丝路佛教的图像与禅法》，第 49~55 页，中国台北，圆光佛学研究所，2002 年。
⑤ 《大正藏》，第 45 册，第 1856 页。

第 47 窟左甬道内侧壁中部龛内正壁塑出一身坐佛像，龛两侧壁各绘一身立佛，表现的应是三世佛造像。此种三佛并列的造像很罕见①。因而给我们了解此类造像内涵带来了困难。但此窟右甬道内侧壁里端绘制了《阿耨达经》经变画②，这就为我们判断此三佛内涵提供了线索。该经记载，阿耨达龙王用各种珍宝装饰宝池以供养贤劫千佛。贤劫千佛，无论是过去四佛，还是现在佛以及未来佛都前来接受供养。③ 则此三佛有可能表现的是大乘佛教的三世佛。而在第 47 窟左甬道内侧壁下部残存 5 身立佛和 2 身坐佛，中部龛外右侧残存 1 身立佛，龛外上部残存 2 身小坐佛。表现的应是十方佛。

第 47 窟后室前壁下部中间开 1 拱券顶龛，龛上有 1 排 5 组圆凿孔，每组 4 个，上部有 1 排 5 个圆凿孔，原来应塑身 5 身佛像。表现的应是佛陀的五分法身思想。

五分法身指的是佛教实践解脱方法和此实践的结果，即佛和弟子在修行中逐渐获得的戒身、定身、慧身、解脱法身、解脱知见法身，称为五分法身，又作无漏五蕴、无等五蕴。此中“法”指佛教对于世界和人生的看法，以及实现佛教理想人生的方法。“身”是聚集的意思。其中戒身指佛和阿罗汉按照佛教戒律，行为和语言保持正确，不受贪欲、怨恨和愚痴等的影响。定身指阿罗汉通过修行所达到的空、无相和无愿的境界，其中，空指体证到一切事物、现象都是由于因缘聚合在一起，都是虚幻不实的；无相则是进入离却一切执着的境界；无愿指断绝了造作的念头。慧身指获得佛教智慧，了知一切。解脱法身，指身心解脱一切的系缚，已入涅槃。解脱知见法身，指知道自己已经解脱。此五分法身次第有序，由戒生定，由定生慧，由慧而（趋）解脱，由解脱而有解脱知见。

佛教认为，构成世界所有事物和现象的一切最终都会消失，但是佛教修行者修行所得的五分法身，不会消失。

古代佛弟子的念佛，就是系念这五分法身。这才是真正的佛的本质。佛虽已入涅槃，皈依了佛的这五项无漏功德，就是皈依了佛。

对五分法身的信仰不仅有文献的记载，而且可以找到实际的遗物。公元前 3 世纪，印度阿育王提倡佛教，他在印度大量兴建寺院的同时，又在摩揭陀国特意修建 5 座高大的佛塔，用来表现如来的五分法身。玄奘前往巡礼时还见到，五塔的情况他在《大唐西域记》中有所记载。④

这种对五分法身的信仰在克孜尔石窟中也可以看到。如我们在克孜尔石窟中发现有三组中心柱窟的组合，分别是第 97—101 窟、第 175—180 窟和第 195—199 窟，这三组

① 克孜尔第 178 窟主室正壁龛上有一小龛，主室前壁门道外两侧壁各开一龛。第 179、184、186、192、195 窟，温巴什石窟第 11 窟主室正壁均在正壁大龛上方及左右侧壁各开 3 龛，但其内容尚没有辨识出来。
② 霍旭初：《鸠摩罗什大乘思想的发展及其对龟兹石窟的影响》，载《考证与辨析——西域佛教文化论稿》，乌鲁木齐，新疆美术摄影出版社，2002 年。
③《阿耨达经·受封拜品》，载《大正藏》，第 45 册，第 635 页。
④《大正藏》，第 51 册，第 912 页。

洞窟均由 5 个中心柱窟组成（除第 177 窟为一未开凿完窟）；建筑上部和彼此间有相连的建筑痕迹；相对独立，与周边其他洞窟有着自然的界线。佛教传入新疆后，礼佛场所已转变为佛堂，在克孜尔石窟中，则主要是大像窟和中心柱窟，礼拜中心为后室中部的塔柱及安置其上的佛像。这样，礼拜建造在一起的 5 座中心柱窟，其宗教意义与印度礼拜五塔应该是一致的。

3. 龟兹的大像传统

大像窟的出现，应与龟兹地区立大像的传统有关。据《比丘尼戒本所出本末序》记载，龟兹"寺甚多，修饰至丽。王宫雕镂，立佛形像，与寺无异"，[①] 可知此为 4 世纪中期龟兹佛寺所习见。即使在公元 629 年，玄奘路经龟兹时，仍然如此。

《大唐西域记》卷一："屈支（龟兹）国，大城西门外，路左右各有立佛像，高九十余尺（唐尺约合今 30 厘米，则此像当在 27 米左右）。于此像前，建五年一大会处。"[②] 说明公元 7 世纪时龟兹依然盛行供奉大型立佛。而且还定期举行盛大法会。法会期间，"举国僧徒皆来会集。上自君王，下自士庶，捐废俗务，奉持斋戒，受经听法，渴日忘疲。诸僧伽蓝庄严佛像，莹以珍宝，饰之锦绮，载诸辇舆，谓之行像，动以千数，云集会所。"[③] 说明这时还举行一系列与大立像有关的佛事活动。克孜尔石窟第 47、48、60 等窟周围密集分布着大量的僧房窟、杂房等应当就是为当时的盛大集会准备的设施。

新疆以东的大型立佛，最早遗物是北魏和平初（公元 460 年）在平城（今山西大同）开凿的昙曜五窟中的第 18 窟立佛和第 16 窟立佛，前者身高 15.5 米，后者身高 13.5 米。据说这两身立像分别是依据北魏的文成帝和太武帝相貌特征雕造的。雕造的目的一方面是为了祈福，另一方面也是为了继续神化皇族。尽管其建造动机可能有别于克孜尔石窟中的大立佛，但是其模式无疑来源于古代龟兹地区。此两立佛建造年代龟兹石窟最早的遗迹约 1 世纪。

葱岭以西的大型立佛，以阿富汗巴米扬高 38 米的东大佛和高 53 米的西大佛两处最为著名。此两大佛的年代，据最新的研究，均为公元 6 世纪。此外，巴米扬当时的大型立佛的数量也远逊于龟兹。

因此，开凿大像窟和雕塑大型立佛及围绕大型立佛进行盛大法会，或许是龟兹佛教的一个特点。它对葱岭以西和新疆以东的石窟寺建造，产生了深远的影响。

三、方形窟

方形窟，平面多作方形。在龟兹石窟中，方形窟数量很多，各个石窟群中都有，流行使用的时间也最长。主室平面和窟顶形式多样，其功能也具有多样性的特点。顶式主

---

① 《大正藏》，第 55 册，第 2145 页。

② （唐）玄奘、辩机著：《大唐西域记校注》，季羡林等校注，第 61 页，北京，中华书局，1985 年。

③ （唐）玄奘、辩机著：《大唐西域记校注》，季羡林等校注，第 61 页，北京，中华书局，1985 年。

要有横券顶、穹窿顶、套斗顶、覆斗顶和纵券顶，纵券顶的数量较少。窟内绘塑题材内容多样，既有表现释迦牟尼的佛教故事，也有经变画和尊像图以及含有戒律意味的故事画。艺术风格多样，包含龟兹艺术的各种风格。

1. 龟兹方形窟举例：克孜尔第 83 窟

克孜尔第 83 窟是个方形窟，平面方形，穹窿顶。窟的正壁正中绘优陀羡王缘故事画，其余壁面绘纹饰。（图 3.15）

图 3.15　克孜尔石窟第 83 窟主室正壁优陀羡王缘故事画

优陀羡王缘故事画画面中央为坐于折背高台座上的优陀羡王，其形体高大，左手支颐，虽然面部已不清晰，但仍能感到是在沉思，是一个忧郁的表情。他身后横放一弓形箜篌，右手摊放腿上，是一个因故停止弹奏的瞬间形态。优陀羡王身左为有相夫人，她上身袒露，丰乳凸显，胯部仅遮三角花带和短纱，双腿赤裸，头挽大花鬟，耳佩大环珰，项挂璎珞，着臂钏，手、脚均佩串珠环饰。佩饰虽不多，但仍显示出雍容华贵的风采。有相夫人双手各执彩帛一端，一扬一落，头向右倾，腰向后收，右腿向前直伸，左腿后提，身体呈三道弯曲线，舞姿优美，表现了有相夫人娇媚婀娜的情影。有相夫人上部有两名女性侍者，左面还有一端盆的女侍者。优陀羡王身下有两人，似为观舞者。优陀羡王身后上部有一人持剃刀为一女性剃发，其下部也有一组剃度的画面。

这幅图展示了两个内容。一是优陀羡王为有相夫人弹琴，夫人跳舞，在舞兴酣浓之时，王观出夫人的"死相"，随即舍琴，惨然长叹，主要画面表现了这个悲悯的情节。

二是剃度的场面，说明有相夫人在得知噩耗后出家为尼，以求升天。画面人物不多，但主要情节都交代清楚，主题思想也表现得十分鲜明。特别是优陀羡王沉思忧郁与有相夫人忘形得意的欢舞，形成了强烈的对比，艺术效果极佳。画面的人物造型及配饰，具有很强的印度笈多艺术的特点。

本窟正壁题材具有强烈的说教意味，洞窟的性质可能为讲经堂。

2. 龟兹方形窟举例：库木吐喇窟群区第14窟

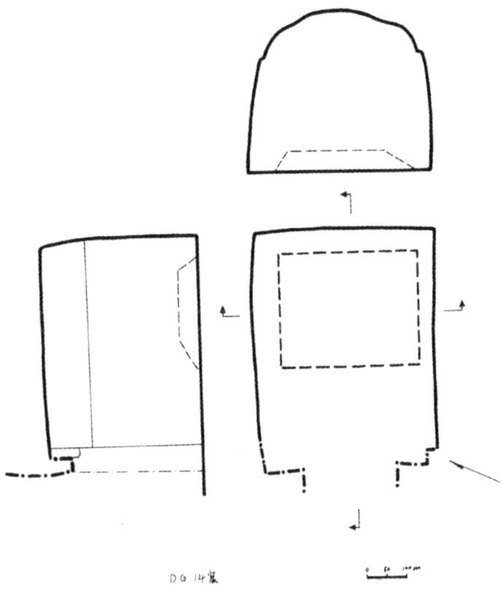

库木吐喇石窟窟群区第14窟，为一个方形佛殿窟，时代为公元7世纪末8世纪初。主

图 3.16 库木吐喇石窟窟群区第14窟平面、剖面图

室地坪正中有一低坛。主室正壁绘阿弥陀经变，两侧壁绘佛传故事，前壁门道上方半圆端面绘经变画，券顶中脊绘莲花，券顶两侧绘汉式千佛。（图 3.16）

主室正壁所绘阿弥陀经变中，阿弥陀佛位于画面中央，两侧为观世音、大势至胁侍菩萨。佛和菩萨上方的华盖上摩尼珠闪烁。阿弥陀佛和观世音、大势至菩萨上方的空中，天花乱坠，各方诸佛端坐莲中前来赴会，楼阁漂浮在天空中，彩云烘托着的飞天持花盘供养，画面的左右两侧上方绘日、月。阿弥陀佛和观世音、大势至菩萨下方及周围，围绕众菩萨、天人和阿修罗、夜叉、龙王等天龙八部。（图 3.17）

图 3.17 库木吐喇石窟窟群区第14窟主室正壁

四、僧房窟

僧房窟是供僧人起居生活的洞窟，一般由甬道和居室两部分组成，有的还有小室。甬道是进入居室的通道，凿于居室的左侧或右侧，其长度与居室的进深大体相等。从甬道尽头折向右或左，通过门道即可进入居室。居室平面多作横长方形，在居室靠近门口处，多凿出或砌出灶坑。灶坑上部壁面凹向壁内形成火膛。对着门口的一侧凿或砌出禅床，供僧人坐禅、休息和睡卧之用。居室前壁中部凿出矩形明窗，有的在甬道或居室墙壁上凿一小龛，供存放灯盏等小件用品。居室和甬道顶多作纵券或横券顶。这种窟原来都安装木质门框和窗框，墙壁敷草泥加以修饰，上刷白灰，地面也经过修整。

在印度，僧房窟一般没有侧甬道，门道直接开在主室前壁上。传入龟兹后，由于这里冬季寒冷加上风沙大，龟兹的工匠就增加了侧甬道这部分，明窗也变小了。从而避免了冷风和风沙的大面积直接进入居室，起到了保温防风的效果。

在库木吐喇石窟这种类型的洞窟有13个，如库木吐喇石窟谷口区第32窟，窟群区第47、49窟。（图3.18）

僧房窟可能是龟兹地区最早开始开凿的洞窟类型。早期的洞窟一般都有侧甬道和小室，一般主室窟顶为横券顶，

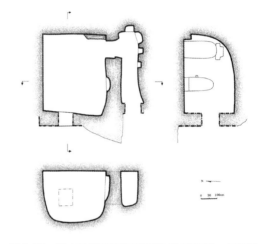

图 3.18　库木吐喇石窟窟群区第 49 窟平面、剖面图

有明窗。后来，一些洞窟被改建为中心柱窟或者方形窟，侧甬道的小室也没有了，改为在侧甬道或者主室的墙壁上开龛。洞窟主室窟顶也出现了覆斗顶等其他形式。晚期，一些僧房窟的侧甬道消失了，直接在主室正壁上开门道，有的不再开凿明窗。

五、禅窟

关于禅窟，汉译佛经律典中提及不多，尤其对于其形制没有具体描述。

这类洞窟主室平面多为方形。一般没有壁画，有的四壁有泥涂层，顶部形状有拱券和平顶。未开窗。（图3.19）部分窟没有壁画。有的窟壁面有简单壁画，通常做法如下：壁面涂白灰粉（也可不涂），再用单色线条绘制，无平涂色块。有的画

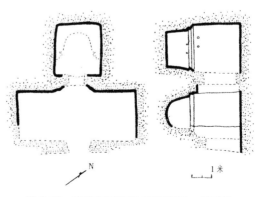

图 3.19　克孜尔石窟第 49 窟平面、剖面图

禅僧，如克孜尔石窟第 49 窟，线条简洁，技法较佳。有的画立姿瘦骨人形，如克孜尔石窟第 213 窟。有的画被噬咬的裸女尸体，如第 222 窟。

上述壁画中，除禅僧像外，技法均不好。估计不是画工所作，有可能是该窟使用者的作品。这类洞窟的设施过于简单，其周围多有中心柱窟。依据其所处位置及绘画内容推测可能为禅窟。[①] 它们是供僧尼进行禅修的洞窟，性质与寺院的禅房相同。包括第 1A、1D、1、9、16、25A、25、25B、25C、39、65、109、109A、109B、113、116、127、211、213、216A、216B 和 216C 窟。

这些禅窟除个别洞窟，如第 9、16、65 和 127 窟外，大部分都是成群分布，反映出古代龟兹佛教集中禅修的特点。（图 3.20）

图 3.20 克孜尔石窟第 216A、216B 和 216C 窟

由于洞窟形制变化很小，且一般没有太多的设施，故很难对其进行分期。不过依据有关 3 个洞窟的碳 14 测年，其时间跨度从公元 3 世纪到公元 7 世纪。或者说这种类型的洞窟在克孜尔石窟从其开始到衰落都有开凿。

六、其他类型洞窟

（一）龛窟

龛窟在石窟群的所有位置都有分布，规模很小，一般仅能放置一个塑像。如克孜尔石

---

① 《坐禅三昧经》中记载："若初习行人，将至佛像所，或教令自往谛观佛像相好，相相明了，一心取持。还至静处，心眼观佛像，令意不转，系念在像，不令他念。"载《大正藏》，第 15 册，第 276 页。

窟第 216B 窟、库木吐喇石窟窟群区第 64A 窟
和森木塞姆石窟第 18 窟。(图 3.21)

（二）瘗窟

瘗窟是埋葬高僧骨灰的一类洞窟。有的
远离石窟中心区域，单独开凿，如温巴什石
窟第 16 窟，该窟开凿于偏僻小沟深处的高处
崖壁上，难以登临。该窟不规则。由前室和
主室构成。前室仅存正壁。上方残存一些大
小不一的桩孔。壁面无泥层，刻划有许多骷
髅头，左侧壁面上还刻一副骷髅骨架。前室
正壁中部开一门道入主室。纵券顶。主室平
面近似椭圆，横宽 1.3 米，纵深 0.97 米，高 1.6
米。弧形顶。(图 3.22)

也有的集中放置，如库木吐喇石窟谷口

图 3.21 库木吐喇石窟窟群区第 64A 窟

区第 16 窟。该窟是一个平面为横长方形的平
顶窟，面宽 500 厘米，进深 276 厘米，高 224 厘米。正壁开有 5 个大小不一的拱形小龛，
左侧壁也开有两个小龛。龛面宽 40~80 厘米，进深 50~70 厘米，高 60~90 厘米。

图 3.22 温巴什石窟第 16 窟外立面

第二节

洞窟组合

　　任何的佛教建筑，无论是地面寺院还是石窟寺，都是由大大小小、不同种类的单体佛教建筑按照一定的规范组合在一起而构成的，不同的地区、不同时期和不同派别的石窟寺院其寺院结构也是不同的，从而反映出不同地区不同时期的佛教信仰特点。利用留存于世的佛教遗址，进行广泛的对比和比较，并与佛教文献的记载相参照，我们就能探明不同地区不同时期的佛教信仰情况。龟兹地区留下的地面佛寺遗址一是数量相对少，二是保存情况较差，而石窟寺保存较多且相对完整，成为我们了解当时龟兹地区寺院构成、布局的主要依据。

　　由于石窟寺建筑在山体崖壁上，石窟寺院的结构方式与地面寺院是不同的。在地面寺院遗址中，通常有围墙将不同的寺院进行分隔，寺院布局是在平面上展开的，不同寺院通常不在一个地点；在石窟寺院遗址中，目前保留下来的联接构件非常少，寺院布局特点一般体现在外立面上，而且洞窟分布非常密集，因而对其进行寺院构成的判定必须使用不同的方法。通过不断的探索，前贤们总结了一些判定洞窟组合的外在依据：①洞窟组合体现出某种功能性；②彼此相邻的洞窟；③与其他洞窟或组合存在明显界限的一组洞窟；④保留有相关遗迹说明其具有共同前室或悬空栈道及通道的洞窟。上述依据中，笔者认为第一条是最重要的，后面的三条仅仅是判定洞窟的外在依据，其普遍性并不是很强。

　　此外，由于地面寺院和石窟寺院在功用方面并没有原则性的区别，因此在石窟组合的辨析中也可以参照地面寺院中出现的可与石窟寺组合相类比的地面寺院构成。

　　洞窟组合与石窟寺院并不存在对应关系，一个组合可能是一个石窟寺院，几个组合也可能是一个石窟寺院，甚至很多洞窟组合构成一个寺院；但是有的组合未必是一个石窟寺院，判断其所在佛寺的范围，必须结合更大范围的遗址进行考虑，比如地面佛教遗址。

　　可以说，洞窟组合的概念强调的仅仅是不同类型洞窟结合的不同形式，而石窟寺院这个概念更多的是从它具有的基本功能而言的。任何的洞窟组合或者组合群，必须同时满足"栖止禅修和供养礼拜"这两个功能才能被称为一个石窟寺院。[①] 洞窟组合的变化和分布及其演变，既是当时社会文化背景的反映，也是佛教自身发展演变的产物。

一、洞窟组合类型

这一地区石窟寺的洞窟组合主要有以下几类。

（1）中心柱窟＋方形窟＋僧房窟。如克孜尔石窟第8—10窟、第15—17窟，库木吐喇石窟窟群区第48—50窟，玛扎伯哈石窟第6—8窟。（图3.23）

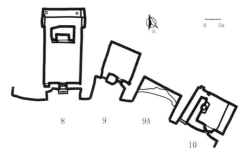

图3.23　克孜尔石窟第8—10窟联合平面图

（2）中心柱窟＋僧房窟。如克孜尔石窟第162—163窟、库木吐喇石窟窟群区第1—2窟、森木塞姆石窟第48—49窟、克孜尔尕哈石窟第20—21窟、托乎拉克艾肯石窟第14—15窟、温巴什石窟第9—10窟、玛扎伯哈石窟第41—42窟。

（3）中心柱窟＋中心柱窟。如克孜尔石窟第192—193窟、克孜尔尕哈石窟第45—46窟。

（4）中心柱窟＋中心柱窟＋中心柱窟＋中心柱窟＋中心柱窟。如克孜尔石窟第175—180窟、（图3.24）库木吐喇石窟窟群区第52—58窟。

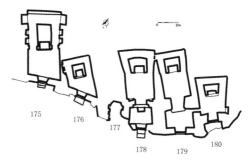

图3.24　克孜尔石窟第175—180窟联合平面图

（5）大像窟＋多个方形窟。如森木塞姆石窟第7—15窟。

（6）大像窟＋多个中心柱窟。如克孜尔尕哈石窟第11—16窟。

（7）方形窟＋僧房窟。如克孜尔石窟第14—15窟、玛扎伯哈石窟第23—24窟、温巴什石窟第1—2窟。

（8）多个方形窟＋僧房窟。如克孜尔石窟第82—85窟、托乎拉克艾肯石窟第3—7窟。

（9）多个禅窟组成禅窟群。如克孜尔石窟第25A—25C窟、玛扎伯哈石窟第43—44窟、温巴什石窟第22—23窟。

此外，还有多个中心柱窟＋多个方形窟，以及大像窟＋多个中心柱窟＋多个方形窟的组合。

---

① 李崇峰：《佛寺壁画与天竺遗法》，待刊。

在石窟群的一些区域，主要分布以大像窟为核心的洞窟组合、双中心柱窟组合、多中心柱窟组合以及一些以具有礼拜性质的方形窟为核心的洞窟组合，这样的区域功能应当主要是用于礼拜的；另一些区域，分布较多的是以禅窟和以僧房窟为主的洞窟组合，这样的区域当然主要是用于禅修和居住的。

二、连通设施

洞窟组合往往由一些可以称之为连通建筑的设施连接起来。

这些连通设施可以分为共用前室或窟前建筑、阶梯、通道、小径和广场等几种类型。

石凿前室、木制门廊、悬挑结构的功能相同，不仅构造出一处带有窟檐的活动空间，同

图 3.25　库木吐喇石窟窟群区第 66—72 窟前廊

时连通各相邻洞窟。石凿前室多见于高大山崖处的石窟寺院遗址，石凿前室常常比主室更宽敞。如库木吐喇石窟窟群区第 66—72 窟。（图 3.25）

天长日久，位于岩体外部的巨大空室使山体变得脆弱，最终导致坍塌。这时，使用者往往搭建木构悬挑结构以恢复组合的使用。如克孜尔石窟第 110—111 窟。两个洞窟分别凿于前室的正壁，构成了一个位于崖壁高处的组合。通过内置阶梯可前往共用的前室。（图 3.26）大面积山体坍塌对前室和内部阶梯造成的损毁清晰可见。事实上，在僧

图 3.26　克孜尔石窟第 110—111 窟外立面

侣使用洞窟的早期，坍塌便已发生。若干痕迹表明洞窟曾被修复以便继续使用，前室内现存的地栿槽、正壁上方的一排椽眼均表明了这一事实。

只有通过阶梯才可以登上处于崖壁高处的洞窟组合或单个洞窟。阶梯的功能显而易见：将低处活动面与高处的洞窟相连接。

龟兹石窟寺院中存在着山梯和内部阶梯两类石凿阶梯。

内部阶梯的典型例子如克孜尔石窟第 93—95 窟通往第 96—105 窟的阶梯。

山梯巧妙地开凿于坚硬的山岩脉络间，其功能与内部阶梯相同，但开凿山梯远比开凿内部阶梯省力，因为只要将山岩打造成适宜的形状便足以使人易于攀爬至洞窟。最典型的例子是位于托乎拉克艾肯石窟寺院遗址的山梯。（图 3.27）

阶梯也有木制的，但正如其他木制构件一样已无现存实物。残存的装置痕迹以及石窟的改造痕迹表明木梯也是相当常见的类型。

另一类典型的连通建筑为通道。人们开凿通道为的是不用通过攀爬或者绕行山体就能到达对面的洞窟。有的通道非常短，比如克孜尔尕哈石窟第 42 窟的通道，虽然大部分已经被毁，但从目前留存的遗迹来看，通道的高度足以允许一个成人相对自如地穿越通行，这条通道作为通向位于山崖背面禅定窟的捷径，其最大深度约 4 米。（图 3.28）

图 3.27　托乎拉克艾肯石窟佛寺遗址　　　　图 3.28　克孜尔尕哈石窟第 42 窟

通过铺平、改造或移除部分山岩前的堆积物形成小径，可便捷地到达指定地点。铺设小径不需要花费很多人力，这应是最常见的连通建筑。托乎拉克艾肯石窟提供了一处典型实例。此处有一条小径可以到达凿于崖壁斜面的 30 个禅定窟，这组禅定窟被分为 4 排（图 3.29），每一排都有可以通行的小径，僧人们可以由此登至专属的禅定窟。

图 3.29　托乎拉克艾肯石窟塔龛

连通建筑的最后一种类型是广场，即位于洞窟前或者洞窟之间的大小不等的空地。该区域可容纳庞大的人群，同时也作为连通建筑使用，人们通过广场实现在不同区域之间的移动。克孜尔尕哈石窟是一个典型例子，中区有一处宽敞无碍的大型广场用于大规模的宗教集会。（图 3.30）从克孜尔尕哈石窟寺院仅需一天便可往返龟兹国首都，信徒们可在节庆日来到此处，距离上的便捷甚至会吸引社会各阶层人士加入庆典活动。节庆时中心广场被用作庆祝的场地，平日则用作不同区段之间的连接区域。

相同的洞窟组合常常在石窟群的某些区域集中分布，使石窟群分成了许多区段，或者说不同的功能区，这些功能区往往具有互补性。具有互补功能的区域有的相邻，有的并不相邻，但是却与相邻的地面佛教建筑群功能互补。这些功能区之间也有一些连通设施，将不同的功能区连接起来，从而形成了一个个布局不同的石窟群。这种全部石窟、洞窟组合的空间分布和区域功能划分及其相互关系，就形成了不同石窟群的布局特点。

图 3.30　克孜尔尕哈石窟外景

三、寺院布局

龟兹地区石窟寺的寺院布局特点因石窟群规模不同也略有不同。

1. 大中型石窟寺中的布局

在大中型石窟，以大像窟或中心柱窟为中心的礼拜区占据寺院的最有利、最醒目的位置，僧侣禅修区域与信众礼拜区域分离或与礼拜区相连并存，不同石窟群根据具体功用采取不同的布局方式。

克孜尔石窟的核心部位是位于谷西区的第 44—80 窟和谷东区的第 136—174 窟。这两个区域的礼拜中心是 7 个大像窟。第 136—174 窟东侧分布着用于僧侣及信众礼拜和供养的佛堂区即第 175—200 窟。后山区的第 202—219 窟也是一个佛堂区。礼拜区域占据了整个石窟最有利、最醒目的位置。而僧侣讲经修行区则分布在位置相对偏僻的谷西区最西端、谷内区及后山后区。

库木吐喇石窟谷口区的礼拜区是位于谷口区的第 2、3、33 窟，这 3 个大像窟隔河相望，其周围环绕一些方形窟。窟群区的礼拜区为第 7—38 窟及第 52—72 窟。在这两个区域内，除个别洞窟，如第 18—21、57 等窟外，基本为中心柱窟和具礼拜性质的方形窟。这两个区域位于临河的显要位置，其他主要用于僧侣修行的石窟组合，如窟群区第 47—50 窟、76—77 窟，则位于相对隐蔽的位置。克孜尔石窟、森木塞姆石窟等石窟群也有类似的布局特点。

2. 小型石窟中的布局

小型石窟如温巴什石窟、玛扎伯哈石窟、台台尔石窟、喀拉苏石窟、多岗石窟、沙衣拉木石窟、喀拉玉尔滚石窟则依据其不同的功用，采取了不同的布局方式。

如玛扎伯哈石窟，应该是一个以修行和讲经为主的石窟区，这里僧房窟与禅窟，方形窟与僧房窟，禅窟组合的类型比较多，而且在有些区域，禅窟与僧房窟往往密集分布，中心柱窟等礼拜窟数量少，而且位置比较分散，温巴什石窟也具有相似的布局特点。

又如喀拉玉尔滚石窟，其大部分石窟是禅窟和僧房窟，且集中分布，不见中心柱窟，这都说明了这是一个以禅修为主的石窟群。

第四章 龟兹石窟塑像艺术

第一节
雕塑保存状况

　　石窟艺术是建筑、雕塑和壁画艺术的集合体，其中雕塑是石窟中形象最为鲜明的艺术品。然而在历史沧桑中，龟兹石窟中遭到最严重破坏的是雕塑。根据现存的遗迹可以看出，具有礼拜性质的中心柱窟、大像窟和一部分方形窟中均有塑像。其中部分大像窟的主室，如克孜尔石窟第 47 窟、森木塞姆石窟第 11 窟是龟兹石窟塑像最多的洞窟。

　　中心柱窟主室正壁的龛内原来大都设置有主尊塑像，现已完全毁坏。主室正壁主尊像龛外，有些浮塑山峦，现仅有第 13、171、172 和 196 等窟有局部保存。（图 4.1）后室涅槃台上原塑有佛涅槃像，绝大部分已不复存在。

　　龟兹石窟中出土的雕塑以克孜尔石窟和库木吐喇石窟最多。

　　克孜尔石窟中发现的主要是泥塑，也有少量木雕。如 1907—1914 年间德国探险家格伦威德尔和勒柯克发现的各种泥塑、木雕等。其中泥塑主要出于克孜尔石窟第 60 和 77 窟，主要是天人像和护法像。（图 4.2）木雕像主要出于第 76 窟，大多高约 10~20 厘米，

图 4.1　克孜尔石窟第 171 窟主室正壁

题材以佛和天人为主，现均藏德国，如击腰鼓伎乐木雕（图 4.3）、佛立像、交脚天人像等，这些作品均天衣薄纱透体，或衣褶浅平。根据德国人的研究，这些文物可能是从其他洞窟移来的。

图 4.2　克孜尔石窟第 77 窟出土天人像　　　　图 4.3　克孜尔石窟出土木雕

中华人民共和国成立后，考古工作者在克孜尔石窟又陆续发现一些残破的泥塑头像，现藏新疆克孜尔石窟研究所。新疆克孜尔石窟研究所在克孜尔石窟新 1 窟右甬道外侧壁发现了一躯立像下部，后室发现一头部已损、躯干尚存的涅槃像，该窟还出土了泥塑佛头。此外，该所还在第 196 窟后室前壁龛内发现了石蕊像。

克孜尔石窟新 1 窟是 20 世纪 70 年代清理出来的。洞窟为中心柱窟，后室的涅槃台上还保存一身较完整的佛涅槃塑像，右甬道外侧壁保存有佛塑像的残肢，成为克孜尔石窟现存最珍贵的雕塑品。（图 4.4）

库木吐喇石窟发现有泥塑、陶塑、石雕、金属铜像以及木雕，种类较多，然其留存数量有限。1907—1914 年间德国探险家勒柯克在这里发现有许多小型泥塑，如天人像（图 4.5）、各种头像、童子像、动物塑像等，还发现了一座残存的大型塑像石蕊，这些作品均被运往德国，现藏德国亚洲艺术博物馆。新中国成立后考古工作者在谷口区新 1 窟的门道右侧壁龛内清理出一躯完整的坐佛塑像（图 4.6），这是龟兹石窟现存最完整的一尊塑像。[①] 此外，第 9、41、79 窟（窟群区）也整理出了雕塑残件等。

① 梁志祥、丁明夷：《记新发现的几处洞窟》，载《中国石窟·库木吐喇石窟》，第 225~230 页，北京，文物出版社，1992 年。

图 4.4　克孜尔石窟新 1 窟右甬道塑像（局部）　　图 4.5　库木吐喇石窟出土泥塑天人像

　　森木塞姆石窟的第 11、15 和 32 窟也陆续出土了一些天人、动物和其他类型的泥塑品。（图 4.7）

图 4.6　库木吐喇石窟谷口区新 1 窟门道龛中的坐佛　　图 4.7　森木塞姆石窟第 32 窟出土的马头

第二节
雕塑类型及制作工艺

龟兹石窟中的雕塑大体包括泥塑、木雕、夹纻像、陶像和金锤碟像等种类。其中泥塑像最多，将加以重点介绍。

一、泥塑

古代龟兹地区的地质条件属于砂砾岩层，石粒密度疏松，缺乏硬度，难以雕刻石像，同时干燥少水的自然环境又适宜保存泥塑，因此造像多为泥塑。泥塑像多采用堆塑、捏塑、模塑、模制合成或塑绘结合等艺术手法，其造型成像之圆雕、浮雕、高浮雕和阴刻等各种手法，以及艺术思维的方式和操作手段、步骤均与石雕有很大区别。其中圆雕制作技术的区别最为明显，也最为复杂。

为了克服泥土材料成像后的松散脆弱特性，使泥像能如石像一样坚固耐久，龟兹雕塑工匠一般采用雕塑之前先扎制骨架的方式。骨架材料多用芦苇把缠草绳，或用木与芦苇结合制成；如果是大型的造像，往往要先做石蕊，等等。其塑造程序，大体是先有个总体的艺术构想或蓝图（包括仪轨、形态、身姿、表情、神态、衣饰的总体造型），根据这个艺术设想（或蓝图）先做成中心骨架或是石蕊，然后在骨架或像蕊外分层贴糙泥（草泥）、衬泥、中泥和细泥。这是个塑造轮廓的过程，要根据不同情况分别以捏、塑、贴、压、削、刻等技法塑出完整的形体，使泥像大致定型，然后刷白粉皮，用点、染、刷、涂、描、贴（贴金）等技法赋彩装銮。

泥塑的制作工艺具体如下。

1. 做胎

胎是整个塑像的骨架，决定了塑像的整体架构。胎的做法有四种。

（1）用木杆、芦苇、草绳等做成骨架形状

用木杆做出塑像的骨架，然后在塑像骨架上围绕麦秆和芦苇并用绳绕扎固定再用加有麦秆的泥塑出形体结构，最后再用细泥进行表层的塑造。造大型塑像和立像时要在塑像后面所依靠的岩壁凿孔，在其中插入木杆并和塑像骨架连接将塑像骨架与岩壁接连固定。克孜尔石窟新1窟塑像较清晰地体现出了这种做法。

（2）用泥土做芯，外敷石膏

泥塑表层覆石膏层形式见库木吐喇石窟谷口区新1窟主室坛基上的塑像。先用泥塑造内部形体并塑出衣纹，再在泥塑表层均匀地覆薄石膏层，表层经打磨完成后塑像表面光洁细腻。

（3）岩体配合泥塑来塑造佛像

龟兹地区由于独特的砂岩岩体，需要依靠岩体，造稍大的雕像就需要结合泥塑。具体又可以分为两种办法：

①在开窟时预留出要雕凿塑像的岩体，在雕石像时凿出石像完整的形体和衣纹的细部，然后在表层贴泥层，泥质衣纹按着石像衣纹而塑出，如克孜尔石窟第196窟后室前壁龛中的塑像。

②开窟凿中心柱体时在正壁预留出造像用的岩石，在雕石像时只雕出大的形体结构，形体上凿迹较粗以便在上面贴抹较厚的泥层。塑像头部用组装法制作，先在石像胸部上方即头颈部位凿凹槽并深入胸部，然后将准备好的头像脖颈下伸出的构件插入槽中将头像组装在石像身体上，再在石像身体上覆泥层进行肌肉和衣饰的塑造，如库木吐喇石窟窟群区第70、71窟（图4.8）主室的主尊像。

图4.8　库木吐喇石窟窟群区第71窟主室正壁的佛坐像

（4）模制塑像——模范造像，利于批量制作

龟兹地区发现的一些小型佛像大多用此种方式制作。制法是先用陶泥塑造出塑像的模范，然后将准备好的泥放在模范中进行印制。也可以将头像、身体、四肢、璎珞、台座等分别模制，最后组合成像。造较大的塑像时，则先做好和模范尺寸相配套的泥塑毛坯，再用多块模范进行拼模。龟兹地区曾发现大量塑像模范。

2. 在做好的塑像泥坯胎上塑出衣纹

龟兹塑像衣纹有直接塑造、贴泥条塑、刻线、模印等方法。

其中一种比较特殊的形式是在塑像衣脊中加线绳。在森木塞姆石窟第 32 窟中的塑像上发现了这种方法。

线绳为衣纹凸脊线的骨架，在长一些的湿泥条中加入线绳后，泥条较结实，在贴制过程中容易制作。这种方法还有调整衣纹形态的作用。先将线绳预置在塑像需表现衣纹的部位，线绳暂不固定，能够根据实际效果在形体上调整，安排准确后，再固定线绳并加泥进行塑造。这样更适合大型塑像的衣纹制作。

3. 对基本完成塑造的塑像进行彩绘装饰

对塑像的眼睛、眉毛、鼻翼、嘴唇、胡须用色彩进一步描绘，并用淡色对面部结构进行晕染，也表现出皮肤的质感，赋予面部本地特色化的情态。

塑像服饰上的复杂图案纹样很大程度靠彩绘来表现，对衣纹进行晕染还能进一步表现衣纹凸凹效果。

塑像彩绘后在视觉感受上与壁画融为一体，共同构成洞窟的整体艺术效果。

二、木雕

《续高僧传（卷二十五）·唐京师胜光寺释慧乘传》曾记载："龟兹国檀像举高丈六，即是后秦罗什所负来者，屡感祯端，故用传持……"[①] 这表明龟兹也有雕造大型木像的技术能力。

这里的木雕主要有两类，一类为生活用品或建筑构件，如木勺、木碗、木盆、木钵、鞋楦（图4.9）、木门、木锁、木窗框、木几、木构件；另一类属于宗教用品，主要有佛像、菩萨像、天人、雕饰、骷髅头等。

龟兹地区的木雕制品普遍采用

图 4.9　克孜尔石窟出土的鞋楦

---

① 《大正藏》，第 50 册，第 633 页。

了砍、削、凿、挖、旋、刻、磨等工艺，旋制木器的出现，说明当时已使用简单的"旋床"。这种简单的旋床，其主体为一个可以转动自如的木轴，将一段绳索绕于轴体为传动带。加工切削木器时，用两足轮番牵动传动带，带动木轴旋转，以相应刀具对木料进行切削使其成器。旋制的木器不仅限于外表，有的内部也是旋制而成。旋制木器不仅体形规整，表面光洁，而且省时省力，大大提高了生产效率。

艺术形式上则包括圆雕、浮雕和透雕等各种形式，既有整木雕刻，也有分段制造，然后加以榫卯的。一些木雕像上还绘有彩色。

三、夹纻像

夹纻像是一种用漆、麻布等材料制作的中空佛教造像工艺。

夹纻像在制作方法上多种多样，中国历史上最普遍的一种是脱胎像。使用黏土、泥等塑造佛像模型，然后用麻布在模型上裱布若干层，等到胎体干燥固定后，除去泥土模型即成。

《大唐西域记》卷十二曾记载："瞿萨旦那国（于阗）……王城西南十余里，有地迦婆缚那伽蓝。中有夹纻立佛像，本从屈支（龟兹）国而来至止。"[①] 有学者曾在玛扎伯哈石窟第 20 窟中发现一弧形塑像。碎片（16 厘米 × 12 厘米 × 1 厘米）表层为泥质，里面为一层粗麻布，麻布线粗 2 毫米。此像完整时也许就是夹纻像。

夹纻像比较结实轻便容易移动，也很适合用来行像。行像是古代龟兹地区非常流行的一项活动，就是把佛像安置在具有装饰性的花车上在城中巡行，期间伴有杂戏和舞蹈等，以便让众人瞻仰、膜拜。《大唐西域记》卷一："屈支国……于此像前，建五年一大会处。每岁秋分数十日间，举国僧徒皆来会集。……诸僧伽蓝庄严佛像，莹以珍宝，饰之锦绮，载诸辇舆，谓之行像。"[②] 此外，龟兹还有金锤碟像等造像样式。[③]

龟兹石窟的大部分中心柱窟主室正壁龛的正壁有固定塑像的凿孔，有的下部还有可以安装插件的凹槽，如克孜尔石窟第 38 窟和 224 窟（图 4.10）。因此这些塑像很可能是可移动的。

一些可能是行像时放置塑像的家具也有出土。德国探险队曾在克孜尔石窟第 76 窟的前室中发现一个低矮的四腿小桌，研究者认为它很可能就是放置木制雕像的设施。

德国探险队曾经在克孜尔石窟获得一块木制的身光背屏。其大小与克孜尔石窟中的中型中心柱窟的主龛正壁相近，很有可能它就是某个当时安置于中心柱窟主室龛中的木雕佛像的背屏。（图 4.11）

① 《大正藏》，第 51 册，第 943 页。
② 《大正藏》，第 51 册，第 870 页。
③ 《大正藏》，第 50 册，第 411 页。

图 4.10　克孜尔石窟第 224 窟主室正壁

图 4.11　克孜尔石窟出土的木背屏

由于龟兹石窟中没有支撑物的中心柱窟主龛数量很多，我们可以推测，尽管龟兹石窟中以泥塑为主，但其他类型的雕塑应当也不在少数。

第三节

雕塑的风格

一、外来艺术风格的影响

1. 犍陀罗艺术的影响

犍陀罗艺术主要是一种佛教艺术，是来自欧洲东南部巴尔干地区的马其顿国王亚历山大大帝东征中亚、南亚次大陆西北部地区时所带来的古典希腊文化与东方文化融合的结果。

这种风格的人物体形敦实，健壮浑厚，脸形略显方圆，鼻直而高。龟兹石窟中有此种风格影响的以库木吐喇石窟谷口区新 1 窟门道西侧壁拱形龛中的坐佛塑像为典型。这身坐佛像，高发髻，蓝色的波状发，长圆形的脸型，眼睛微闭，鼻梁高耸与额头相连，内着蓝色僧祇支，右肩半袒，外着土红色偏衫，衣纹贴体，在有些部位凸起的圆棱线上再阴刻线条表现衣纹的层次。结跏趺坐于狮子座上，禅定印。头光、背光呈圆轮状，里面浮雕火焰纹样。

这类佛像与犍陀罗后期艺术的佛像接近。犍陀罗后期艺术除延续犍陀罗前期造像固有样式之外，还较多吸收了秣菟罗艺术的因素，脸型趋圆，佛像大多不见小髭，菩萨普遍上唇蓄髭，出现螺式发髻。大多佛像着通肩袈裟，也有少量佛像着袒右袈裟，服饰变薄，凸显形体结构，衣纹出现阴刻线法和凸起圆棱线的方式塑造，人物形体拉长，比例把握娴熟。①

天人则头戴髻珠宝冠，五官舒展，嘴上留小髭，卷发披于肩上，缯巾后扬，上身袒露，配璎珞、项圈、臂腕钏，腰结长裙，披帛下垂。克孜尔石窟第77窟出土的塑像头部，有的高高的发髻由串珠、饰带束成，呈∞形，发式为规则的波浪式卷发，波纹具有装饰性，形状流畅而规整（图4.12）；有的发髻则呈布帛包巾束起的高髻，发式也呈波浪式卷曲。上述特征都与犍陀罗艺术中的天人很相似。

2. 秣菟罗艺术的影响

秣菟罗艺术发源于中印度。不同于犍陀罗造像中衣服的厚重，秣菟罗似水波状的衣褶处理恰是它轻薄优雅的艺术显现。

这种风格对龟兹佛像的影响，时间要晚于犍陀罗风格。秣菟罗艺术佛像的特点是：健硕的身体，脸型椭圆，面颊饱满，眉毛隆起弯若弓形，嘴唇尤其下唇宽厚，嘴角上翘。头光素面或有纹饰，肉髻呈螺贝形，也出现了螺发和少许的波状发，眉间白毫刻成一个小圆圈。斜披僧衣，袒露右肩，衣纹贴体，以阴刻线条刻画，凸显形体结构。②

印度笈多王朝时期，秣菟罗艺术继续发展，创造了所谓的"湿衣佛像"。佛像脸型椭圆；眉毛细长，呈倒八字形向上挑起。眼睑既不凸出也不深陷，眼帘低垂，带有深思冥想的神情。鼻梁高隆笔直，下唇宽厚，顶上肉髻是一圈圈排列整整齐齐的螺丝状右旋的螺发。通肩式的衣饰已是半透明的单薄纱衣，纤细的衣纹从双肩垂下一道道V形或U形纹路，呈凸起的圆棱线式，如同波动的涟漪紧贴身体，被水打湿一般，可隐隐约约看见身体的轮廓。（图4.13）

克孜尔石窟新1窟沙砾中清理出的佛陀涅槃像也具有这一特点。这尊约长6米的塑像，除面部遭受自然毁损外，身躯保存完好。佛像屈膝累足，侧身右卧，以右手支颐。身体主要结构部位的衣纹如条条细纹，线条犹如流水一般。制作方法是先塑好形体，然后在上面贴附泥条加以仔细修饰，感觉就好像衣服湿了粘在身上似的。

① 李崇峰：《佛教考古：从印度到中国》，第741页，上海，上海古籍出版社，2014年。

② J. Ph. Vogel，"The Mathura School of Sculpture"，in：Archaeological Survey of India：Annual Report 1906–1907，137~160；转引自李崇峰：《佛教考古：从印度到中国》，第743~746页，上海，上海古籍出版社，2014年。

图 4.12　库木吐喇石窟出土的天人塑像

图 4.13　克孜尔石窟第 76 窟出土的木佛雕像

二、龟兹本地风格

龟兹本地风格是指直接或间接地吸收了西北印度的犍陀罗文化和中印度的秣菟罗文化、波斯萨珊文化、希腊—罗马文化、华夏的中原文化诸因素，又将这些因素与本地文化融合，形成的带有龟兹地域特质的雕塑艺术。它不失所传入造像的原旨，却又明显具有新的面貌，因此，它便于在当地传播，不仅在龟兹流行，还传到了焉耆、高昌、于阗等其他西域诸国，并进而传到中原一带，故有人把它命名为中国古代美术史上的“龟兹模式”。

从遗存雕塑作品看，龟兹地域烙印表现最明显的地方就是：犍陀罗造像原先佛像脸部的欧洲人深目高鼻的特征以及高大魁梧的身材造型发生了改变，逐渐掺入龟兹人脸型和身材的元素，如面部造型开始平面化等。

据《大唐西域记》卷一《屈支国》记载，龟兹地方“其俗，生子以木押头，欲其匾虒”[①]。匾虒者，薄阔也。据此可知，唐代以前直至唐代，由于龟兹地方的特殊风俗，这里的人都具有头型扁宽的特征。这一点已为库车附近墓葬出土的头盖骨所证实。从克孜尔石窟壁画中的各种佛、天人和世俗供养画像来观察，龟兹本地风格人物头部的特征：

① （唐）玄奘、辩机等著：《大唐西域记》，季羡林等校注，第 54 页，北京，中华书局，2000 年。

圆头，额际扁高而宽阔，鬓际到眉间的距离较长，两颐浑圆，下颌短而深陷两颐中，形成所谓的双下巴，整个脸型也几成方形。圆浑的脸上，安排着小而集中的五官，形成长眉、大眼、高鼻、纤口的特点。脖颈短肥，几与头等粗。龟兹佛教泥塑头部塑造的效果与壁画中人物面部结构表现方式基本吻合。

这种风格的木雕人物形象，体形都较优美，肩宽，腰细，臀肥，两腿修长，体姿多为屈曲的"三道弯"式，酷似优雅的舞蹈动作。头呈椭圆形，面型浑圆，五官比较集中。发际到眉间距离较大，眉细且弯曲，高而俊俏的鼻梁与眉相接，略似杏仁状的眼睛，较厚的上唇和较小的下唇，显得嘴角稍翘。

三、汉风和回鹘风风格

汉风和回鹘风风格的作品早期同样是以佛和菩萨像为最多，也有供养人像。

汉风雕塑的人物形象，体形健壮，四肢圆浑，凝练浑厚，强调人体的健康美。头颅方圆，面相丰满，两颊较凸，发际与眉间的距离较小，眉修长，眼角上扬，唇厚嘴小。勒柯克在库木吐喇石窟窟群区第13窟所发现的那几尊天部塑像（图4.14），其人物的脸型、身材，看上去均很丰满与富态，明显带有唐代雕塑的风格。至于那尊被伯希和探险队挖掘到的妇女头像，其脸型、装饰、神态等，明显带着唐代中原地区雕塑的特点。（图4.15）

图4.14　库木吐喇石窟出土的汉风佛像

图4.15　库木吐喇石窟出土的汉风世俗
人物塑像

　　回鹘雕塑的特点是：具有本民族雄健勇敢的体型，面形略显长圆，柳叶形眼睛，鼻高，且呈拱形。这时的雕塑多为彩塑，色泽使用得浓艳热烈。

　　总之，龟兹的雕塑艺术也和壁画一样是丰富多彩的。虽然吸收了许多非本地艺术的精华——早期稠密的褶襞是受犍陀罗的影响，从后来随身圆转的衣纹中可看到笈多艺术的韵律；彩塑中线条流畅明快、色泽配置等与中原相同。但又不是这些成分的杂乱堆砌，所有这些非本地的成分都是在当地艺术的基础上被吸收融合而形成了本地区、本民族的文化传统，体现了龟兹自身的特色。说明龟兹雕塑艺术善于吸收新鲜事物、创造自己独特风格的特点。

第五章 龟兹石窟壁画艺术

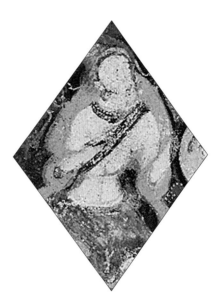

第一节

壁画的制作工艺

龟兹石窟的壁画制作工艺大致分为泥层制作、勾线和起稿、着色、定稿。

一、泥层制作

壁画并不是直接绘制在岩体之上的，而是需要在岩体上敷上一层泥皮作为载体，然后在上边赋彩，形成漂亮的壁画。

将开凿好的洞窟岩体壁面凿平，留下密集的凿迹，这样有利于泥皮与岩体结合得牢固。壁面岩体处理后，将含有麦草的泥和好上墙。泥层所用土是本地的土，其中红土含胶较多。泥层的厚度在1~2厘米。待这一层泥上好后，再上一层细泥。

有些窟中用与底层不一样的泥，如克孜尔石窟第81、114、171等窟，这层泥用偏绿的土制作。泥层较薄，一般在0.5厘米左右，并且麦草较少，上墙后处理得较平实光滑，以便利于作画。

待泥层做好后，再在上面着白色底料，白色底料一般为石膏。

龟兹地区石窟中的泥层制作可以分为以下几种。

（1）最普通的一种，直接将麦草和泥土混合用作墙皮

系在凿开的岩面上涂一层黄草泥，土质细腻，其中混有切碎的麦草，麦草本地所产，产量极广，质地柔软富韧性，是提高泥块黏合力的理想材料。墙面一般厚0.4~2厘米，个别洞窟由于开凿得不是很规律，有些部位为使壁面平整，涂层厚达6厘米，如克孜尔石窟第171窟后行道右端壁。黄草泥表面均研光，而后于其上刷一层白灰浆，再在白灰浆上作画。

（2）存在影塑的情况下，泥层一般会为影塑留出位置

一些洞窟，如克孜尔石窟第8、32、198窟，其正壁原均为影塑的须弥山、天人及动物等，塑像材料为黄草泥，塑像表面用颜色勾勒渲染。在这些洞窟的正壁面上还残留有用于固定塑像的木橛孔及塑泥残迹，这也说明影塑可能是直接贴在岩层上，制作泥层的时候应该是专门留出了影塑的位置。

另外，在一些洞窟的后甬道（后室）壁面上也有类似的影塑，如克孜尔石窟第 219 窟后室正壁、两端壁，克孜尔石窟第 104 窟后室正壁及券顶等。

（3）有些洞窟存在两层不同泥质泥层的情况

克孜尔石窟第 7、13、34 和 69 等窟的主室墙面分两层。里层一般为灰色草泥层，土质细腻，颜色略泛青。黏合材料为麦草，厚度为 0.3~1 厘米，表面研光。这种墙面克孜尔石窟出现较少，如克孜尔石窟第 100 窟，外层一般为黄色草泥层，厚度一般为 0.3~1.2 厘米，表面研光，上涂一层石灰浆，然后在上面绘画。

在以上各窟中，克孜尔石窟第 13 窟较为特殊，其里层为黄色草泥层，外层为灰色草泥层，然后在灰色草泥层上绘画。

（4）石窟墙面中也有三层泥皮的情况

如克孜尔石窟第 27 窟的墙面制作极为复杂，墙面分三层。最里层为灰色草泥层，厚 0.5 厘米；中间一层草泥层，颜色为黄色，厚度为 0.8 厘米；最外层草泥层发红，厚度为 0.2 厘米。

各层黏合材料均为麦草，表面均研光，最外层表面刷白灰浆并绘画。克孜尔石窟仅见此一例。

（5）最简单的墙面是不用敷泥皮，直接在凿平的岩体上刷上白灰浆就可以作画了

克孜尔石窟第 69 窟和新 1 窟后室券顶、第 171 窟主室券顶，墙面制作最为简单，系在凿平的岩体上直接刷一层白灰浆而后在其上作画。

石窟中直接绘画的砂岩壁面又有两种：一种是将岩壁打磨得很平整，如第 69、171 窟券顶部分；另一种是岩体壁面开凿后未作打磨处理，留有开凿的痕迹，壁面仍有起伏变化，如第 47、48、新 1 窟的后室券顶。这种砂岩体上的壁画另具一种韵味。

从以上五种类型的墙面制作上，我们可以看出，它们除具有一定的保温、防潮作用外，其主要功能是绘制佛教徒用于观想的故事、人物、场景等，这与支提窟的功能是相吻合的。

此外，通过观察我们发现，岩体构成的不同导致了制作技术的不同。一般而言，组成成分复杂，包含有较多砾石的岩体表面制作复杂的墙面，因为这样的岩石表面凹凸不平，非常粗糙；而主要由细砂组成的岩体墙面制作很简单，有的甚至仅仅敷一层白石灰，是因为岩体表面比较平整光滑，只需简单的加工就可以了。

二、勾线和起稿

在处理好的壁面上，用带有土红色料的线绳放线，依据主题内容的要求，在壁面上进行大的构图框架划分。这一步完成后再在划分好的空间中制稿。

先是用墨斗一类的器物在白色的壁面上打出表示壁画大小范围的土红线，包括壁画的各种图案花边的框缘，然后在规定的范围内以土红线正式起稿。

从目前存留的壁画来看，凡属相同内容的画面，构图大同小异。比如"说法图"，佛和听法诸众的形象、动态、手势都很相似，很可能使用了某种粉本。但这种粉本和敦煌壁画中的粉本似乎不同。比如，头部的目鼻等各个部分可能是分别用不同的粉本进行临摹。

如克孜尔石窟第38窟主室左侧壁上方伎乐图中的一组男性天人和女性天人头部的眉眼口鼻的线完全一致。有的天人组合，甚至目鼻、耳朵加上后头部的线条都能重叠。又如该窟前壁的兜率天说法图中的闻法天人，尽管比上面的天人组合大，但是如果将其同比例缩小，它的目鼻与上面的天人的目鼻也是重叠的。

克孜尔石窟现存多数壁画中的线条有其共性，即遒劲匀称、力度均匀，但仔细分析，又变化多端。大体分为四类。

第一类线条用笔紧劲，如屈铁盘丝。如克孜尔石窟第38和98窟、库木吐喇石窟窟群区第23窟和森木塞姆石窟第42窟。克孜尔石窟第38窟无论是主室侧壁的说法图，还是主室前壁的菩萨兜率天说法图，闻法众人和伎乐天人，都是以这种线条勾出，圆健坚实，但又不呆板。天人身上的带子，表现灵动的飞舞之势，劲健而富于韵律。

第二类线条笔力遒劲，富于流动感。此类线条在克孜尔石窟第17、163窟中均可以看到。第17窟后甬道正壁"涅槃图"中表现举哀弟子服饰的线条紧劲中略带洒脱。第163窟主室正壁甬道口上方的散花天人，线条劲健而又舒展，柔中带刚，富于弹性。

第三类线条粗细有所变化，如克孜尔石窟第206窟后甬道右端壁的一身天人坐像，飘动的天衣，线条粗细变化极大。

第四类线条笔墨酣畅，豪放粗犷。如克孜尔石窟第47、48和196等窟。

克孜尔石窟壁画线条富于变化，还表现在：①一幅画中，所画有粗细强弱。②一个人物之中，人体肌肤和衣纹装饰有别。③人体不同部位也采取不同的画法，一般掌腕较柔和，指节较挺拔；四肢劲直中见浑圆。

克孜尔石窟壁画中，有时对关键的形体结构用"刻线法"在墙面上刻出线来。这样在上色过程中，就不会因为壁画颜色厚重而将线稿盖住了。这也是克孜尔石窟壁画一个技法特色。

例如，在克孜尔石窟第175窟供养比丘的腹部、大腿和小腿上，甚至胳膊两侧，均以硬物刻划线条，从而把人体形状显示出来。洞窟内其他壁画，几乎也都有这种硬物刻划的痕迹，而且均按一定的部位进行，刻线力度均匀，粗细一致。

三、着色

龟兹石窟壁画所用颜料大多为矿物质颜料，除个别画画中的颜料因年代过久而变黑之外，其他颜色均极鲜艳。常用色有土红、赭、青、绿、朱、白，而以青、绿为主。

龟兹石窟壁画使用颜料红色颜料是铁红、铅丹，蓝色颜料是青金石，绿色颜料是氯铜矿，白色颜料是石膏，黑色颜料是炭黑和二氧化铅，均为常见壁画颜料。使用的胶结材料主要为动物胶、植物胶、蛋清等天然胶结材料。

龟兹的画师们对色彩的运用可谓炉火纯青，他们在色彩运用上有两大特点：一方面，是颜色不混合使用，常以单色的情况出现在画中；另一方面，他们常常交叉、间歇使用各种颜色的颜料，使画面更富有韵律。

龟兹的画师非常熟悉石色不宜混合的性质，为保持其明度，除白粉、赭石少数几色外，大都单用。因而克孜尔石窟壁画给人一个总的感觉是色彩深厚、鲜明、对比强烈而不浮躁。实际上石色本身就有一种稳重感，唯其稳重才能和谐，这恰是中国绘画用色的奥妙所在。

如克孜尔石窟第 224 窟主室券顶正中用作背景的青色，纯净得像宝石，既明亮又稳重。券顶有一个菱格，内画一坐姿人物，皮肤为白色，裤子青色，披巾绿色，须弥山朱色，颜色只有这么几种，表现力却很丰富，可以看出龟兹石窟壁画用色的特点。

许多洞窟券顶的菱格故事画中，大面积地使用青绿和朱砂，厚重感过强。为避免这个缺陷，画师们往往在上面用白粉点簇一些梅花状的小图案花，既有装饰效果，又可以打破色彩板滞单调的印象。

龟兹石窟壁画上交叉和间歇使用各种色块，这在券顶菱格画中表现得最为突出。克孜尔石窟中的券顶多排多列以菱形格为单元，四方连续排开作为装饰，其中每一菱格以一种石色作为底色，不同底色的菱格均按一定的色彩规律分布。

例如克孜尔石窟第 17 窟主室券顶左半部的菱格配置，其底色只有青、绿、朱、白 4 种，在属于冷色的青色块与绿色块之间，以暖色朱色块相隔，旁以白色块调和青绿及银朱之间的补色关系，产生既有冷暖对比又和谐统一的色彩效果。

四、定稿

在画面基本完成的基础上，从画面整体上进行调整统一，使整个石窟各个空间画面和谐。

龟兹石窟有些洞窟画面未完成，有些画面变色或脱落，很多绘画迹象也就显露出来，如克孜尔石窟新 1 窟后室券顶和第 38 窟主室券顶壁画，细致观察便可以了解到壁画绘制过程的以上几个步骤。当然这些步骤只是大体的。石窟壁画毕竟是艺术品，技法步骤有很多灵活运用之处，它们构成了龟兹石窟壁画丰富的表现力。

第二节

龟兹壁画的艺术风格类型

一、龟兹风艺术

龟兹风艺术的艺术形式可以从以下几个方面进行概括。

1. 构图

在画面构图上，与龟兹式中心柱窟的券顶结构相适应。龟兹艺术家创造了一种独特的菱格构图形式。这种菱格构图形式一般位于主室、甬道或后室的券顶部位，是山峦的简化形式，与正壁的影塑须弥山相呼应，营造了一种佛国圣山的景象。

这种菱格构图形式产生了两方面的艺术效果。一方面，不同的佛教故事分别被安排在独立的菱格中，画师选取了故事中最具代表性的一到二个情景对其进行表现，一个菱格内绘一个佛教故事，从而在券顶有限的空间里绘制了大量的佛教故事；另一方面，菱格构图与券顶相结合，造成了画面的延伸感，强化了空间的高敞效果。如克孜尔石窟第171、172窟。

2. 色彩

在色彩运用上，以蓝色、绿色、白色和土红色作为主要的色彩，对比强烈，格调宁静庄严。尤其在主室为纵券顶的中心柱窟的券顶菱格中，如第38窟，蓝色、绿色、白色这三种颜色纵向相间排列，整齐而又有变化，极富韵律感。

3. 线条

在线条运用上，注重线条表现的作用，使其成为主要的造型手段，线条粗细均匀，刚劲有力，富有弹性，颇有屈铁盘丝的效果。

如克孜尔石窟第98窟主室右侧壁说法图中的老婆罗门，通过这种线条的运用，使他瘦骨嶙峋的筋肉跃然壁上。（图5.1）

衣纹塑造一般用二根线、三根线为一组的形式，随着身体结构的起伏附着在形体上，是曹衣出水画法的最好诠释，典型代表见于克孜尔石窟第163窟后甬道左端壁对梵摩那袈裟的刻画。（图5.2）

图 5.1　克孜尔石窟第 98 窟主室右侧壁的迦叶

图 5.2　克孜尔石窟第 163 窟后甬道左端壁的梵摩那比丘

4. 晕染

晕染法的运用也是龟兹风佛教艺术的一个重要特点。龟兹流行的凹凸晕染法是用同一色彩的不同明度，由浅入深或层层重叠、层次分明地对物象加以晕染，用色阶的浓淡形成明暗，以使所染物象具有立体感的一种画法。

如克孜尔石窟第 7 窟后甬道正壁的涅槃佛足的表现。龟兹画师首先用土红色线勾勒脚的轮廓，而后用赭石色按受光与否晕染暗面以突出立体感，然后在其上敷白粉，最后再用轻重粗细不同的墨线勾出不同的体和面。粗重线勾画大的轮廓和暗面，区分脚掌和脚趾；细轻线勾画受光面，借以区别指盖和指肚上的肉。

5. 人物造型

在人物造型上，以龟兹人为原型，同时将龟兹地区的审美观念和生活习俗融入其中。人体比例修长，S 形站姿，头部呈卵圆形，五官集中，眼睛与眉毛间的距离大，鼻翼较小，鼻子结构线与眉毛线的交点低于或平行于上眼睑。多以 3/4 侧面表现人物的形态，手指由掌部到指尖造型逐节变细，指尖上翘，显得非常稚气。如克孜尔石窟第 175 窟右甬道内侧壁的比丘像。

二、汉风艺术

龟兹地区出现的汉风是盛唐时期中原地区佛教艺术在龟兹地区传播的结果，主要保存在库木吐喇石窟窟群区第 11、12 窟后甬道，第 14、15—17 窟以及阿艾石窟中。

这些石窟壁画的表现形式构图一般为长方形或中堂式构图，和同期中原地区相同。如库木吐喇石窟窟群区第 14、16 窟和阿艾石窟。

人物造型为中原汉人的特征，五官分散、眼睛细长、眼角上扬、嘴唇丰盈、下巴丰韵。手部写实、手掌宽大、手指丰满、肉感十足。人物塑造比例适度、面相丰腴、庄严沉静。人物衣纹线条，多为兰叶描，用笔洒脱，气韵贯通。佛衣衣着样式上出现了中原地区流行的典型袈裟样式：敷搭双肩下垂式袈裟、钩钮式袈裟和"半披式"融入"敷搭双肩下垂式"的袈裟。壁画色彩比较淡雅，多用平涂。总体色调以石绿为主，显得素淡平和。（图 5.3）纹饰图案以云纹、茶花、莲花和卷草图案等为主。（图 5.4）

三、回鹘风艺术

回鹘风艺术有以下几个方面的特点。

1. 中心柱窟券顶构图形式的变化

长方形构图的本生因缘故事，在克孜尔石窟的中晚期就已经出现，这时则成为回鹘风中心柱券顶

图 5.3 库木吐喇窟群区第 12 窟后甬道正壁的汉风佛像（摹本）

的一种流行构图样式。此种形式可见于库木吐喇石窟窟群区第 10 和 45 窟。（图 5.5）

同时，龟兹式的菱格构图也仍然在使用，如森木塞姆石窟第 44 窟主室券顶绘菱格因缘故事。（图 5.6）库木吐喇石窟窟群区第 45 窟主室前壁上方半圆壁画上的弥勒下生经变构图简洁，人物不多，与龟兹风壁画中的弥勒上生经变构图相同。

图 5.4 库木吐喇石窟窟群区第 16 窟的汉风壁画图案

图 5.5　库木吐喇石窟窟群区第 10 窟主室券顶　　图 5.6　森木塞姆石窟第 44 窟主室券顶

2. 回鹘风格绘画中的人物造型具有典型回鹘人特点

壁画中的人物脸型方圆，额头偏窄，下颌宽大，颧骨突出。五官较集中，鼻梁挺直，樱桃小口，眉毛呈柳叶形，眼睛细长等。佛像身穿通肩袈裟，也有穿着袒右、偏衫式袈裟，以及双领下垂和钩纽式袈裟的。

人物造型出现了一些当地的特点，如佛像上眼睑呈圆弧形，大多不绘眼白，眼眶线较长而且距上眼睑较近，有些眼皮绘两至三层。手掌宽大丰韵，手指纤细，指肚均匀向指尖逐渐变细，手腕较细。个别佛像肉髻为螺发式。这些均与作为典型回鹘风艺术代表的高昌地区回鹘风艺术有所不同。（图 5.7）

3. 服装造型方面变化不大

这一时期壁画人物的服饰依然保留着许多龟兹本地特点。如森木塞姆石窟第 44 窟主室后甬道正壁所绘涅槃图，举哀人物着装龟兹化。（图 5.8）

此外，一些尊像和供养人佩戴的耳饰依然为龟兹式的。如大多数天人和一些立佛像佩戴圆环形有孔耳珰，涅槃图里的举哀天人和力士佩戴圆环形无孔耳珰，女供养人佩戴耳环。

图 5.7　库木吐喇石窟窟群区第 12 窟后甬道正壁的佛像

4.线条和色彩的使用方面增添了变化

回鹘壁画的表现形式以线条为主，大量使用铁线描，遒劲有力；同时也吸收了中原式的兰叶描，增添了线条的变化。颜色以平涂为主，有时也使用晕染法，但已退居次要地位。壁画中大量使用赭红、朱砂等色彩，并以石绿色相衬。色彩浓郁热烈，明亮而不刺激，浅的石绿色和白粉底色，更使得整个画面显得明媚柔和。

另外，回鹘时期的纹饰图案主要有团花、宝相花、折线式光焰纹、云纹和水波纹等，葡萄纹为本地特有纹样。（图5.9）

四、犍陀罗风艺术

龟兹石窟除上述主要风格流派外，还存在其他艺术流派，受限于篇幅，这里仅对其中的犍陀罗艺术风格略作介绍。

图 5.8　森木塞姆石窟第 44 窟主室后甬道正壁的
涅槃图（局部）

这种佛教艺术风格在龟兹佛教艺术的早期阶段影响很大，后来与龟兹风艺术风格并存了很长时间。

龟兹石窟中带有犍陀罗艺术风格的壁画主要分布在克孜尔石窟第 76、77、92、118、207 和 212 窟以及库木吐喇石窟谷口区新 1 窟和新 2 窟等窟。

图 5.9　库木吐喇石窟窟群区第 45 窟甬道顶部图案

其佛像特点可以概括如下：佛像常为磨光发髻、肉髻扁平在头顶稍前位置，束发带，发髻多为黑色。脸型方圆，额头短平。发际线距眉毛较近，眉间有白毫，双眸微闭。鼻梁挺直，与眉脊相接，鼻翼窄。嘴角深陷而唇薄，表情祥和，略带笑意。大多着赤色通肩和袒右袈裟，衣褶厚重，衣纹交叠，下垂感强。手部造型较写实，手指短粗，指尖上翘，指肚圆润。身长比例约为头部的5倍，身材显得短粗低矮。背后有圆轮形头背光，多数坐在金刚座或站立在莲花座上。天人或菩萨脸部略长，鬓际离眉毛很近，眉毛到眼睛距离很宽，眼眶大，鼻直而高，颈粗细适中。头发多为波浪形卷发，披在肩上，大多上唇蓄髭。所戴饰具，如臂钏和腕钏，较厚重，画法立体、写实；璎珞常由梭形（或椭圆形）与圆形相间而成，有时连缀有水滴形坠饰。天人或菩萨常袒上身，下身着大裙或缠腰布，腰部系带，在中央打结，一边挽出圆环，带尾垂在另一边；或者腰带中有一个圆盘，两边分系于腰部。（图5.10）

图 5.10　库木吐喇石窟谷口区新 2 窟穹窿顶的供养天人

第三节
故事画

龟兹石窟壁画以本生故事、因缘故事和佛传故事等与释迦牟尼有关的故事画为主。本生和因缘故事有100余种，佛传故事60多种。其佛教故事画内容之丰富，超过了印度和中国内地，被誉为"佛教故事的海洋"。

龟兹石窟壁画，很多反映的是小乘说一切有部的思想。说一切有部认为涅槃属于无为法，是无相的，但认识了解它，必须借助于有相的形象，故必须通过有相之境，以佛教的智慧加以观照，才能了知无相之境。有相是众生认知无相的媒介。"众生机感，义如呼唤，如来示化，事同响应，故名为应。"① 众生在了知法体的基础上，要达到涅槃，必须奉行四谛八正道。说一切有部认为，释迦牟尼的前世今生的修行故事，是成佛的必由之路，是过去诸佛奉行四谛、八正道，追求涅槃的样板，它是追求解脱的求真之路、完美人生之路的理想典范和信徒皈依之源。一方面，它能使众生了解法体的本质，在佛陀的事迹中，深刻阐释了佛教的四谛三法印的真理；另一方面，它又为众生实现涅槃提供了可资借鉴的模式，众生只要遵循八正道，一定能实现涅槃，达到最终解脱。因而龟兹石窟绘制了大量的与释迦牟尼有关的佛教故事画。

　　这些壁画主要绘制在龟兹风风格的洞窟中，主要绘塑于中心柱窟、大像窟和方形窟中，除天相图、佛像、天人像、讲经高僧、飞雁外，绝大部分题材和内容是与释迦牟尼有关的本生故事、因缘故事和佛传故事，其中又以表现释迦成佛后的因缘譬喻故事最多。其中的本生因缘譬喻故事，深刻揭示了诸行无常、诸法无我、因果相应的道理。

　　因缘故事的构图形式比较简单，一般佛位于画面正中，两侧或一侧绘出与故事有关的人物或动物。因缘譬喻故事的内容除了表现释迦的事迹外，也有很大一部分是表现过去诸佛的事迹的。它常常与本生故事一起绘制，但本生故事数量少，一般位于券顶的最下端；也有整个券顶都绘本生故事的。（图 5.11）

图 5.11　克孜尔石窟第 104 窟主室券顶

---

① 《大正藏》，第 44 册，第 837 页。

龟兹石窟里完整表现释迦佛传的图像
不多。但有两种形式，一种是描述释迦牟尼
从诞生前后至涅槃前后的"一生所有化迹"，
即赞颂佛一生事迹的传记，故事情节很多，
如克孜尔石窟第110窟。（图5.12）

还有一种是选取释迦一生中最重要的几
个事件，如诞生、成道、说法和涅槃。如克
孜尔石窟第76窟。在有的中心柱窟甬道或
后室中也绘塑有释迦诞生前后的故事，这种
佛传图构图比较自由，释迦像小但居于画面
的中心位置。

此外，在龟兹石窟的中心柱窟中，释
迦一生的一些重大事件，如兜率天说法、帝

图5.12 克孜尔石窟第110窟主室左侧壁 太
子试艺

释窟说法、降魔成道和降服六师外道，被绘于主室正壁或前壁的中心位置，凸显其重要
性。（图5.13）

专门表现释迦成道后的佛传故事，被称为说法图，一般绘于中心柱窟主室侧壁，有
些窟也绘于甬道侧壁，在个别具有礼拜窟性质的方形窟中也有绘制。

另外，在龟兹石窟的一些洞窟中，释迦涅槃前后的一些题材，被集中绘在中心柱窟
的甬道和后室中，反映出对涅槃题材的重视。

图5.13 克孜尔石窟第98窟主室前壁 降魔成道

涅槃意为灭、灭度、寂灭、解脱、圆寂，原意是火的熄灭或风的吹散状态，是佛教用以作为修习所要达到的最高理想境界。说一切有部把涅槃分为两个阶段，即有余涅槃和无余涅槃。所谓的有余涅槃，是指修行者通过修行，获得阿罗汉果，已经消除了继续轮回的烦恼根源，但是由于以往的业报，他的肉身仍然存在，因此依然有烦恼。释迦牟尼也不例外，尽管已经降魔成道，进入了有余涅槃境界，但是由于往世所作恶业，依然会有头痛、乞食不得以及遭人诽谤等恶报。但佛的殊胜之处在于他能明于此道，不为此烦恼，广布佛法，度化众生。佛的度化事迹正是说一切有部人间圣者佛陀观的反映。中心柱窟主室绘制的佛传题材正是这种理念的反映。然而，有余涅槃毕竟不是终究的涅槃。终究的涅槃是烦恼和肉身都解脱的境界。这种境界才是说一切有部的最终目标，说一切有部称其为无余涅槃。因而，中心柱窟后室绘制了佛涅槃的故事，从而为众生明确了人生的方向。佛灭不是佛法断灭，礼敬和弘扬佛法才是佛教信众的人生旨归，八王争分舍利、建塔以及第一次结集的目的都在于此。

　　正是借助于有相的佛教艺术，佛教引领信众走向对无相的涅槃的认识，并通过修行最终获得解脱。

一、题材

（一）本生故事

　　本生，梵名阇多伽（Jataka），指佛前生为菩萨时所行的种种功德。《本生经》描述了释迦前世曾以国王、婆罗门、商人、女人以及象、猴、鹿、熊等各种动物的身份，或为救度众生而牺牲自我，或为追求正法而精进不懈等，经历了无数难行苦行，超越了常人的想象。成佛绝不是一蹴而就的过程，根据小乘佛教说一切有部的理解，释迦从发愿成佛之始，须经历三阿僧祇九十一劫的时间，修行菩萨道，这被称为"轮回时代的菩萨"，最后才托胎于迦毗罗卫国的悉达多太子。

　　本生故事图像起源甚早，在公元前2世纪印度巴尔胡特大塔的浮雕中就已经出现了。有的故事原先是流行于印度民间的寓言，如"猴王智斗水妖"曾收录于印度古老寓言集《五卷书》中，它们为佛教吸收，成为了表现释迦前世功德的故事。

　　龟兹石窟中的本生故事依据其反映的思想，大致可以分为布施、忍辱、精进和智慧四类。

1.布施

　　布施的本义是将衣、食等物施与大德及贫穷者。至大乘时代，布施则为六波罗蜜之一，再加上法施、无畏施二者，扩大了布施的意义，亦指施予他人以财物、体力、智慧等，为他人造福成智从而累积功德，以致解脱之一种修行方法。小乘布施的目的，在于破除个人吝啬与贪心，以免除未来世之贫困；大乘则与大慈大悲之教义联结，用于超度众生。龟兹石窟中的布施为小乘的目的。摩诃萨埵舍身饲虎、鸽焚身施迷路人、萨博燃臂本生反映的就是这一思想。

（1）萨埵太子舍身饲虎

从前，有个国王，他有三个儿子。小儿子摩诃萨埵非常善良。

一天，全家外出野游。途中休息时，王子们来到林间，碰见一只刚生出两只小虎的赢弱不堪的母虎，似乎想吃掉自己的虎崽。摩诃萨埵顿生慈悲之心，决定舍身饲虎，于是借口有事，让两个哥哥先行一步，等他们走远后，便投身虎前。由于老虎饥饿过度，无力吃他。摩诃萨埵便用一根利棍，朝身上刺去，直至鲜血涌出。老虎舐了他的血，才有力气开口吃肉，小老虎也跟着吃了起来。

过了很久，两个哥哥不见弟弟回来，便返回原地，看见弟弟已血肉模糊。

王后在休息时做了一个不祥的梦，醒来后惊恐地对国王说："可能儿子有不祥之事。"国王听后，立即派人寻找三个儿子。不久，两个大儿子回来告知父母：弟弟已被老虎吃了。父母一听扑倒在地，闷绝过去。苏醒后，即刻骑马赶来，见摩诃萨埵已被老虎吃尽，只剩骸骨，狼藉在地，一家人痛不欲生。天神看到后，便下到人间来开导和劝解他们。摩诃萨埵的父母听了天神的劝告之后，渐渐从悲痛中醒悟，他们将摩诃萨埵的骨灰埋葬好后，又在它的上面建起一座高塔，以作永久的纪念。

由于舍身饲虎的功德，摩诃萨埵死后变成了天神。（图5.14）

壁画中，这个故事一般由两个情节组成，使用的是异时同图的方式。"异时同图"是一种艺术表现手法。画家根据"立意"的要求，将不同时间、地点出现的人物、景物等，运用连续空间转换的构图形式，巧妙地描绘在同一画幅上。一般画面的上方绘从山崖上跳下的萨埵太子，下方绘躺在地上的萨埵太子，他的一侧或身后绘一只母虎和两只幼虎，作啮咬状。

（2）鸽焚身施迷路人

在雪山中修行的白鸽，发现一位迷路的人因饥寒交迫即将死去。白鸽衔来树枝点燃，为他取暖。迷路人数日没吃东西，根本无力行走。白鸽一边安慰他，一边振翅扑进火中。迷路人含泪吃完鸽子，按照白鸽指引的路线顺利回到家中。（图5.15）

壁画中，一般画面左侧坐一人，右侧绘一堆篝火，火中有一只鸽子。

（3）萨博燃臂引路

古时候，阎浮提有500个商人外出经商。有一天，他们路过一个大山谷，谷内非常黑暗，伸手不见五指。传说，这个山谷常有盗贼出没。众商人忧愁不已，担心自己的财物被盗贼抢劫。于是，他们一起向诸天神跪拜祈祷，哀求天神保佑。商主萨博安慰众商人说："你们不要害怕，我会设法为大家照明引路的。"说罢，萨博即以白布缠臂，然后浇上酥油，点燃双臂，作为火炬，为众商人照明引路。就这样，萨博带领500个商人，经过7天的行程，终于走出了黑暗的山谷。500个商人被萨博这种高尚行为感动不已。（图5.16）

图 5.14　克孜尔石窟第 114 窟主室券顶　萨埵太子舍身饲虎

　　壁画中，一般画面左侧有一驮货物的毛驴，中间是两身身着西域服饰的商旅人物，右侧是一高大人物，举着双臂，双臂上燃烧着火苗。

　　2. 忍辱

　　忍辱是令心安稳，忍受外在之侮辱、恼害等，亦即凡加诸身心的苦恼、苦痛，都能忍受。忍辱包含不忿怒、不结怨、心不怀恶意等三种内涵。佛教特重忍辱，克孜尔石窟

图 5.15　克孜尔石窟第 17 窟
主室券顶　鸽焚身施迷路人

图 5.16　克孜尔石窟第 17 窟
主室券顶　萨博燃臂引路

所反映的主要是小乘说一切有部的教义，忍辱是其修行内容之一。此类故事典型的是羼提婆梨忍辱截肢。

（1）羼提婆梨忍辱截肢

古时候，阎浮提有个国王进山游玩。途中休息时，宫女乘机远游，遇见大仙羼提婆梨，便听其说法。国王发现宫女们与仙人独处，便质问他是否达到佛教的四空定、四无量心、四禅事。仙人回答："都未达到。"国王怒问："修行何事？"答称："修行忍辱。"国王当即拔剑，对他说："我倒要试试你如何忍辱"，随即断其双手，仙人说能忍，又断其双脚，割其耳鼻，仙人说还能忍。

这时，天地大震，诸天神于空中问道："受如此痛苦，忍辱之心是否改变？"仙人回答："从未变易。"诸天神又问："何以为证？"仙人说："若我忍辱至诚，身体当恢复原状。"说罢，身体即完好如故。国王见状，异常惊恐，请求仙人原谅。（图5.17）

壁画中，一棵大树下有3个人物：右边一国王右手高举宝剑，左手叉腰，表情愤怒；中间跪一人双手作揖，并回头看举剑者；左边绘有仙人，双手落地，但举止很淡然。

图5.17 克孜尔石窟第17窟主室券顶 羼提婆梨忍辱截肢

（2）须陀素弥王不妄语

古时候，阎浮提有个跋足王，以食人肉为生，众罗刹跟随他为非作歹。

一天，跋足王决定用1000个小国国王的头宴请众罗刹。随后，他就一一抓捕，很快就抓到了999个国王，还差一个。小国王们心想：现在只有须陀素弥王才能救我们。于是就对跋足王说："须陀素弥王道行很高，如能把他抓来，你的宴会就更加丰盛了。"跋足王听完，即凌空而飞去捉须陀素弥王。

这一天，须陀素弥王在携带宫女出城野游洗浴的途中遇见了一个行乞的婆罗门，他答应婆罗门洗浴归来时再行布施。须陀素弥王正在池中洗浴时，跋足王凌空而下将他劫到了山中，须陀素弥王请求给他7天时间回去向婆罗门施舍后再来赴死。跋足王将他放了回去。须陀素弥王对婆罗门进行了种种布施之后，高兴地回到了山中。跋足王见他高兴的样子，问："你回去之后得到了什么好处？"须陀素弥王说："回去之后，听了妙法。"跋足王请他将妙法讲述给自己，须陀素弥王就宣说了妙法，并讲了杀人的罪过及将受的恶报。跋足王听后，很受感动和教育，立即把各小国王释放回家了。（图5.18）

图 5.18　克孜尔石窟第38窟主室券顶　须陀素弥王不妄语

壁画中，画面下部绘一水池，池中有一人正在洗澡，画面上部绘一夜叉抓住一人正在飞行。

（3）睒摩迦至孝被射

古时候，有个叫睒摩迦的仙人，父母双目失明，生活不能自理。睒摩迦自幼知孝，供养父母。

一天，睒摩迦外出提水。当时，国王正在捕猎，发现一群鹿在河边，即挽弓射之。不幸，毒箭却射中了睒摩迦，他高呼："一箭射三人，此痛何酷！"国王闻声后前往观看，问道："听说山中有仙人睒摩迦，仁慈孝顺，莫非此人就是你吗？"睒摩迦回答："本人正是。我身中毒箭，体痛无所惜，唯担忧家中二老，双目失明，无人照顾。"国王急忙赶到他家，将发生的一切告诉了他的父母，并带他们赶到睒摩迦的身边。父母来到儿子身边后，号啕大哭，祈求天神相救。诸天神即从天而降，问睒摩迦："你是否有怨恨国王之心？"睒摩迦回答："无丝毫怨恨。"天神又问："何以为证？"睒摩迦回答："若我无怨恨之心，毒箭会自动出来，伤口会自动愈合。"说完，毒箭果然从身而出，伤口愈合。

国王非常高兴，遂颁令全国人民向睒摩迦学习，孝敬父母。（图 5.19）

图 5.19　克孜尔石窟第 17 窟主室券顶　睒摩迦至孝被射

壁画中，画面下部右侧一人跪于水池前，正在用罐舀水，其左侧绘一王者正在引弓射箭。画面上部有一洞穴，其中有两位老者坐于其中，即睒摩迦的盲眼父母。

3. 精进

精进又作精勤、勤精进、进、勤，亦即依佛教教义，于修善断恶、去染转净之修行过程中，不懈怠地努力上进。精进为修道之根本。克孜尔石窟第38窟中的菩萨行慈不怖众生、虔阇尼婆梨王闻法身燃千灯、大施抒海夺珠反映了这一思想。

（1）菩萨行慈不怖众生

菩萨对一切众生常怀无限慈悲之心。苦修时，菩萨能在一个地方端坐，只顾自身思维，而身体无丝毫晃动。这时候，有一只飞鸟在他头上做窝，他唯恐鸟儿受惊，鸟卵坠地，就一直等到鸟卵孵成小鸟。但小鸟尚未长出翅膀，或虽长出翅膀，却还不能飞行，为了小鸟的安全，他可以做到纹丝不动。菩萨如此行慈，以至于达到了不怖众生的崇高境界。（图5.20）

壁画中，画面正中一苦修者端坐于树下，头顶有一鸟窝。

（2）虔阇尼婆梨王闻法身燃千灯

很久以前有个名叫虔阇尼婆梨的大王，为求妙法，向全国宣告："谁能提供妙法，我愿满足其一切需要。"有个婆罗门前来献法，他说："妙法得来不易，不能随便阐说，有何报酬？"国王说："无论什么东西，我都会满足。"婆罗门说："如你在身上剜燃千灯，为我照明，就为你说法。"国王立即答应，并通知全国百姓：大王决定于7日之后，为求妙法，自剜其身，以燃千灯。

到了那天，人们纷纷赶来，奉劝大王。大王说："我是为了求法才这样做的。当我成佛之时，必先普度你们。"说完，即请婆罗门将他的身体剜出身肉，以酥油灌中而做千灯。然后，国王说："请大师为我说法后，即燃灯。"婆罗门说了一段佛法后，就点燃了千灯。帝释天从天而降，问大王："现在你已痛苦至极，是否后悔？"大王回答："无丝毫悔意。"帝释天又问："看你颤抖不已，却说无悔恨之心，谁能相信？"大王发誓："若心无悔恨，身上的伤疤当即平复。"说罢，大王身上的伤疤顿时平复，恢复如初。（图5.21）

壁画中，画面中间站立一位天人装的人物，双手合掌，周身烈火燃烧，身旁绘一个人物，左手托盘，右手持小刀。

（3）大施抒海夺珠

古时候，有个国王，生了一个儿子，取名大施。

大施自幼聪明好学，心地善良。长大后，看到很多人因生活困苦而家破人亡、苟延残喘，便发誓要拯救这些可怜的人们。他请求父王开仓济贫，大行布施。不久，国库便空无一物，仍无法满足广大穷人的需要。于是，大施决定与商人一同入海采宝。

经过千难万险，大施终于获得三颗宝珠，准备出海回家。就在这时，龙王将宝珠劫

图 5.20　克孜尔石窟第 38 窟主室券顶　菩萨行慈不怖众生

图 5.21　克孜尔石窟第 38 窟主室券顶　虔阇尼婆梨王闻法身燃千灯

持而去。大施发誓夺回宝珠。他用龟甲舀水抒海。海神得知后，赶来问道："海水之大，就是所有人皆来抒海，也不可能让海水减退一点，何况你一人呢？"大施回答："若有决心，就没有办不到的事情。只要我坚持不懈，何愁海水不干？"

天神被大施的行为感动了，便和诸天人一起前来帮助大施抒海。不一会儿，海水就减退了120里。龙王见状，惶恐不安，赶忙来见大施，请求不要再排抒海水，大施这才停了下来。龙王问道："你求此宝，是为何用？"大施回答："是想用来救济一切苦难众生。"龙王被大施的精神所感动，遂把宝珠还给了他。（图5.22）

壁画中，画面右侧站一人，正在全力舀水，左侧一天人双手捧珠作奉献状。

4. 智慧

智慧在佛教指破除迷惑，证实真理的识力，梵语般若之意译，有彻悟意，亦即以佛教的世界观、认识论分析判断世间万事万物为智，而通过这种分析得出世间万象最终为空则为慧。

石窟中反映这一思想较典型的本生故事是五通比丘论苦之本、大光明王始发道心和猴王智斗水妖。

（1）五通比丘论苦之本

有位高僧，精于五通之道，人称五通仙人。一天，乌鸦、鸽子、毒蛇、鹿在一起议论人世间什么最苦。乌鸦说："饥渴最苦。饥渴时四肢乏力。"鸽子说："淫欲最苦。淫欲旺盛时，连命都顾不上。"毒蛇说："邪恶最苦。邪恶一生，损人又害己。"鹿说："惊恐最苦。遇上虎狼和猎人，肝胆俱碎。"五通仙人听了它们的议论，告诉它们："你们都没有说到苦的根本。天下之苦，莫过于欲望。忧愁畏惧，都源自欲望。只有舍俗学道，才能消除欲望，断绝苦根。"四禽兽听了这番论述，顿时豁然开朗。（图5.23）

壁画中，画面左侧有一比丘，右侧从上向下有四动物，分别是毒蛇、乌鸦、鸽子和鹿。

（2）大光明王始发道心

很久以前，阎浮提有一位大王，名叫大光明。

有一天，邻国国王赠予他两头宝象，他非常喜欢，命驯象师好好驯养。

不久，驯象师就把小象驯服好了。国王听后非常高兴，骑在象身上，想试试象调教得怎么样。谁知，雄象见到林中母象，欲性大发，狂奔向树林。国王抓住树枝才侥幸活了下来。国王怒斥驯象师调教无方。

这时，那头象回来了。驯象师为证明自己调教无误，让工匠做了7个铁丸，烧得赤热滚烫。然后他让象吞此铁丸，象照做了，铁丸滚烫，象刚吞进去就死了。国王看后非常后悔，问驯象师："你既然能把象调教得那么驯服，为什么它在林中乱跑，你不能制止？"驯象师说："我只能调象的身体，不能调它的心，只有佛才能既调身也调心。"

国王听后，烧香求愿："如我能有功德，心向佛道，待我成佛后，调自己，也调一

图 5.22　克孜尔石窟第 38 窟主室券顶　大施抒海夺珠

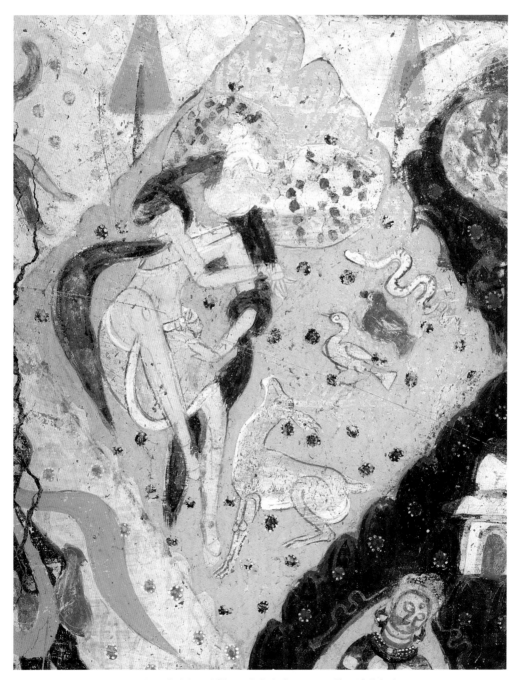

图 5.23　克孜尔石窟第 17 窟主室券顶　五通比丘论苦之本

图 5.24　克孜尔石窟第 38 窟主室券顶　大光明王始发道心

切众生，为了众生，不管受何劫难都在所不辞！"

大光明王发誓完毕，天地大震，空中发出美妙的音乐歌颂他的无上功德。

壁画中，一王者坐在一头大象上，大象受惊乱跑，国王手抓树枝非常害怕。(图 5.24)

(3) 猴王智斗水妖

过去有座大森林，……那时，菩萨是只长得像小红鹿一般的猴王，率领 8 万只猴子，住在森林里。一天，它们来到一个过去没有来过的地方，游荡了大半天，想找点水喝。它们看见一个莲花池，但都没有下去，坐着等待猴王到来。

猴王来后，沿着莲花池走了一圈，仔细察看脚印，发现只有下去的脚印，没有上来的脚印。它思忖道："毫无疑问，这个莲花池是被水妖霸占的。"说道："孩子们，你们没有喝水，这事做得对。这个池子里有水妖。"

水妖见它们没有下来，就跃出水面，露出黑肚皮、白嘴巴、红手脚的可憎模样。水妖说："是的，只要进入这个池子，哪怕一只小鸟我都不会放过。我也要把你们全部吃掉。"

群猴回答说："你以为我们必须进入池子里才能喝到水吗？你想错了，我们不用进入池子，8 万只猴子各拿一根芦苇秆，就像用莲花梗吮水那样，吮你这莲花池里的水。这样，你就不能吃掉我们了。"

猴王绕着莲花池走了一圈，命令道："这里所有的芦苇秆都自己穿孔吧！"由于猴王益世济众的伟大德行，这个命令得以生效。从此以后，这个莲花池周围的所有芦苇秆都长成了空心的。

猴王这样命令后，拿了一根芦苇秆坐下。8 万只猴子也各拿一根芦苇秆围着莲花池坐下。猴王用芦苇秆吸水，坐在池边的猴子们也吸水。它们用这种方法喝水，水妖抓不到一只猴子，只得垂头丧气地回到自己的住处，猴王也带领众猴回到森林。

壁画中，画面正中绘一水池，水池中露一水妖的头，池边众猴持管吸水。(图 5.25)

(二) 因缘故事

因缘是梵语"尼陀那"(Nidana)的意译，汉译为因、因缘、缘起等，总称因缘。因缘是原始佛教的基本理论之一，因缘也是说因果报应之理的。因缘画的内容以释迦牟尼讲述的种种因缘、果报、比喻故事为主，表现释迦牟尼成道后的种种教化事迹，故其在内容上也可以说是佛传的一部分。但是在龟兹石窟的菱形格因缘壁画中，绝不见释迦牟尼降生至成道之前的事迹，显然与佛传又有区别。

龟兹石窟中比较有名的因缘故事有：小儿拨鼗鼓戏、蛤闻法升天、摩那祗女谤佛、舞师女衣比丘尼、难陀因缘和白狗因缘。

(1) 小儿拨鼗鼓戏

佛前世为帝释天，见一好友投生为妇人，成为富家之妻，十分贪财。帝释天为度化此妇，化作商人，来到他家。妇人让儿子拿凳子给商人坐，儿子动作缓慢，遭妇人责

图 5.25　克孜尔石窟第 17 窟主室券顶　猴王智斗水妖

打，商人笑而不语。这时，商人又见旁边另一小儿拨弄鼓玩耍，更加笑个不停。妇人忍不住责问商人："你到我家来，为何见到我的儿子们就笑个不停？"商人回答道："你与我过去是好友，你怎么忘了？我笑你儿子，因那个挨打的儿子就是你父亲的前世，你打儿即打父，你另一个儿子，前世是头牛，牛死后托身为小儿，你家用此牛皮作鼓，让你小儿玩耍，岂不知鼓皮乃是他自己的呀，所以我才笑。"后来，商人为妇人讲述了许多转世因果的道理，那妇人为自己之前的行为感到愧疚，从此痛改前非。

图 5.26　克孜尔石窟第 8 窟主室券顶　小儿拨鼗鼓戏

壁画中，画面正中绘一坐佛，佛右侧有一"胡跪式"裸体儿童，儿童左手举鼓作摇拨状，左腋下挟一鸡娄鼓，右手作击打鸡娄鼓势。佛微微侧身面向儿童，右手作"说法印"。（图 5.26）

该故事的伎乐形象还反映了西域与中原文化的交流。鼗鼓是中原周代就有的乐器，用于宗庙祭祀的"雅乐"中。鸡娄鼓源于印度，随佛教传入西域。鸡娄鼓之名，显然是翻译者以鼓之形状而命名。大约在西汉时期，中原的鼗鼓传到了西域各地，并在这里发生了有趣的变化，即把鼗鼓和鸡娄鼓合为一人演奏，后来，这种组合演奏的方式又传到中原地区，在唐初敦煌壁画中就出现了这两种乐器合奏的画面。

（2）蛤闻法升天

佛在瞻婆国迦罗池边为众人说法，池中有一蛤蟆，闻佛说法，内心欢喜，就跃出水面，来到草丛中。这时，有一牧牛人经过此地，也去听佛讲法，以杖着地，正好刺在蛤蟆头上。蛤蟆立即死去，死后生于天人之中。这是因为它曾经在佛前听法的功德而得到的善报。（图 5.27）

壁画中，画面正中为佛，佛左侧人双手挂一木棍，下为听法的蛤蟆。

（3）摩那祇女谤佛

释迦牟尼的堂弟提婆达多看到佛的信徒越来越多，嫉妒得要命，设下一条毒计来败坏佛。这天佛正在给众人讲经说法，忽然来了一位打扮妖艳的孕妇，她是提婆达多特意安排来诬蔑佛的，叫摩那祇女，她指认佛是她腹中婴儿的父亲。众人见佛沉默不语，便交头接耳议论起来，觉得他是个口是心非的伪君子。天神知道佛受了冤屈，变成一只小老鼠钻进摩那祇女的衣服里，咬断了吊着盆子的细绳，盆子咣当一声掉在地上，摩那祇女的肚子也立刻扁平了。众人想不到天下竟有这样无耻的女人，纷纷上前指责。这时摩那祇女脚下裂开、冒出烈火，即刻被天神打下十八层地狱。（图 5.28）

壁画中，佛位于画面正中，他的左侧有一女子，身前绘一个正在掉落的木盆和一只老鼠。

（4）舞师女作比丘尼

佛在王舍城迦兰陀竹林时，有舞师女夫妇从南方来，带着女儿名叫青莲花，青莲花长得端正貌美，善解舞法。青莲花自恃舞艺超群，见到佛时骄慢放逸、嬉笑不敬，佛以神力使她变成百岁老妪，发白面皱，牙齿疏缺，弯腰驼背。青莲花非常难过，有了忏悔之意，求佛宽恕她。佛见其心诚恳，就让她恢复了原貌。青莲花受到佛的教诲，就与其父母于佛前出家了。（图 5.29）

壁画中，画面正中为一坐佛，佛旁有一裸女在跳舞。

（5）难陀因缘

古时候，有个乞女名难陀，她见人们供养佛和众僧，十分伤感，心想：我由于过去的罪业，出生在贫困之家，无法供养佛和众僧，我必须认真行乞，尽我所能去供养。

图 5.27　克孜尔石窟第 80 窟主室券顶　蛤闻法升天

　　于是，难陀早起晚归，乞得一枚钱后便购买油脂，点燃一灯，给佛供养。当黑夜结束，黎明来临时，所有的灯都燃尽了，唯有这盏灯还燃烧着。难陀来到佛前，头面礼足，佛即授其记：你于来世将要作佛，名灯光，十号具足。难陀得记后，十分欢喜，请求出家为比丘尼。

　　阿难问佛：难陀过去有什么因缘，现在贫困行乞？又因何缘值佛出家？

　　佛说：过去迦叶佛时，有位富有的居士妇请佛与众僧去她家，而佛已答应先去一乞女家受供。此妇自以为富有，而轻视贫人，并且嫌怨佛先答应贫妇。由此因缘，500 世

图 5.28　克孜尔石窟第 80 窟主室券顶　摩那祇女谤佛

以来，她常生贫贱之家。又由于她过去敬心供养如来，众僧都心生欢喜，因此今后世她就能出家授记。（图 5.30）

壁画中，佛位于画面正中，其左侧为一贫穷的女子，手持一灯作供养。

（6）白狗因缘

一日，佛入舍卫城乞食，来到摩纳都提子家。他家的一条白狗远远看见佛就开始吠叫，佛轻声斥责了它。白狗闷闷不乐，卧在一旁。摩纳都提子回家后，看见白狗精神萎靡的样子，得知是佛所为，就气急败坏地赶来，责问佛。佛笑了笑，说："此狗前世

图 5.29　克孜尔石窟第 8 窟主室券顶　舞师女作比丘尼

图 5.30　克孜尔石窟第 38 窟主室券顶　难陀因缘

是你父亲，你不知道吗？"摩纳都提子顿时火冒三丈，说："你胡说什么！家父生前常供奉神祠，死后应生梵天！"佛说："你若不信，回去问问白狗，它必定知道你们家族的宝藏在哪里。"摩纳都提子回去一问，白狗就领他来到一处旧房屋，掘开床底的木板，找到了家中埋藏的宝物——金银琉璃，无数宝贝。摩纳都提子一下子信服了佛，后来又听佛为其讲述种种因果报应之理，从此皈依了三宝。（图 5.31）

图 5.31　克孜尔石窟第 80 窟主室券顶　白狗因缘

壁画中，佛祖坐于画面正中，他左侧有一天人，其座右卧一白狗。

（三）佛传故事

佛传故事即描绘释迦牟尼从降生到涅槃的一生事迹的故事。对于释迦牟尼的生平事迹，大小乘佛经记载不同。根据小乘佛经所记，释迦牟尼的一生始于"燃灯佛授记"，止于"结集法藏"。学者对克孜尔石窟壁画佛传内容作过详细的研究，佛教故事包括表现佛一生重大事迹的"佛本行"故事和表现佛"说法教化"的"因缘佛传"（亦称"说法图"）故事。在克孜尔石窟的佛传故事壁画中，主要包括以下佛传故事：燃灯佛授记、白象入胎、树下诞生、七步成莲、出游四门、逾城出家、林中苦修、牧女奉糜、吉祥施座、降魔成道、鹿野苑初转法轮、祇园布施、迦叶皈依、舍卫城神变、涅槃、阿阇世王闷觉复苏、八王争分舍利和第一次结集等。

（1）树下诞生

摩耶夫人怀胎十月快分娩的时候，带着宫女到了蓝毗尼国，她们十分安详地缓慢散步，到处观看景致。在园中有一棵大树，名波罗义，树枝柔软低垂。摩耶夫人觉得很美，便举起右手抓住树枝，于是就从右肋下生下太子。太子刚出生时就释放出光明，立刻所有天界世间都被充分照耀。当时，帝释天从天而降，用天缯承接太子。

龟兹石窟中这一题材并不多见，克孜尔石窟第110窟主室右侧壁和第175窟后甬道左端壁上方半圆壁面上绘有这个故事。（图5.32）画面中一妇女立于大树下，右肋下生出一婴儿，一人跪在妇女的右下方，双手拿缯欲接婴儿。妇女身后站立一人在扶着她。

图5.32　克孜尔石窟第110窟主室右侧壁　树下诞生

（2）降魔成道

释迦牟尼走到尼连河畔美丽的菩提树下，在一块大石头上，铺上吉祥童子所献的吉祥草，结跏趺坐，发誓说："不成佛道，不起此座。"这种惊天动地的誓言，使得天摇地动，连天上第六层寄居天的波旬魔王宫殿，也震动得非常厉害。魔王有神通，用天眼一看，知道释迦牟尼决定成佛，心生嗔恨，坚决要去破坏。他先派了3个魔女，长女名叫悦彼，二女名叫喜心，三女名叫多媚，用种种媚态来扰乱迷惑太子，而且又说了许多甜言蜜语，劝请释迦牟尼回宫，继承王位，享受荣华富贵。释迦牟尼不为魔女所动，以神通力用手一指，3个魔女顷刻间变成了3个老太婆，个个都是发白面皱，丑陋不堪。魔女用尽神通，也无法改变这种丑态。波旬魔王知道他的魔女美人计失败之后，更加忿怒，亲自带领许多魔兵魔将，使用刀枪剑戟种种武器，向释迦牟尼发动进攻。释迦牟尼再次显神力，战胜了魔王，并最终成道。（图5.33）

图 5.33　克孜尔石窟第 76 窟主室正壁　降魔成道

龟兹石窟中现存和流失海外的降魔成道的壁画有 10 幅左右，大部分出自克孜尔石窟，如第 76、98、110、175、198 和 205 窟等，重点表现的是众魔怖佛的情节，有的窟里有表现魔女诱惑这个场景，如克孜尔石窟第 76 窟，同时表现了这两个场面。

（3）梵天劝请

佛成道后，认为自己所觉悟的真理深刻难察，不可思议，众生难以理解，故欲"自取涅槃"。佛教文献上将这个事件称为"释迦掩室"。大梵天婆诃主得知后，极为不安，便前来佛处，劝请佛"众生处在生死烦恼中，应该为他们打开不死之门"。在梵天的恳求下，佛终于接受说法的请求，开始了"转法轮"的事业，佛法才得以传播。

在克孜尔石窟许多洞窟的主室正壁，用塑绘结合的形式表现了这一重大题材，并表现了帝释天携般遮于旬（即五髻乾闼婆）进行弹琴吟唱启请说法的情节。在克孜尔石窟许多中心柱窟中都有这一题材，如第 80、100、175、224 窟。（图 5.34）

图 5.34　克孜尔石窟第 175 窟主室正壁

（4）鹿野苑说法

释迦牟尼成佛后，决定选择曾经追随他修道的憍陈如、摩诃那摩、跋鉢、啊舍婆阇、跋陀罗阇作为首次说法的对象。他在鹿野苑找到了他们。鹿野苑是古代印度一处地方，这里因为野鹿经常出没，故而得名。此外，过去佛迦叶佛也曾经居住于此。释迦牟尼向五人宣说了佛教的最基本法要：四谛、八正道、中道等。五人成为释迦牟尼第一批弟子。佛教历史称为"初转法轮"或"转妙法轮"。这一事件标志着佛教僧伽集团开始形成，是公认的佛教事业的启始。

"鹿野苑说法"在克孜尔石窟第 43、69、76、80、92、98、110、189、193、205、207、224 窟，森木塞姆石窟第 42 窟均有图像遗存。克孜尔石窟第 69 窟是"鹿野苑说法"最重要的图像。该图绘在中心柱窟主室前壁上方。画面较大，人物众多，内容丰富。

图中央是结跏趺坐的佛，其下是"鹿野苑说法"的标志——法轮和三宝标，两侧为对称的鹿。佛左右排列"五比丘"，左下方的比丘跪于佛前，双手合十，身着田相袈裟。此比丘形象突出，位置重要，应是"五比丘"身后有菩萨装的天人，是"梵界诸沙门婆罗门一切世间天人阿苏罗"前来听法。（图 5.35）

图 5.35　克孜尔石窟第 69 窟主室前壁　鹿野苑说法

（5）舍卫城神变

六师是佛时代印度中部出现的六种反对婆罗门思想的自由思想学派。其代表人物是：阿耆多·翅舍钦婆罗（Ajita Kesakambala，顺世派的始祖，唯物论者）；迦罗鸠驮·迦旃延（Pakudha Kaccāyana，提倡七要素说的思想家）；富兰那·迦叶（Purāna Kassapa，道德否定论者）；末伽黎·拘舍梨（Makkhali Gosāla，邪命外道之祖、决定论者）；珊阇耶·毗罗胝子（Sañjaya Belatthiputta，怀疑论者）；尼乾陀·若提子（Nigantha Nātaputta，耆那教始祖、相对主义者）。六师当时在印度有很大的影响。

佛教出于自身的利益将这些同属当时反对婆罗门统治的进步思潮，一律视为"外道邪说""八邪行"等。批判和粉碎六师外道的故事，佛教中记载很多，《贤愚经》中的《降六师品》是描述降伏六师外道最精彩、最具故事性的一段。有的佛经所载的"室罗伐城大神变"，与此内容大同小异。

印度摩揭陀国王频婆沙罗（又译洴沙王，汉译影胜王），深信佛教。释迦牟尼成道后首先受到频婆沙罗王的供养，施予佛竹林精舍，供佛与弟子修行与生活。"降伏六师外道"事件就与频婆沙罗王有直接的关系。频婆沙罗王笃行佛法，但其弟却敬奉、供养六师。频婆沙罗王劝弟奉佛，但弟执意不肯。频婆沙罗王即召集大会，请佛与六师都来接受供养。经过十余日曲折紧张、惊心动魄的较量，在梵天、帝释天的护持下，最后击败六师。

"舍卫城神变"图像，保存在克孜尔石窟第 80、97、114 窟。第 80、97 窟绘在中心柱窟主室正壁上方，第 114 窟绘在主室前壁门上方。第 80 窟图像内容丰富，场面宏大。第 97 窟人物造型生动，画面紧凑。此二图像均为此题材图像的上乘之作。第 80 窟画面是：佛居中央交脚坐于金刚座上。右手高抬作"说法印"。头上方一列 7 身坐佛。佛右是频婆沙罗王携家属二人坐于高台座上。其上方为两天人，似为帝释天及某天人。佛坐

图 5.36　克孜尔石窟第 80 窟主室正壁　舍卫城神变

侧为六师外道，前三人坐于高"束帛座"上。六师上方一金刚力士举金刚杵从天而降，此正是"金刚密迹，捉金刚杵，杵头出火，举拟六师"的情景。佛脚下绘出一饿鬼和一在火上的烧煮的大釜，釜中有 4 个人头。此为佛降伏六师外道后，地狱亦受震动，诸受罪人纷纷显现，自说罪恶。（图 5.36）

（6）大迦叶皈依

大迦叶梵名 Mahā-kāśyapa，汉译迦叶，又作迦叶波、迦摄波。佛十大弟子之一。人品清廉、清心寡欲、修道笃勤，深受佛信赖，曾受佛赐半座之优待。佛灭度后，成为僧团的统率者，于王舍城召集第一次经典结集。大迦叶出身于王舍城婆罗门家，皈依佛教后 8 日即获阿罗汉果。迦叶与另一弟子阿难成为释迦牟尼最亲近的侍从。佛诸弟子，一般都受佛的教诲，逐渐明白了教义，而大迦叶却是自觉寻求"出家之法"，自种善根，当遇见佛陀时，主动皈依，精勤修道，速达阿罗汉果位。

龟兹石窟大迦叶有特殊的造型：身着"田相衣"，面目苍老，头发、胡须为蓝色，这是龟兹石窟大迦叶特有的造型，已成范式。大迦叶的"田相衣"是佛特意赠予的，《佛本行集经》记载，释迦牟尼曾经将自己的衣服给大迦叶，让他裁剪成条状后，再缝制成衣服，以换掉大迦叶身上穿的粪扫衣，因为大迦叶年纪大了，粪扫衣过于粗陋，对他的身体不好。[①]

龟兹石窟"大迦叶求度"图像大多与"优楼频螺迦叶兄弟皈依"结合在一起，但也有专门描绘"大迦叶求度"的图像。库木吐喇石窟窟群区第 23 窟主室北壁保存一幅。此图佛居中央，脚下是顶礼膜拜的大迦叶。佛一侧为摩竭陀国频婆沙罗王及其眷属等，上部是诸天人前来朝贺。（图 5.37）

---

① 《佛本行集经》卷四十六，载《大正藏》第 3 册，第 869 页。

图 5.37　库木吐喇石窟窟群区第 23 窟主室右侧壁　大迦叶求度

（7）降伏火龙

优楼频罗迦叶是拜火教的一位首领。一天傍晚，佛来到了他修行的地方，向他借宿。迦叶说："石室虽然寂静，但室中有毒龙，其性凶暴，恐遭伤害。"佛说："有毒龙也不要紧，只要你肯借就可以了。"迦叶说："你要是不怕，那就随意住进去好了。"佛便进入石室，结跏趺坐，而入正定。这时，毒龙见有人进室，就全身出烟；世尊即入火光三昧。龙毒心转盛，身中出火，火焰冲天，焚烧石室；佛身心不动，容颜怡然。迦叶夜起，见石室内满是烟火，以为这位年少沙门，好端端的，不听我的劝告，此番必定为毒龙所害，心中有所不忍，就令弟子迅速以水灭火。哪知火不但不能浇灭，反而更加炽盛。而此时佛在室内以神通力，早已把毒龙降伏了，并化解了它的毒心，为它授三皈依，然后置于钵中。天明，佛持钵而出，迦叶师徒俱来问讯："昨夜龙火猛烈，尊者可否受到伤害？"佛说："我内心清净，任何外灾都伤害不了。室中毒龙，今在钵中，不信请看。"佛即把钵举示迦叶。迦叶师徒见佛处火不烧，降伏毒龙置于钵中，都对佛赞叹不已，后来受佛度化，成为佛的弟子。（图 5.38）

龟兹石窟中很多地方绘有降伏火龙的壁画，有的比较简单，仅绘出释迦将毒龙置于

图 5.38　克孜尔石窟第 196 窟主室券顶　降伏火龙

钵中的情节，如克孜尔石窟第 189 窟主室窟顶；也有的绘出毒龙和佛较量，缠住释迦，迦叶诸弟子前来救火的情景，如克孜尔石窟第 192 窟右甬道内侧壁、第 196 窟主室券顶和第 205 窟主室前壁门道左侧壁。

（8）佛履三道宝阶降还

释迦牟尼出生 7 天，生母摩耶夫人即命终升忉利天（又称三十三天）。释迦牟尼在憍赏弥国说法时，觉得当地"四众"多有懈怠，于是离开世间一段时间，以使"四众"渴望真法，便升至忉利天为母说法 3 个月。当时印度大国国王波斯匿王、优填王、恶生王、优陀延王、频婆娑罗王及"四众"，因久不见佛而深感思念。鉴于这种情况，目犍连到忉利天向佛转达世间"四众"的要求。佛为母说法后，即从忉利天下还世间。帝释天命巧匠天子化成三道阶梯，供佛踏阶而下回到人间，随之就向"四众"说法。（图 5.39）

图 5.39　森木塞姆石窟第 48 窟主室前壁

佛履三道宝阶降还题材，一般绘在两个部位，一是主室前壁上方半圆壁面上，作为佛重大教化事迹出现，如森木塞姆石窟第 48 窟；二是后室，属"涅槃"内容之一。

森木塞姆石窟第 48 窟此图因人为刻划及烟熏，形象比较模糊，特别是上部难以识别。画面尚能看到中央是高大的立佛，双脚各踏一莲花，从三道阶梯走下。宝阶中央一道为金色，左边一道绘出横纹和圆点，右边一道为绿色，亦有花纹。正如佛经所记："中央阎浮檀金，左用琉璃右用玛瑙，栏楯雕镂极为严丽。"佛右下侧，为优填王胡跪于地，双手捧椭圆形的旃檀木佛像，仔细观察尚可见到佛陀脚踏莲花，身光四射。佛左下侧，跪一比丘，此为大目犍连。其后跪一人，可能是代表赡部洲"四众"迎接佛。大目犍连一侧，卧有一象一牛。其上一人，穿带三角翼的服装，为一武士装束，应该是"欲界诸天而为侍从"的情景。此图没有如犍陀罗石雕那样出现梵天、帝释天左右协侍下三道宝阶，而是突出了优填王与大目犍连的形象。优填王造佛像的故事，被称为佛像的起源，为佛教美术界所乐道。龟兹石窟"佛履三道宝阶降还"图像，为佛教美术中十分罕见的资料。

（9）涅槃

佛教所说的"涅槃"并不是指离开了人间、失去生命，而是指佛教徒经过种种苦修和善行后所能达到的最高境界，即人们脱离人生中的各种苦难烦恼，进入永远没有生老病死和轮回之苦的极乐世界。因此佛教徒们以释迦牟尼入灭前的经历以及丧葬的经过，加上浓厚的"涅槃"宗教幻想色彩，编成了一部《涅槃经》。

释迦牟尼在毗舍离城，接受了铁匠纯陀供献的食品，病情更加恶化。最后走到拘尸那迦一条河边，洗了澡，在两棵娑罗树的中间安置了绳床，枕着右手侧身而卧。佛告知弟子们将要"涅槃"，弟子都守护着。夜间婆罗门学者须跋陀罗去见佛，佛唤他到床前为他说法，于是须跋陀罗成为佛陀最后的弟子。半夜时候，佛又为弟子及信众作了最后一次说法，并嘱咐弟子不要以为失去了导师而放逸，应当以戒为师，以往为师，要努力精进，最终解脱。说法后，佛就涅槃了。

涅槃题材在龟兹石窟中非常普遍，表现方式有两种：一是壁画，二是绘塑结合。绘塑结合主要出现在一些规模较大的中心柱窟中，如第8窟。涅槃题材构图繁简不一。最简单的仅一卧佛，双足下跪一比丘。一般的构图，多在卧佛上方绘出诸天、四大天王和弟子多身。较为复杂的画面中，添加须跋陀罗身先佛入灭、迦叶礼佛足、密迹金刚哀怜和举哀的世俗人物等内容。

龟兹石窟的不少中心柱窟和大像窟的后甬道或后室正壁绘有释迦牟尼在娑罗双树下涅槃的情节。涅槃佛的身后往往绘有梵天、帝释天、四大天王、比丘以及飞行于空中散花的伎乐天等。

涅槃是克孜尔石窟壁画中特别突出的题材，中心柱的甬道和后室都属于涅槃系列内容的表现范围。早期涅槃的内容比较简单，仅在后室（后甬道）正壁画佛涅槃像和梵天、帝释天及众举哀弟子，两侧甬道多绘舍利塔。繁荣期开始，涅槃内容逐渐扩展，发展为情节完整的涅槃系列故事画，包括：佛以神力渡恒河、阿阇世王闷绝复苏、度化善爱乾闼婆王、须跋陀罗皈依、焚棺、八王争分舍利、第一次结集等。

（10）佛以神力渡恒河

印度摩揭陀国阿阇世王欲讨伐跋祇国。阿阇世王先派大臣行雨请示佛陀可否讨伐。佛回答说，跋祇国人具足七种"不退法"，其国长治久安，不可侵犯。行雨大臣回禀阿阇世王后，阿阇世王放弃讨伐。后来行雨大臣邀请佛及弟子到其宅所受供养，佛欣然接受。佛及众比丘在行雨大臣宅所受到优厚的供养。

佛接受供养为行雨大臣宣说妙法后，离开行雨大臣官邸，赶到恒河边。但打算渡恒河的民众非常拥挤，难以过河，佛便施"神通力"携众比丘越过恒河。后来行雨大臣为报佛恩，在佛出城处建门楼，并命名为"乔达摩门"，将佛渡恒河的渡口阶道命名为"乔达摩路"。这个故事在克孜尔石窟第224窟右甬道外侧壁有绘制。（图5.40）

（11）阿阇世王闷绝复苏

阿阇世王是印度摩揭陀国国王，曾受提婆达多唆使，幽禁父母，作孽多端，后皈依佛法成为虔诚的信徒。佛涅槃那天，阿阇世王梦见须弥山倒塌、日月颠倒等5种不祥

图 5.40　克孜尔石窟第 224 窟右甬道外侧壁

的事。佛的大弟子迦叶恐怕阿阇世王乍听到噩耗，会经受不住而呕血而死，就把他身边的亲信大臣行雨找来，预备了几个供急救用的装满生酥和牛头旃檀香水的澡罐，然后把阿阇世王请到了花园中。阿阇世王在园中看到了一幅行雨为他展示的《四相图》，上面画着释迦牟尼的出生、降魔成道、初转法轮、涅槃等情节，向他暗示着佛一生必然要走过的道路。阿阇世王猛然醒悟：佛已经涅槃了！他号哭了几声，便昏厥过去了。大臣们急忙把他放进生酥罐中，才渐渐苏醒。

此题材是龟兹石窟涅槃题材图像中，非常突出的故事，是中心柱窟甬道内最重要的内容，但较完整的画面所存不多。克孜尔石窟第 4、98、101、178、193、205、219、224 窟尚有保存。克孜尔石窟第 205 窟保存得最为完整（图 5.41）。图的右上部是阿阇世王坐在生酥罐中，双臂高举，表示出悲愤的情貌。右侧是行雨大臣手持布帛，帛上绘出佛树下诞生、降魔成道、初转法轮和涅槃的画面，暗示佛已涅槃。图的左上部，中间坐者为阿阇世王，其身后为王后，行雨大臣在向阿阇世王讲述佛已涅槃。图下半部绘出倒塌的城墙、大海中倾倒的须弥山和日月，描绘佛涅槃后，惊天动地、大地倾覆的震撼场面。

（12）度化善爱乾闼婆王

帝释天在释迦菩萨于兜率天观察世间五事时、释迦菩萨化白象投胎时、释迦菩萨降生时、释迦王子游戏时、释迦观世间生老病死时、释迦苦行受乳糜恢复体力时、释迦降伏魔军成道时、佛转法轮普度众生时，均告善爱乾闼婆与帝释天前去护卫。但善爱都拒绝前往。佛即将涅槃前，帝释天又告诉善爱应去供养，善爱回答如前。佛觉得须跋陀罗

图 5.41　克孜尔石窟第 205 窟右甬道内侧壁

都已调伏，现在应该降伏善爱，于是佛对善爱乾闼婆王进行度化。善爱乾闼婆王自恃傲慢，称自己弹箜篌无人能及。佛至其处和他比试，弹奏过程中佛将琴弦一一拨断，善爱乾闼婆王也将琴弦一一拨断；起初善爱乾闼婆王还能跟上佛祖的旋律，当佛拨断所有琴弦时，于虚空中张手弹击出更加美妙的音乐，善爱乾闼婆王自惭不能，于是心生无限敬仰，傲慢心即刻被折服，皈依了佛教。

克孜尔石窟第 7、80、163、171、172、175、178、224 窟均绘有此题材图像。画面中，善爱乾闼婆王与眷属于佛涅槃像头一侧，眷属女弹奏弓形箜篌，善爱吟唱，二人舞姿翩翩，造型优美（图 5.42）。

（13）须跋陀罗皈依

龟兹石窟佛涅槃像前大多绘塑有须跋陀罗皈依的画面。图像比较清晰的有克孜

图 5.42　克孜尔石窟第 171 窟后甬道右端壁
度化善爱乾闼婆王

尔石窟第 38 窟。其形象是：披白色袈裟，面向佛涅槃像，坐于地上。

　　须跋陀罗是拘尸那城 120 岁受人尊重的外道。常到城外大华池畔游历，其观乌昙跋树形色枯萎，预感拘尸那城必有凶祸。护国大神向拘尸那城人民宣告佛于今夜将入涅槃。须跋陀罗前往拘尸那佛最后卧处，祈请佛解惑释疑。开始，佛弟子阿难恐妨碍佛病体，不允见佛。经须跋陀罗再三恳求，佛便接见了须跋陀罗。佛向其宣讲"八圣道"等，须跋陀罗闻法解悟，心得解脱，获阿罗汉果，成为佛最后的弟子。须跋陀罗随即表示不忍见佛涅槃，愿先于佛涅槃。须跋陀罗先佛入灭，具有很深的象征意义。除了以拘尸那城最年长的有声望的长者皈依佛门，而先于佛入灭，表示佛度化众生的最后圆满外，重要的是，通过须跋陀罗入灭后，外道入池洗浴的神异事迹，摧败了六师外道，使拘尸那壮士皈依佛法，佛教的事业更加壮大。（图 5.43）

图 5.43　克孜尔石窟第 38 窟后甬道正壁　涅槃

　　（14）焚棺

　　茶毗，巴利语 jhāpita，又作阇维、阇毗、耶维，意译为燃烧、焚烧，即火葬。佛涅槃前，嘱咐阿难，涅槃后要按印度转轮王之葬法行事。茶毗是佛涅槃后重大的礼葬活动。

　　龟兹石窟中有较多的茶毗图像遗存，以克孜尔石窟最多，第 4、7、27、34、58、新 1、80、98、101、114、163、175、179、192、193、205、224、227 窟有保存。其中第 114、205、224 窟比较完整，而内容各有不同。第 114 窟绘于后甬道正壁，描述佛金棺正在熊熊焚烧，靠近金棺的一天人手执长杆，杆上端有一罐状物，表现比丘用牛乳浇火的情景。克孜尔石窟第 205 窟的茶毗内容有所不同。佛的盖棺上烈火燃烧，棺盖被阿难托起，佛帛条缠身，脚下方有 3 身比丘弟子。金棺上方左右出现天人 3 身。右面一身举璎珞从天而下。金棺左下方一天人装者表情沮丧，胡跪，向佛陀伸出双手。图中 4 身比丘应该就是阿若憍陈如、阿难、十力迦叶和大迦叶。十力迦叶是最早鹿野苑听法的五比丘之一。

第 224 窟焚棺上方，出现天人、拘尸那民众举哀的场面，是很有特色的构图。最上方是券顶上的伎乐天，其下在一列栏楯上，有 10 人以各种姿态与表情向佛涅槃表示悲痛的心情。特别引人注目的是几身身着龟兹世俗服装的男子，有的用刀劈面，有的自拔头发。其中一男子光头垂发辫，形象与众不同。根据第 224 窟年代数据和龟兹历史资料分析，此为突厥人无疑。[①] 近年在克孜尔石窟收藏的吐火罗文字资料中，发现了突厥人在龟兹活动的记录。文字与图像资料互为印证，对研究龟兹唐代历史、民族关系等有重要的参考价值。

（15）八王争分舍利

佛涅槃荼毗后，遗骨焚化出舍利。首先是波婆国的末罗民众提出索要佛舍利，建塔进行供养。拘尸那国王称佛陀涅槃在本国，应由拘尸那国自己供养。同时，遮罗颇国的跋离民众、罗摩伽国的拘利民众、毗留提国的婆罗门众、迦毗罗卫国的释迦种族、毗舍离国的离车民众、摩揭陀国的阿阇世王都提出索要佛舍利，并准备"象、马、车、步"4 种兵进渡恒河，一时剑拔弩张，战争一触即发。阿阇世王亲自率军前往争夺，因思念佛之深恩，闷绝从象上坠落，故命行雨大臣代其出征。拘尸那城民众所有壮士男女积极备战，欲全力抵抗七国兵马。拘尸那城婆罗门多卢那见诸国即将爆发战争，挺身而出，向诸国告言：如果爆发战争，就违背佛教精神。佛涅槃才 7 日，就兴兵争斗，实在违反佛意。多卢那提议将佛舍利平分为 8 份，满足各国的要求。各国欣然接受多卢那的建议，于是避免了一场战争的发生。

在龟兹石窟中，分舍利题材是涅槃事迹中重要的内容，大部分中心柱洞窟后室都有图像。现可寻的有：克孜尔石窟第 4、8、27、34、58、新 1、80、98、101、114、163、175、179、192、193、205、224 窟；库木吐喇石窟窟群区第 46 窟；森木塞姆石窟第 30、41、44、45 窟；克孜尔尕哈石窟第 11、14、46 窟。其中克孜尔石窟第 8、163、224 窟保存得比较完整。画面繁简不一，较简单的仅绘出婆罗门多卢那居中，双手捧舍利罐，两侧绘 3 身或 4 身手持舍利盒的国王；较复杂的画面同时绘出 6 个或 8 个国王，身着甲胄、乘象马，手持兵杖围于城门前共争舍利的情景。（图 5.44）

（16）第一次结集

结集，梵语 saṃgīti，又译集法、集法藏、结经，为"合诵"之意。佛入灭的第 7 天，大迦叶赶到拘尸那，并以上座的身份，主持佛遗体的荼毗大典。他召集了在各地传

① 彭杰：《克孜尔 224 窟涅槃图中突厥风俗索隐》，载《新疆文物》，1997（4），第 34~42 页。

图 5.44　克孜尔尕哈石窟第 14 窟后甬道正壁　八王争分舍利

教的各僧团长老，主持了佛教史上第一次结集，由阿难口诵经文，优婆离诵出律典，共同整理诵出了释迦以往的教导，从而才有了佛教正式的经藏、律藏和正式的僧伽组织。

龟兹石窟中的"第一次结集"图像，在克孜尔石窟第 114、178、224 窟有保存。第 114 窟后甬道正壁"第一次结集"从大迦叶从波婆国赶回拘尸那城开始；大迦叶击打"揵稚"，召集 499 个阿罗汉集聚；阿难升座讲诵经义。克孜尔石窟第 178 窟左甬道外侧壁的"第一次结集"亦不完整，但尚可见大迦叶击打"揵稚"、大迦叶与阿难对话、阿难升座诵经的局部。

克孜尔石窟第 224 窟"第一次结集"是最完整的一幅图像（图 5.45）。此图内容可分两部分。左面图像包括大迦叶与二比丘身体腾空，疾速而来，表示火速从波婆国赶来。其下是大迦叶居上，一手指跪地的阿难，阿难则伏地叩首。图像右侧是阿难坐于高座上，手结"说法印"。其两侧各有 3 身比丘在听法。左侧画面上部表现的是在第一次结集过程中，大迦叶与阿难的一段纠葛争执。

第一次结集之前，阿难受到了以大迦叶为首的众比丘的严厉责难，说他没有资格参加结集，因为阿难还没有取得阿罗汉的果位，还是个"学人"（即修习中的人）。阿难极力争辩称自己侍奉佛几十年，从未犯错，不该被驱逐。大迦叶举出阿难犯有"八大罪状"，阿难均给予解释澄清，但大迦叶仍驱逐了阿难。

大迦叶给阿难定的八大罪状是：

①规劝佛允许女人出家。

②佛临涅槃时没有劝佛以"四神足"之神通留住寿命。

③阿难曾用脚践踏过佛的金缕新衣。

④佛临涅槃时口渴索要水喝，阿难给不净水。

⑤佛临涅槃时说有些小的戒条可以舍弃，而阿难没有问清内容，致使教团意见分歧混乱。

图 5.45　克孜尔石窟第 224 窟左甬道外侧壁　第一次结集

⑥佛涅槃后，阿难将佛的"阴藏相"（即男根隐于体内如马阴之相）示于女人。

⑦将佛黄金色身示于女人。

⑧以没有离欲之身参加此次结集。

尽管阿难的回答是合乎情理的，但大迦叶仍然对阿难进行制裁。阿难被驱逐后，佛的另一大弟子阿那律对大迦叶说，阿难与佛最为亲近，佛的教法他最清楚，没有阿难如何进行结集？于是大迦叶告知阿难，你要精进修行，能获阿罗汉果就可以参加结集。阿难感激大迦叶的指点，便速去作"夏安居"，经过勤奋努力，终于"断尽诸漏"得阿罗汉果，并且参加了第一次结集。图像中就有表现阿难诵经的情况。

第一次结集完成了佛"遗法"的传承，佛教得以继续发展。不论对大迦叶与阿难在佛涅槃后的一段争执纠纷怎样评论，他们在继承佛教事业上的贡献都是不可磨灭的。

龟兹石窟壁画里还有一种十分突出的题材——说法图。说法图表现释迦牟尼成佛后，在各地教化众生，广说苦、集、灭、道四圣谛的业绩，它实际上也是佛传故事。其构图是：佛居中心，形体高大，坐于金刚座上，两侧分层布置菩萨、四众（比丘、比丘尼、优婆塞和优婆夷）和伎乐，下层是被度化的人物和情节。伎乐多绘在第一层或第二层，紧靠佛身，以演奏乐器者为多。

（17）度化庵摩罗女

佛在毗舍离国时，各地的比丘弟子都赶来跟随佛，佛带领着他们，就在毗舍离国讲经布道。有一天，住在城内的一位女子，名叫庵摩罗，是当时有名的美人，而且家财万贯，拥有良田奴婢不知其数。当她听说佛和比丘们光临毗舍离国的时候，她很欢喜地乘着宝车，带着侍女出迎佛和比丘。佛过去就知道庵摩罗女的名字，人家都说她很有魅力，现在远远地看她乘着华丽的马车，打扮得花枝招展非常妖艳。这时，庵摩罗女已至佛前，佛令其就座，为其说法。庵摩罗女听佛说法后，心生欢喜，唤起了乐法的智慧，坚固了向道的信心，当即至诚恳切地皈依佛，受持五戒，并拿出很多美食供养诸比丘。（图 5.46）

图 5.46　克孜尔石窟第 84 窟主室正壁　度化庵摩罗女

克孜尔石窟第 84、100、163 窟存有此图。图中佛一旁绘几乎全裸的庵摩罗女，双手合十，作虔诚皈依的表示。其下方，绘出横卧于地的庵摩罗女，表示原来那种"庄严隐陋形，诱诳于愚夫"的艳丽外形已经"逝去"，按佛的教诲已经"厌离于女身"，真心皈依了佛门。

（18）难陀出家

难陀，梵名 Nanda，是释迦牟尼同父异母的胞弟，全名孙陀罗难陀。孙陀罗是难陀的爱妻的名字，难陀如此取名说明难陀对孙陀罗恩爱之深。孙陀罗有倾城之貌，难陀亦有仅比释迦牟尼少二相的"三十相"风采。难陀夫妇整日沉溺于"爱欲"之中，生活奢华，不能自拔。释迦牟尼成道后回到迦毗罗卫城，向释迦族说法，针对难陀的宿命，作了专心的观察，认为度化难陀的时机已到。释迦牟尼携难陀通过三个亲自经历的过程，向难陀讲说"爱欲"之苦与修道解脱之理。一是佛将难陀带到香醉山，看见一只瘦骨嶙峋的独眼老母猴。佛又带难陀到兜率天，见到美丽的女神及天堂珍宝。佛用难陀所见与其妻孙陀罗作对比，难陀才有所醒悟。二是佛携难陀观察地狱之苦。难陀看见地狱种种酷刑之状，后见到一大铁镬，询问狱卒，知道是为他准备的，心生恐惧。三是佛向难陀讲《入母胎经》，叙述如果前业修行善恶不同，入母胎会产生不同形态和胎生之痛苦。佛苦口婆心地向难陀讲述"贪欲"的因缘报应法则后，难陀终于觉悟，出家皈依佛法。

　　难陀出家图像保存在克孜尔石窟第206窟主室右侧壁。中央是高居金刚座上的佛陀，佛右侧下方即难陀与妻子孙陀罗。难陀跪于佛前，其身后的孙陀罗盛装艳丽，雍容华贵，显示皈依前受人宠爱、享乐无度的贵族身份。佛左下方是全副铠甲的金刚力士。其上方可能是释迦族"诸有漏心得解脱"的部众。佛两侧最上方是前来赞叹护卫的天人。（图5.47）

图5.47　克孜尔石窟第206窟主室右侧壁　难陀出家

（四）龟兹石窟中的神通神变故事

　　神通，梵语abhijñā，巴利语abhiññā，又作神通力、神力、通力、通等。即由果报或修禅定而得的无碍自在、超人间的、不可思议的能力。共有神足（如意）、天眼、天耳、他心、宿命等五神通①，加漏尽通，共为六神通（六通）：

①神足通，又称神境智证通、神境通、身如意通、如意通、身通等，即经中所说的如意。神足通有三种，一为随心所欲，可至任何地方之能到（飞行），二为随意改变相状之转变（变化），三为随意转变外界对境（六境）之圣如意（随意自在）。其中，后者唯佛所独具。

②天眼通，又称天眼智证通、天眼智通，即看透世间所有远近、苦乐、粗细等之作用力。

③天耳通，又称天耳智证通、天耳智通，即悉闻世间一切音声之作用力。

④他心通，又称他心智证通、知他心通，即悉知他人心中所想各种善恶等事之作用力（他心彻鉴力）。

⑤宿命通，又称宿住随念智证通、宿住智通、识宿命通，即悉知自他过去世等各种生存状态之作用力。

⑥漏尽通，指断尽烦恼，永不再生于迷界之悟力。

关于神通的本质，说一切有部认为："如是六通解脱道摄。慧为自性。如沙门果。"②六神通皆以慧为本质（自性），其中五神通系依修四禅而得，不唯圣者独有，凡夫亦可得；但漏尽通唯圣者可得。

获得神通的方法，佛经记载有4种，分别为：

①生四禅天之果报而自然得的报通；

②仙人依业力自由飞空的业通（由业所得之通力）；

③婆罗门依持咒所得的咒通；

④依修禅定而得通力的修通。

其中业通与咒通，是属于外道的神通，报通和修通是指按照佛教仪轨修行所得现报和来世报而得的神通。

佛经中记载了许多佛的神通故事，最为有名的就是舍卫城神变。另外，《增一阿含经》卷二十二描述，信佛的须摩提女嫁给了事外道的大富豪满财长者的儿子，乞求佛至其夫家接受供养，佛为了度化须摩提女事外道的夫家，就和弟子们展现神足通飞行及变化种种神通力，而使事外道的夫家立即改信佛教③。（图 5.48）

《增一阿含经》卷九描述了佛的胞弟难陀出家后，仍喜打扮并不能忘情于俗家妻子，几度想还俗，佛遂以神通力带难陀上天堂、游地狱预见自己未来果报，终使难陀有所警惕而精进修行成阿罗汉。龟兹石窟中将佛绘于代表天空的天相图中，正是对其上天入地

① "五通者：一神境智通，二天眼智通，三天耳智通，四他心智通，五宿住随念智通。此五皆以慧为自性，已说自性当说所以。问何故名通，答于自所缘无倒了达，妙用无碍故名为通。"载于《大正藏》，第 27 册，第 727 页。

② 《大正藏》，第 29 册，第 752 页。

③ 《大正藏》，第 2 册，第 660~665 页。

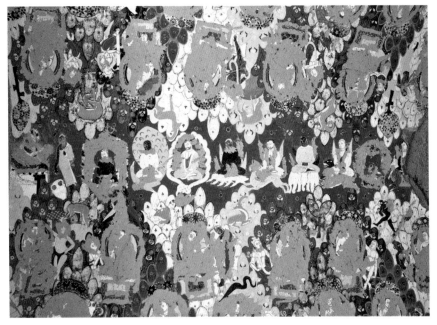

图 5.48　克孜尔石窟第 224 窟主室券顶中脊　须摩提女请佛缘

超凡能力的展现。佛教认为禅修可以获得神通，故而天相图中也绘出了比丘的形象。这也与克孜尔石窟中心柱窟主室券顶多绘宣扬佛陀法力的因缘故事相吻合。

尽管神通非常神奇，但是它也有两大局限性。

（1）神通没法改变业力的作用

佛教中的神通第一的目犍连之死就是最好的例子。目犍连是佛的十大弟子之一，他的神通能力是最好的，经常前往地狱和饿鬼等恶道帮助那里的生灵。一日，他来到地狱界，看到外道的本师饮光死后转生在这里，正在感受各种痛苦。饮光希望目犍连把自己的遭遇告诉自己的弟子，让他们改信佛教。目犍连见到饮光的弟子后，将饮光的口信原原本本转告给他们。饮光的弟子听后怒不可遏，用石头将目犍连打得没有一处完整。这要是在以前，目犍连是不可能受到任何伤害的。可是在当时，由于往昔的业力所感，就连变化想也想不起来，更不必说大显神变了，在被带回居所后不久就入灭了。之所以感受如此果报，因为目犍连前世曾骂过自己的母亲，说她应该粉身碎骨。这个口业在多生累劫中没有报完，证得阿罗汉果后还要感受余报。故事中，目犍连由于业报的原因，即使神通很大，也不能挽救自己的生命，充分说明了神通的有限性。

（2）神通的滥用会带来不好的影响

首先，《长阿含经》记载，佛曾说，如果在传法中滥用神通，会使人们无法认清佛教的本质，将佛教和外道混淆，不利于弘法。[1]

---

[1] 《大正藏》，第 1 册，第 101 页。

其次，如果滥用神通，修行者可能会误入歧途，影响修行。佛教认为，神通仍然属于禅定修行低级阶段附带产生的一个结果，如果耽于此道，就会迷失了修行的最终目的，无法最终得到解脱，即使已获阿罗汉果的圣者，也没法最终获得无余涅槃。

但是佛教化之众生，由于个人资质以及所处社会环境等种种因素，仅凭圣者修行之路，常常不能使许多信众坚信，因而神通常常被用作一种方便之门。神通表演与讲演结合，是早期佛教中提倡的宣教方式之一。①

这种作用主要有两个方面：一个方面是教化弟子、信众，通过对佛神通的宣扬，达到吸引信众的目的，须摩提女请佛故事属于此类；另一个方面则是通过与外道的神通的斗争，增加信众对佛教的信服。舍卫城神变和降魔成道属于这一内容。

古代龟兹所在丝绸之路是古代宗教传入和交流频繁地区，许多起源于东西方的宗教通过这里进行传播时，不可避免会发生观念的碰撞和斗争。公元后，佛教传入龟兹，并逐渐占据主流位置，但它与其他宗教的斗争从来没有停止过，在这种斗争中，为了增加和保证信众的虔诚度，龟兹地区佛教徒对于佛神通进行了大力宣扬。

龟兹石窟中表现的佛神通属于神足通的范围，如火定三昧、神变化身和出水出火。火定三昧在龟兹石窟中的图像表现即焰肩佛的出现，这种形象我们在克孜尔石窟第189窟等洞窟中均可以看到。其最早应该起源于释迦在帝释窟修火定三昧的描述。据《帝释所问经》记载，佛曾经在摩伽陀国毗提呬山的帝释窟禅定，发出普照周边的光芒。大光普照正是释迦进入火定后所现景象。表现此经的图像，现龟兹石窟中未见，但在犍陀罗地区有。②神变化身和出水出火则来源于舍卫城神变故事。③

龟兹石窟佛传壁画的突出与对"神通力"的强调，是龟兹佛教尊奉的说一切有部思想的形象反映。

说一切有部是佛教进入部派时期以后的一个重要派别。它的中心活动区域一般认为在古代的犍陀罗、罽宾一带，但也曾经对北印度、中印度、中亚、西域等地产生过重要的影响。公元5世纪起，世亲、众贤等革新有部教义，出现了新有部，又被称为根本说一切有部。一般认为是从说一切有部分化出来的。④根本说一切有部的活动地点，大致

---

① 《大正藏》，第2册，第50页。

② 入泽崇著、苗利辉：《禅定僧 近来日本学者对克孜尔石窟图像的研究》，载《新疆师范大学学报》，2005（2），第99页。

③ 《大正藏》，第24册，第332页。

④ 英国学者A. K.渥德尔认为有部与根本部的关系是一分为二，即根本部是有部的晚期分支（A. K.渥德尔著，王世安译：《印度佛教史》，第184、269、341页，北京，中国商务出版社，1987年。）

另印顺认为"在汉译《根有律》的论书中，可以明白地看出，《根有律》的组织是近于《十诵律》的。……这两部广律，不全为广略的差别，实为同一原典而流传不同。"（参见印顺：《原始佛教圣典之集成》，第76~77页，中国台北，正闻出版社，1988年）"在说一切有系中，《十诵律》是早于《根有律》的。""说一切有部的旁系——持经譬喻者，大大的以'本生''譬喻'来充实说一切有部律，成为《根本说一切有部毗奈耶》。"（参见印顺：《原始佛教圣典之集成》，第363页，中国台北，正闻出版社，1988年。）

与有部相同。

"说一切有部"和"根本说一切有部"的思想基础是"三世实有""法体恒有"。说一切有部把构成世界和人生的基本因素归纳为"五位七十五法"和"生、住、异、灭"这"有为法四相"，认为它们使得一切具体事物得以形成和发展。

众生因为不了解世间真理，把生灭无常的世间万象作为追求的对象，因而产生烦恼，由此烦恼造就无穷业报，从而不停地轮回，无法解脱。只有了知佛法、追求，才是获得解脱的最终路径。

这种思想反映在形形色色的佛教艺术上，就是一方面对世俗间追求"欲望"的否定，另一方面则是对佛一生业绩和境界的无限赞颂以及对佛的"神通力"的渲染，展示佛"超凡"的力量，扩大对佛"度化"功德的颂扬，达到不断深化对释迦牟尼崇拜的目的，从而引导众生走上信仰佛教之路。

二、故事画的构图方式

龟兹石窟中故事画的构图方式有三种：单幅画式、组合画式和连环画式。

1. 单幅画式

龟兹石窟中的单幅画式本生故事和因缘故事画，以菱形格构图，每个菱形格中画一故事，不表现故事的全部内容，只以故事中的一两个重要情节画成一幅独立的画面。这种特殊的表现形式，只有龟兹地区的几处石窟中能见到，其他石窟中都没有。

这种单幅的构图也有方形构图的，有的用一个画面表现一个故事，有的用两个画面表现一个故事。如克孜尔石窟第184窟主室两侧壁下部的方格本生故事画。此窟中的方格故事画已被德国考古探险家窃往德国，现存德国柏林亚洲艺术博物馆，共18个方格形单幅画式本生故事画。

画面的右侧是月光王的头发系在一棵大树上，画面的左侧是劳度叉手举长剑向月光王砍去。画面的中间，是大臣大月双手举盘，胡跪在月光王和劳度叉面前，盘中有几个人头，表示用七宝做成的头，换取月光王的头，乞望劳度叉不要砍取月光王的头。此种构图形式和库木吐喇石窟窟群区第79窟中的"月光王施头本生"是相同的。只不过七宝人头不是用人举着，而是用三足大盘放在月光王和劳度叉中间。（图5.49）

2. 组合画式

组合画式也是克孜尔石窟故事画的主要表现形式，主要用于佛传故事画，在本生故事画和因缘故事画中很少见。它以故事中的核心情节为主体，画在画面中心位置，把其他情节画在四周，把一个故事从头到尾完整不缺地组合在一幅画中。

现以克孜尔石窟第76窟的佛传故事画"魔女诱惑"为例。画面正中是即将成道的释迦结跏趺坐，苦修相，双手结禅定印，神态泰然，镇定自若。他的右侧是魔王波旬的3个女儿，以美色诱惑释迦。3个女儿姿态各异，搔首弄姿，千娇百媚，顾盼有情，企

图 5.49　克孜尔石窟第 184 窟主室侧壁　月光王施头

图以女性的魅力诱惑、动摇释迦的意志。释迦毫不动心，以神力将其左侧的 3 个美女，变成了右侧皱纹满面、头面干瘪、白发覆顶、弯腰曲背的老年丑妇。

3. 连环画式

这种画式是在单幅画式和组合画式的基础上发展起来的。现存的代表作是克孜尔石窟第 81 窟中的"须达拿太子本生"，第 110 窟的佛传，第 212 窟中的"弥兰本生""亿耳本生"，第 224 窟中的"须摩提女请佛因缘"。

克孜尔石窟中现存横卷连环画式的"须摩提女请佛因缘"共 3 幅：第一幅绘在第 205 窟主室券顶，毁损严重，现仅存最前面的两个画面，即须摩提女焚香请佛和伙夫乾荼携锅持勺飞行。第二幅绘在第 178 窟主室券顶，保存较为完好。原壁画可能有 11 个画面，现存 9 个画面，中间的两个画面残破，故事结尾的两个画面也可能全被破坏了。第三幅绘在第 224 窟主室券顶中脊，保存较为完好。原壁画可能有 13 个画面，现存 10 个画面，故事开头不完整，缺须摩提女焚香请佛，中间两个画面残破，结尾处可能有两个画面全被破坏了。

这些画面用连环画的形式重点表现了佛及其弟子各展神通前往须摩提女家赴会的情形。

弥兰本生故事绘于第 212 窟主室右侧壁。《经律异相》卷四十三说，因弥兰在家时"未奉三尊"，蹈母之首，且不听母亲劝阻而出海，结果在铁城受"鬼取彼头轮着弥兰头上，脑流血焦"的报应。

壁画为横列连环画形式，各情节间没有分隔，画面从右向左展开。

第一个场面描绘弥兰下海之前会同其他商人与父母商议，恳求下海。画面中可以看到的三个人有跪有站。

第二个场面位于红色海岸围成的蓝绿色大海，岸外有山，海中有人抱板游水。这里描绘的是弥兰与商人所乘之船撞上了大的摩揭鱼，船被撞毁，弥兰骑到一块木板上得免一死。

第三个场面站立着 5 个人，其中有四女面向一男子。这里描绘的是弥兰漂流上岸后走到一个名叫银城的城外，有 4 个美女迎接他到城内去。画中可看到银城城门，4 个美女捧着鲜花和水果笑脸朝向弥兰。

第四个场面是一男子坐在中间，他前后围坐 4 个女子。这里描绘的是弥兰在银城中沉迷纵欲的生活。图中弥兰被 4 个美女环绕，其中一美女舞蹈，一美女弹奏箜篌，另一美女依在弥兰肩上。

第五个场面是最后一个场面，描绘的是铁城内的情景。弥兰看见铁轮在鬼头上滚动，然后恶鬼也把铁轮放在弥兰头上，于是弥兰脑裂身焦而死。

弥兰之所以落到这种地步，是因果报应所致。原来弥兰下海寻宝，父母都不同意，弥兰为此曾脚踢其母。（图 5.50）

图 5.50　克孜尔石窟第 212 窟主室右侧壁　弥兰本生

第四节

经变画

经变画是指依据某部佛经绘制的佛教壁画。可以说，本生、因缘和佛传故事都可以称为经变画。这里所说的主要是指依据一些大乘经典绘制的佛教壁画。经变画是汉传佛教艺术中独具特点的壁画艺术种类。

公元 7 世纪以后，唐中央政府在龟兹设立安西大都护府。随之大量的汉族军民入驻龟兹，汉传佛教传入龟兹，反映汉传佛教思想的石窟艺术也随之传入。阿弥陀佛、卢舍那佛、观世音菩萨和东西方净土乃至华严净土成为龟兹民众石窟壁画新的内容，汉传佛教艺术与龟兹本地佛教艺术和谐共存，交相辉映。

龟兹地区出现的经变画主要是与净土有关的经变，包括西方阿弥陀净土变、东方药师佛经变画、弥勒下生经变画等，也有其他类型的经变，如地狱变等。

一、净土经变

净土是佛教理论的重要内容，是佛教的理想世界模式的体现。

佛教净土艺术，是表现佛教中净土信仰的艺术类型。根据学者的研究，佛教的净土有多种意义，既可以指远离我们生活的娑婆世界的他方清净之地，其特点为有佛教化、出离各种垢染，如西方净土、东方药师佛净土，也指有佛教化的有垢之地，如未来的弥勒之世，以及虽然无佛教化，但是环境优美、社会和谐的天上净土，如天界净土。除此之外，还有强调一切事物皆为心识所成，心净则净土现的唯心净土、灵山净土和华严净土，以及综合上述各净土特点而形成的华藏净土和密严净土，还有以良好社会、优美环境为特征的人间净土。[①]

古代龟兹地区留下了丰富的反映佛教净土艺术的石窟壁画，是对佛教中净土信仰加以阐释的艺术。依其内容和反映的思想，可分为兜率天净土、西方净土、东方药师净土、法华净土、华严净土和弥勒下生净土等不同的类型。

（一）9 世纪以前的净土经变

1. 兜率天净土

龟兹本地净土思想的传入很早，主要为兜率天净土。龟兹石窟中反映兜率天净土的壁画主要保存在中心柱窟以及一些方形窟主室前壁上方的半圆形壁面上，现以克孜尔石窟第 38 窟为例加以说明。

画面中间绘出补处菩萨兜率天宫说法图，补处菩萨作菩萨装，具头光和身光，交脚坐于方座上。两旁各有两列闻法天人，每列皆为 3 身。补处菩萨头部上面绘出半圆形装饰物，宽约 6 厘米，人物后方的背景是华屋，绘出两列方形椽头、一列明窗和屋顶。（图 5.51）

龟兹兜率天净土思想是基于小乘佛教，尤其是说一切有部的基本理念而产生的。说一切有部认为，有情众生由于有烦恼，在业力作用下轮回于六道之中。六道之中以天界为最高，是人类理想的生存状态。然而，天界也有毁灭的时候，天界众生的寿命也是有限的，依然难以摆脱烦恼的困扰，难逃轮回之苦。

基于此，小乘佛教认为我们生活的世界是不完满的，是充满了苦的。摆脱这种烦恼和苦的唯一途径，就是认识和理解到释迦牟尼所说的真理，并按照其加以修行，最终达到灰身灭智，证入涅槃的境界。

兜率天为欲界六天的第四天，翻译为知足天。此天的有情众生，对于五欲的享受，很有节制，既不沉醉于五欲，亦不放逸于五欲，是最容易获得觉悟的有情众生。此天又

① 方立天：《佛教哲学》，第 169 页，北京，宗教文化出版社，2013 年；
方立天：《方立天讲谈录》，第 167~170 页，北京，九州出版社，2014 年；
汪志强：《印度佛教净土思想研究》，第 5 页，成都，巴蜀书社，2010 年。

图 5.51　克孜尔石窟第 38 窟主室前壁　菩萨兜率天宫说法

有内外院的分别，外院为天人享乐之处，内院是补处菩萨为诸天人说法的净土。位于兜率天净土的天人，常闻佛法，常发无上菩提心，修行不退转。

兜率天净土是小乘佛教天界理想和追求解脱人生理想的结合。兜率天净土位于兜率天内院，一方面，既具备了人类理想王国的形态，如各种美妙的事物——天衣、天华、天乐和天女等，人身的生理限制也得以极大缩小了，如长寿、神变等；另一方面，则逢补处菩萨在此说法，能坚持修道不懈，最终解脱，不再退转。

关于兜率天净土的情形，佛经记载，兜率内院乃即将成佛者（即补处菩萨）之居处，今则为弥勒菩萨之净土；弥勒现亦为补处菩萨，于此宣说佛法，弥勒菩萨住此天满四千岁，即下生人间，成佛于龙华树下。兜率内院有五百亿天宫，除了具足外院的殊胜性之外，其周围的栏杆都是由摩尼宝所合成，宝中化现无量天子、天女，天子奏乐，天女唱歌、跳舞，以此共同演说各种善法。另外，宫墙中还有八色玻璃渠，渠中有八功德水，水涌绕梁，于四门外化生四花。水中出花，成宝花流，花上又有天女。内院中的师子座则是弥勒菩萨的法座。师子座高大无比，也以众宝作为庄严。弥勒于此为诸天人讲法。[①]

可以看出，龟兹壁画并未如佛经中对兜率净土的美妙作详细表现，而仅仅绘出了兜率天宫的屋顶，表明了说法的处所，主要突出的是补处菩萨为众天人说法，强调了兜率天众生可以日日闻听正法，修行不退转的净土特点。

画面以补处菩萨为中心，两侧天人无论就其数量，还是用色、大小，均大致相同，顶部橼头、明窗以及屋顶都由相似的图案反复出现形成；同时，天人的体态以及画面中

---

① 《大正藏》，第 14 册，第 418~420 页。

的色彩又有所变化。天人多作恭敬闻法状，但是也有作回首议论状的。此外，动作也有所不同，最有特点的当属补处菩萨左侧下列第二身天人。此身天人闻法到妙处，不禁翩然起舞。其体态健美，舞姿曼妙，令人叹为观止。整个画面色彩以蓝绿和褐色为主，交替使用。整个构图对称紧凑，又富有变化，显得均衡而富有韵律感。

　　壁画中的人物造型极具龟兹本地特点。人物头部椭圆，五官在面部占的比例小而集中，鼻梁笔直，与嘴唇靠近。躯干和四肢修长健美。

　　造型线条有的用笔紧劲，如"屈铁盘丝"，笔法精整，造型严谨，如居中的补处菩萨和闻法的天人就是用屈铁盘丝的线条画出的；有的笔力遒劲，富于流动感，如菩萨和天人头上的帛带和身上的飘带，就是用这种线画成的。

　　叠晕法的使用也是龟兹兜率净土艺术的特点。如克孜尔石窟第17窟主室前壁的"兜率天说法"图中的补处菩萨和闻法天人的肌肤部位，凹凸明显，色泽浓重，线色结合，但线条并不明显，具有很强的立体感。（图5.52）

图 5.52　克孜尔石窟第 17 窟主室正壁上方半圆端面　兜率天说法

　　壁画色彩以蓝、绿、白、土红色为主，色彩鲜明，冷暖色调对比强烈，装饰感极强。图案纹饰以仿椽头纹、鱼鳞（瓦当）纹为主。

　　长寿元年（公元692年）后，王孝杰打败吐蕃，收复四镇后[1]，唐中央政府在龟兹地区以安西大都护府总领，龟兹都督府和龟兹军镇分管民政和军事的统治体系得以确立。随后，大量的汉军驻屯龟兹，如此多的汉军长期戍屯该地，随行家眷亦有很大数量。[2]

① （后晋）刘昫撰：《旧唐书》，第 5304 页，北京，中华书局，2013 年。

② 武周以后，唐中央政权对西域政策改变，决心派汉军镇守四镇。（参见王小甫：《唐吐蕃大食政治关系史》，第 114 页，北京，北京大学出版社，1992 年。）
　　由于戍兵数量众多，更换不易，准许军人携眷赴戍。[（唐）李林甫等著：《唐六典》，陈仲夫点校，第 157 页，北京，中华书局，1992 年。]

再加上随军工匠、商人，则该地居住的汉军和汉民至少当有几万人。①这样，汉传佛教在龟兹地区得到了很快发展，许多汉传佛教寺院被建立起来，同时许多长安名寺的僧侣来到这里主持寺院、挂锡和游学。汉传佛教净土艺术也传播到这里，并与中原地区保持着同步。②内容主要是西方净土、东方药师净土③和法华灵山净土，其艺术风格与同时期的中原汉地艺术保持着一致。这种净土艺术也对同时期的龟兹本地佛教艺术产生了影响。

汉传佛教是印度、中亚佛教传入中国后，与中国原有文化体系融合而产生的新的佛教体系，无论是信仰内涵还是艺术风格均具有明显的自身特点。

汉传佛教属大乘佛教，认为有情众生生活的世界与涅槃境界本质上没有差别，均为空。解脱就是理解和证悟世界的空性。这样对于修行者的修行环境和修行方式都有了与小乘佛教截然不同的要求——既然我们生存的世界和涅槃境界没有不同，信众不必非要离世修行，居于闹市依然可以得到解脱。

大乘佛教在修行途径上，也提出了与小乘佛教不同的作法。除了自力修行外，大乘佛教认为，借助佛和菩萨的愿力的加持，可以更快得证入涅槃，进而成佛。由于修行的道路漫长而艰辛，为了保证众生修行的顺利和不退转，众生可先通过修行转生诸佛、菩萨的净土，而后在那里成佛。

因而，与小乘佛教对净土的表现不同，汉传佛教艺术对净土世界的美妙都不遗余力地加以描绘，创造出一个个清净庄严的佛国圣土，这些净土佛国都是由某位佛经过发愿而来，经过长久的修行而成，不但境界美妙，而且保证修行者在此修行不会退转。

2. 西方净土

西方净土是龟兹石窟中现存图像最多的一类净土类型。④龟兹石窟中现存有4处表现西方净土信仰的图像，主要保存在库木吐喇石窟窟群区第11、14、16和73窟以及阿艾石窟。⑤此外，库木吐喇石窟窟群区第42窟右甬道右侧壁有"南无阿弥□佛"的题记，右侧壁有"□□□势至菩萨"的题记。第45窟右甬道右侧壁有"南无阿弥陀佛"和"南

① 马世长先生认为，当时唐朝在龟兹一地就有驻军三万人。（马世长：《库木吐喇的汉风洞窟》，载《中国石窟·库木吐喇石窟》，第219页，北京，文物出版社，1992年。）
② 苗利辉：《从龟兹石窟和出土文书看唐朝对龟兹的治理》，载《新疆师范大学学报（哲学社会科学版）》，2016（6），第90~99页。
③ 龟兹石窟中的东方药师净土变壁画残损严重，仅知其内容，对其艺术特点已无法探讨，故在本文中不予讨论。
④ 与石窟中保存了比较多的与西方净土有关的图像材料不同，这一地区至今没有发现有关的汉文佛经文书。但是由于德藏吐鲁番文书和大谷文书中均有一批出土地点不明的西方净土类经典，经过以后的进一步整理，有可能发现出土于库车地区的此类文书。古代龟兹的今后的考古发掘工作，也可能出土与净土信仰相关的文献。
⑤ 新疆龟兹石窟研究所编：《库木吐喇石窟内容总录》，第265页，北京，文物出版社，2008年。

无大势至菩萨"的题记。①

　　根据绘画内容和形式，可以分为两类，一类系依据《阿弥陀经》绘制的阿弥陀经变，保存在库木吐喇石窟窟群区第11、14窟的主室正壁；另一类则是依据《观无量寿经》绘制的观无量寿经变，保存在库木吐喇石窟窟群区第16窟主室左侧壁和阿艾石窟主室正壁。

　　库木吐喇石窟窟群区第11、14窟的阿弥陀经变，无论是绘制的人物还是构图布局，均完全相同。阿弥陀佛位于画面中央，两侧为观世音、大势至胁侍菩萨。佛和菩萨上方的华盖上摩尼珠闪烁。阿弥陀佛和观世音、大势至菩萨上方的空中，天花乱坠，各方诸佛端坐莲中前来赴会，楼阁漂浮在天空中，彩云烘托着的飞天持花盘供养，画面的左右两侧上方绘日、月。阿弥陀佛和观世音、大势至菩萨下方及周围，围绕众菩萨、天人和阿修罗、夜叉、龙王等天龙八部。

　　库木吐喇石窟窟群区第16窟主室左侧壁和阿艾石窟的主室正壁绘制的观无量寿经变布局和构图也完全相同，均有不同程度的残损。现以阿艾石窟所绘加以介绍。

　　画面为中堂式布局。画面中央为阿弥陀佛法会图。楼台上，主尊阿弥陀佛位于画面中央，结跏趺坐于莲台上，手作说法印。佛头光分出数条光芒，光芒上绘云气纹，云气上绘一佛二菩萨赴会图，云气下绘有华盖，佛和菩萨上方绘有各种乐器，如筝、阮咸等，不鼓自鸣。佛两侧绘观世音菩萨和大势至菩萨，均结跏趺坐于莲台上，一手置膝上，一手作与愿印。阿弥陀佛和观世音、大势至菩萨周围绘供养天人及花树。楼台前的栏台上，伎乐翩翩起舞，仙鹤驻足。栏台两侧亭中各绘一坐佛，其旁有闻法天人。楼台、栏台间池水中有化生童子嬉戏。栏台以下画面脱落。两侧条幅仅左侧残存部分，为一唐装贵妇合十跪拜一楼阁。

　　库木吐喇石窟窟群区第16窟主室左侧壁中堂部分尚存各种乐器悬浮在空中，不鼓自鸣。水榭楼台中绘菩萨、歌舞伎乐和飞天。残存立轴条幅中，可见汉式宫廷建筑和汉

---

① 这些图像以笔者亲自田野调查收集为主，对于现已不存的图像，则参照以往学者出版的相关报告和画册中的照片。

（[德]格伦威德尔著：《新疆古佛寺》，赵崇民、巫新华译，北京，中国人民大学出版社，2007年。

[德]勒柯克、[德]瓦尔德施密特著：《新疆佛教艺术》，管平、巫新华译，乌鲁木齐，新疆教育出版社，2006年。

新疆维吾尔自治区文物管理委员会、库车市文物保管所、北京大学考古系编：《中国石窟·库木吐喇石窟》，北京，文物出版社，1992年。

中国壁画全集编辑委员会编：《中国美术分类全集·中国新疆壁画全集·库木吐喇》，乌鲁木齐，新疆美术摄影出版社，1995年。

中国壁画全集编辑委员会编：《中国美术分类全集·中国新疆壁画全集·森木塞姆·克孜尔尕哈》，沈阳，辽宁美术出版社；乌鲁木齐，新疆美术摄影出版社，1995年。

新疆龟兹石窟研究所编：《库木吐喇石窟内容总录》，北京，文物出版社，2008年。）

除了直接与净土图像相关的图像外，库木吐喇石窟和阿艾石窟中也存在一些表现各种净土中的教主及胁侍菩萨的单尊像。鉴于他们的具体含义在不同的图像语境中往往有所不同，故而在本文中，仅列出与西方净土信仰直接有关的阿弥陀佛和大势至菩萨作为正文说明的补充材料。

装人物。条幅榜题为："佛从岐阇崛山中没王宫中见韦提夫人自武时""韦提夫人观见水变成冰时"。[①]（图 5.53）

图 5.53　库木吐喇石窟窟群区第 16 窟左侧壁　观无量寿经变（局部）

根据《阿弥陀经》和《观无量寿经变》的记载，西方净土的教主为阿弥陀佛，其胁侍为观世音和大势至菩萨。西方净土的形成是阿弥陀佛往昔为法藏比丘时，起菩提心，抉择二百一十亿诸佛国土，发二十四或四十二大愿，成就净土，化度一切众生，经过五劫的修行而成。

西方净土是阿弥陀佛的报土，清净无垢，阿弥陀佛在那里说法。有观世音菩萨和大势至菩萨协助教化众生。

净土的周围有七道帷栏，空中有七层罗网，地上有七重排列整齐的树木；四面八方都是珍宝围绕。净土里有七宝池，池里充满了八功德水；池底满铺着金沙。池四边的阶道都是用金银、琉璃、玻璃砌合而成。上面还有楼阁，也都是金流银楣、玉阶琼壁，更有琉璃砗磲、赤珠玛瑙，装饰着宝殿瑶宫，真是说不出的庄严华丽。池中的莲花开得同车轮一般大，色泽有青的、黄的、红的，也有白的，各自放出同色的光彩，微妙香洁。净土的空中时常发出天乐，地上都是黄金装饰的。有一种芬芳美丽的花称为曼陀罗花，不论昼夜不间断地从天上落下，满地缤纷。那个国里的众生每天早晨起来，用他们的衣绒盛装各种天华，送到十方世界供养诸佛，到吃饭的时候再回来，饭后随意地散步行道。

净土里还有各种不同颜色的奇异禽鸟，包括白鹤、孔雀、鹦鹉、舍利、歌声轻妙的杜鹃鸟及一身两首的共命鸟。这些禽鸟，都是阿弥陀佛的愿力变化而成的，它们日夜不停地唱着和雅的歌声；从它们的鸣声中，演畅五根五佛教的真谛，使那个世界的众生听了，都会不期然地发起念佛念法念僧的心。净土里还有一种清妙的声音，这声音是微风过处，吹动许多宝树和许多珍宝罗网所发出来的微妙音声，好像是千百种音乐同时并作，使人听了也会不期然地发起念佛念法念僧的心。①

在此土内修行的众生，分为上中下三品九生，通过修行均可最终成佛，而且不再转生到作为秽土的娑婆世界。进入西方净土的修行方式也很简单，众生只要专心念佛，死后即可来到。即使犯有逆罪之人，只要在弥留之际，产生往生西方之念，并专心念佛，亦可往生西方。

3. 法华净土

库木吐喇石窟窟群区第16窟主室正壁塑绘的"法华经变"展现出另外一种净土佛国的景象。②

正壁上部龛中原塑有释迦牟尼像，像后影塑身光。佛像坐于两树下，佛头上方的券顶内，飞天吹箫奏乐。表现的正是世尊在灵鹫山为诸菩萨、阿罗汉等说法的情景。这时候，天空中下起了五彩缤纷的天花，如小白花、大白花、小红花、大红花。这些天花散落在佛及法会现场所有大众的身上。③

佛龛外左右对称绘制文殊菩萨与普贤菩萨及胁侍人物。龛左侧绘骑狮文殊菩萨，其项饰璎珞，臂腕配钏，左足踏莲花，半结跏趺坐于狮子上。周围绘制三身胁侍菩萨。文殊菩萨及周围胁侍菩萨丰腴华美。文殊菩萨左下方绘制一身牵狮昆仑奴，昆仑奴及狮子均踏莲花。④龛右侧绘制骑象普贤菩萨，其周围也绘制三身胁侍菩萨。普贤菩萨左侧绘

---

① 《大正藏》，第12册，第346~347页。

② 根据目前公布的材料，库车地区出土的法华经文本全为汉语文本。总数约有10件，内容涵盖法华经序品、譬喻品、方便品、信解品、劝持品、安乐行品、如来寿量品、妙庄严王本事品和普贤菩萨劝发品等各品。
　　参见龙谷大学佛教文化研究所编：《大谷文书集成（一）》，法藏馆，2009年。
　　[日] 香川默识编：《西域考古图谱》，北京，学苑出版社，1999年。
　　[日] 上原芳太郎编：《新西域记》下卷，有光社，1937年。
　　荣新江编：《吐鲁番文书总目·欧美收藏卷》，武汉，武汉大学出版社，2007年。
　　写经时代从北凉一直到盛唐，说明当时法华经在此地流传之盛。

③ 《大正藏》，第9册，第2页。

④ 此资料由德国柏林亚洲艺术博物馆提供。

制一身牵象奴，象奴通身黝黑，与象均踏莲花。[1]文殊和普贤周围云气环绕，飞天供养。释迦牟尼佛和文殊、普贤菩萨下方绘前来闻听法华圣会的十方诸佛。

法华经变展现的是娑婆世界教主释迦牟尼的灵山净土。

法华净土，大地用琉璃铺成，到处平整坦荡，四面八方的大道由阎浮提河的檀金作界，七宝之树，排列成行，所有的楼阁和观台皆用七宝做成。诸大菩萨们住在其中。众生见到劫尽的时候，发生大火灾，世界毁灭，可佛居住的地方却非常安稳，天神与人类充满其中，园林楼阁以各种宝物装饰起来，宝树所结的花果也非常繁盛，众生在此间游乐，诸天神击响于鼓，作着伎乐，散下天花，落在佛及大众的头上。[2]

依据《法华经》的记载，此法华净土，既无三界之秽恶，又不离三界而另存，就融含我们所在的南阎浮提，这是此净土的殊胜之处。然而众生由于心识的不同，也是释迦牟尼佛为度化众生的需要，所见和释迦示现的世界是不同的。六道众生所见为有漏的秽土世界，而证得智慧的菩萨和佛所见则为无量珍宝庄严的佛土。

4. 华严净土

此外，华严净土艺术也在龟兹地区有所表现，如阿艾石窟主室右侧壁绘制的卢舍那佛法界人中像。

这身卢舍那佛像立姿，着通肩袈裟，左右作与愿印，右手作施无畏印，左肩绘一钟，右肩绘一鼓。左臂从肩至肘依次绘一坐姿天人、阿修罗和白象。右臂从肩至肘依次绘：一天人上部、不明动物的身体后半部（仅见躯干、两条后腿及尾巴）。胸部绘一身菩萨及四身跪姿礼拜天人，菩萨似正在说法。这几身人物均位于天宫中。腹部上部绘大海，下部绘须弥山，须弥山上部两侧绘日、月，中部绘四条蛇，左右各两条。腹部下部绘奔马。股部绘画脱落，仅见两结跏趺坐人物的双腿。左膝处绘两身立姿供养胡人，一男一女。右膝绘两身披甲武士（均有头光）。膝盖以下部位脱落。（图5.54）

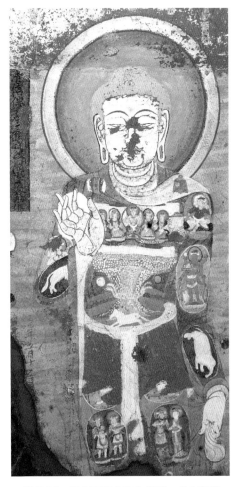

图 5.54　阿艾石窟主室右侧壁　卢舍那佛

---

① 此资料由德国柏林亚洲艺术博物馆提供。
② 此资料由德国柏林亚洲艺术博物馆提供。

华严思想认为，佛法义理即为佛的法身，它的人格化就是毗卢遮那佛，它是过去现在存在于不同空间的佛产生和存在的本原。永恒存在，是诸佛之母。该法身相好庄严，清净常寂，普照十方。卢舍那佛为报身佛，是娑婆世界万物的起源，是卢舍那佛的愿力化现了无量的三界六道和万事万物。

　　阿艾石窟的卢舍那佛身上从上至下依次绘出了天界、阿修罗、人道、畜生道，袈裟的下部已脱落，可能绘有饿鬼和地狱道。正是对有情娑婆世界的描绘。

　　娑婆世界即为卢舍那佛净土所在。娑婆世界众生是卢舍那佛的度化对象。

　　卢舍那佛身体各部位绘制的六道多位于椭圆形中，正表现了卢舍那佛身放光明照耀、度化众生的情况。

　　龟兹地区上述表现西方净土和法华净土的图像均绘制于唐代的石窟中，就其中保存较好的来看，都与同时期中原佛教艺术尤其是敦煌佛教艺术相似。

　　如西方净土变构图形式采用中堂式布局，中堂部分绘制西方净土世界，两侧的条幅中绘制十六观。

　　（二）9 世纪以后的净土经变

　　回鹘时期是龟兹净土艺术发展的另一个重要的时期。

　　回鹘本为漠北高原兴起的游牧民族，开始被称为回纥，8 世纪中期建立汗国，8 世纪末改名回鹘。9 世纪中期回鹘政权瓦解，部众四散。其中一支进入古代龟兹，建立政权，但随后并入高昌回鹘。[①] 回鹘原来信仰摩尼教，进入西域后，逐渐改信当地流行的佛教。

　　回鹘文化受中原文化影响很深，早在漠北时期，就吸收了很多中原文化的内容，对其文化加以改造。进入西域地区后，其统治中心的高昌地区自魏晋以来就受到中原地区文化的影响，其疆域的另一个重要地区——龟兹地区也一直是中原王朝着力经营的地区，中原文化影响也很深，这就使得高昌回鹘文化原有的中原文化特点得以延续并有某种程度的加强，这一点在佛教的信仰上尤其突出。[②] 进入宋代以后，高昌回鹘王国一直与宋、辽、敦煌归义军政权乃至以后的西夏保持着密切的经济、文化和政治往来[③]，上述地区佛教在这一时期的变化也几乎同步在高昌回鹘地区发生着。

　　回鹘时期龟兹净土艺术依然延续汉传佛教净土艺术的理念，但是在艺术表现上，则融合了本民族的审美特点和龟兹原有的一些艺术形式。

① 田卫疆：《高昌回鹘史稿》，乌鲁木齐，新疆人民出版社，2006 年。

② 高士荣、杨富学：《汉传佛教对回鹘的影响》，载《民族研究》，2005（1），第 71~76 页。

③ 荣新江：《归义军史研究——唐宋时代敦煌历史考索》，第 364~397 页，上海，上海古籍出版社，2015 年；

　陈溯洛：《论回鹘与五代宋辽金的关系》，载《唐宋回鹘史论集》，第 360~400 页，北京，人民出版社，1993 年；

　杨富学：《回鹘文献与回鹘文化》，第 469~486 页，北京，民族出版社，2005 年。

这一时期汉传佛教及受其影响地区佛教发展的一个重要方面就是华严义学与禅宗和密宗的合流。受上述地区华严学发展的影响，这一时期的高昌回鹘辖下的龟兹地区的华严信仰也有了很大的发展，与此相应的华严净土艺术也得到发展。龟兹石窟中出现了许多表现华藏世界——华严净土的造像就是这一情况的反映。

1. 华严净土

库木吐喇石窟窟群区第13、38窟的主室正壁龛内原均塑卢舍那佛，两窟券顶均绘横列的一佛二菩萨图，其中佛与菩萨均坐于云纹上，诸佛皆面向正壁主尊，佛头上方均有华盖和宝树，菩萨头上方有不鼓自鸣的乐器。（图5.55）

图 5.55　库木吐喇石窟窟群区第13窟主室券顶　莲华藏世界海

库木吐喇石窟窟群区第45、65窟主室券顶同第13、38窟，但第45窟佛周围的菩萨、乐器等已大大简化。

这些石窟塑绘结合共同表现了华严净土——莲华藏世界海。华严经记载，它是卢舍那佛经历无数菩萨行而成就的。最底层为十重无数风轮，它的上面是香水海，香水海中有大莲华，其中的世界为莲华藏世界，卢舍那佛居于其中。其中又有无数的佛国净土。莲华藏世界周围是金刚轮山。莲华藏世界内的所有大地，都是以金刚建立而成，所以十分坚固庄严，任何力量均无法加以毁坏。大地上清净平坦，没有高低与不平；以摩尼宝珠为轮宝，各种珍宝藏纳其中；以三世一切诸佛国土的所有庄严作为妙饰；又以摩尼珠宝作珠网，其中能普现如来的所有不可思议境界，犹如帝释天所布列的珠网一般。[①]

也就是说，所有净土，包括西方净土、东方净土、法华净土、弥勒净土等一切净土，都是卢舍那佛化现，都为华严净土的组成部分。

① 《大正藏》，第10册，第40页。

2. 弥勒净土

这一时期，弥勒下生净土艺术在龟兹地区也有流传。反映这种净土艺术的壁画保存在库木吐喇石窟窟群区第 45 窟内。①

该壁画位于主室前壁半圈壁面上，画面正中绘一交脚座（或交脚坐？）弥勒佛形象，其头部上方绘树冠，其两侧各绘 3 身闻法菩萨，菩萨头上方亦绘树冠。②（图 5.56）

图 5.56　库木吐喇石窟第 45 窟主室前壁　弥勒下生经变

壁画表现的是弥勒在未来于婆娑世界成佛，龙华三会，度化众生。婆娑世界成为人间净土。

弥勒未来的人间净土内，自然环境舒适宜人；生态环境优美和谐；社会财富丰饶，珠宝充盈。人们心地纯善，社会安定，转轮圣王以五戒、十善的德化来化导人民，人民过着长寿、繁荣、欢乐、和平的生活。佛法昌明，都城翅头末城上覆盖众宝罗网，又以宝铃庄严。每当微风吹动时，罗网和宝铃都发出一种幽雅的声音，犹如敲钟、击盘，其声演说皈依佛、皈依法、皈依僧。弥勒成佛后，共举行了 3 次规模宏大的说法度众活动，这即是通常所说的龙华三会。龙华三会有 92 亿人得阿罗汉，34 亿天龙八部发大菩提心。③ 理想的政治与完善的宗教、健康长寿的生活，是弥勒人间净土的典型特征。它与东西方净土不同，凸显了良好的社会秩序和优美的环境，实现了出世间和入世间的合理结合，是现实人间净土的最高理想。

此净土的形成，是弥勒过去世修菩萨行发愿而成，也是弥勒精进修行的结果。

---

① 古代龟兹地区目前没有发现与弥勒上生信仰有关的汉文佛经文书。

② 该幅壁画已被德国探险队剥走。画面描述系根据他们发表的照片进行的。
　参见 [德] 勒柯克、[德] 瓦尔德施密特著：《新疆佛教艺术》，管平、巫新华译，第 661 页，乌鲁木齐，新疆教育出版社，2006 年。

③《大正藏》，第 27 册，第 893 页。

回鹘时期净土艺术具有回鹘民族的风格特点。

壁画布局吸收了龟兹风艺术简练突出的特点，如库木吐喇石窟窟群区第45窟主室前壁上方半圆壁面绘弥勒佛在龙华树下说法，构图布局与龟兹风格的兜率天净土非常接近。也是突出正中的弥勒佛，两侧对称布置闻法菩萨。说法的地点也仅仅以上方的花树说明。对于弥勒净土的美妙没有描绘。

二、地狱变

地狱，为佛教所说六趣之中的恶趣，进入此趣的众生受尽各种折磨和苦难。地狱层次很复杂，分八大地狱（又称八热地狱）、八寒地狱、近边地狱、孤独地狱四大部分。每个部分又有数十甚至上百层小地狱。

将地狱的各种景象用绘画的方式表现出来，就叫地狱变。佛教艺术中，"地狱变相"是十分重要的题材，大小乘都用"地狱"形象来达到"劝善惩恶"的宣教目的。"地狱变相"往往与"五趣轮回"结合在一起，但龟兹石窟也有专门表现地狱的图像。

克孜尔石窟第199窟主室侧壁下方绘有长卷式"地狱变相"，此图分5个情节：①罪人在石臼中受捣、石釜中灸煮；②罪人受沸油浇灌；③罪人受枪刺；④罪人受刀砍剑刺；⑤罪人受火池燃烧。全图以熊熊烈焰为背景，描绘的是"八热地狱"中罪人受刑的情景。（图5.57）

图5.57　克孜尔石窟第199窟主室侧壁　地狱变相

克孜尔石窟第227窟将"地狱变相"绘在主室正壁龛内左右侧壁上，每幅都是在坐佛一旁绘出"地狱变相"，每壁共5幅，上下排列共10幅，形式独特，十分少见。10幅图中，有5幅绘出熊熊烈焰上置一大釜，其仍是表现"八热地狱"的内容。

龟兹石窟中的"地狱变相"，除了描绘地狱之残酷、恐怖，令众生产生畏惧从而"修善弃恶"，追求死后升天的教化作用外，还表现出佛对地狱众罪人的解救和重生的慈悲。克孜尔石窟第80窟主室正壁佛龛上方，绘有著名的"降伏六师外道"图像，在中央佛的金刚座下，绘有火焰上烧着的釜，露出4个人头。此画面虽小，但内容非常重要。佛降伏六师外道后，受到频婆裟罗王、优填王等民众的崇敬和厚养，佛发慈悲心要解救一切众生与罪人。

值得注意的是，在火中釜的左侧，站立一饿鬼，其双臂高举，似在欢呼。经文中虽然没有说饿鬼也被解救，但地狱、饿鬼属于"恶趣"之流，在佛发慈悲时，一并"解脱"也是合乎道理的。

关于佛度化地狱的情况在克孜尔石窟第 17 窟右甬道外侧壁外端绘的一身立佛上发现。该佛的两腿间靠下部，绘有两身双手高举在火焰中挣扎的瘦瘠的人物，表现罪人在八热地狱中受苦的情形。

上述表现地狱的图像有一些共同的特点，都是表现地狱中受苦的情况，没有其他内容。

在属于回鹘时期的库木吐喇石窟窟群区第 79 窟主室右侧壁绘有一幅长卷式"地狱变相"，其内容有"鬼王"审讯、酷刑等。酷刑中有"锯解""兽噬"等。（图 5.58）

图 5.58　库木吐喇石窟窟群区第 79 窟主室右侧壁　地狱变相

鬼王审讯情节的出现，是此时期地狱变相的特点。此回鹘佛教的"地狱变相"与前列龟兹本地"地狱变相"，有较大的区别。学者们研究认为，这应该是佛教地狱观念与中原地区传统冥界观念相融合以后产生的新的地狱观念回传龟兹的结果。

中原地区早在佛教地狱说传入之前就有冥界的观念。早期冥界一般是指人的魄前往之地，认为魂升于天，魄归于地，也有归于黄泉的说法。西汉以后，神仙方术思想兴起，则天上为神仙之地，人类的魂魄就只能归于地下，归于泰山、丰都等地方，出现了泰山府君、五道大神等管理者。佛教地狱说传入后，逐渐与中原地区原有冥界观念融合，逐渐产生了阎罗与泰山府君、五道大神共同管理地狱的观念。后来，地藏度化地狱众生的观念流行，地藏菩萨成为地狱的主宰。唐宋以后，逐渐确立了地藏菩萨与"十王"共管的等级森严的地狱模式。

当然，这一时期也存在反映原有地狱观念的图像。库木吐喇石窟窟群区第 75 窟地藏菩萨手中持钵发出云气中就绘有地狱的图像，其特征依然是表现罪人在地狱中受到烈火煎烤的情形。

第五节

天相图

　　天相图是描绘佛教世界模式的图像，凝聚原始佛教的宇宙观。龟兹石窟天相图有自己的思想内容和独特的艺术形式。形式固定，成为"模式"。而且贯穿于龟兹石窟的始终，是龟兹石窟富有特色的艺术形式之一。

　　天相图主要由日天（日神）、月天（月神）、立佛（比丘）、风天（风神）、金翅鸟、龙（雨神）等组成。有的还有大雁出现。

　　龟兹石窟天相图主要分布于中心柱窟的主室券顶中脊，此外在中心柱窟、大像窟的甬道（后室）顶部，中心柱窟主室正壁龛顶中脊，纵券顶方形窟的券顶中脊也有少量的分布。龟兹石窟天相图有一部分残损严重，故本文将主要以保存较完整的中心柱窟主室中脊中的天相图作为主要研究材料，兼及分布于其他部位的相关材料。

一、立佛

　　佛教认为，佛陀成道后，已超脱于三界之外，但为度化众生，仍周游于三界之中，故而在天相图中绘出佛像。立佛身上绘出绿色的水纹和红色的火焰，则是表现了佛身出水出火的神迹。佛教认为禅修可以获得神通，其中出水出火属于神足通。佛经中记载了许多佛的神通故事，最为有名的就是舍卫城神变。另外，《增一阿含经》卷二十二描述，信佛的须摩提女嫁给了事外道的大富豪满财长者的儿子，乞求佛至其夫家接受供养，佛为了度化须摩提女事外道的夫家，就和大弟子们展现神足通飞行及变化种种神通力，而使事外道的夫家立即改信佛教[①]。《增一阿含经》卷九还描述了佛陀的胞弟难陀出家后，仍喜打扮并不能忘情于俗家妻子，几度想还俗，佛遂以神通力带难陀上天堂、游地狱使其预见自己未来的果报，终使难陀有所警惕而精进修行成阿罗汉[②]。克孜尔石窟中将佛绘于代表天空的天相图中，正是对其上天入地超凡能力的展现。

---

① 《大正藏》，第 2 册，第 660~665 页。
② 《大正藏》，第 2 册，第 591~592 页。

早期佛教坚持人间的历史的佛陀观，倡导以佛法为中心，因此对神通故事的描述，态度是相当谨慎的，是为了迎合印度当时社会崇尚神通的风气，而采用神通故事作为宣教的权宜策略，非常清楚描述它在佛教整体修行中的位阶。指出追求神通并不相应于佛教的解脱之道，佛教的解脱是智慧的解脱之道。[①] 神通不敌业力，佛陀色身也要受到业力的制约。[②]

　　但是，部派的发展，以及在与其他非佛教派的斗争中，为了使一般民众信从佛法，佛法人格化和佛陀主神化便成为一切佛教派别发展的必由之路。在这一时期的佛经中，描述佛陀的神通故事日益增多。如《方广大庄严经》中，对"神通事迹"的描述，不再是那么戒惧谨慎地强调神通的危险性、有限性，而是一再赋予佛陀以法力无边的神通力，来度化众生，来说因果业报之事，甚至佛陀的一生实为示现，佛陀"已形同是超人的存在了"[③]。反映在壁画艺术中，就是展示佛陀神力的图像大量的出现。

二、日天

　　日天，梵名 Āditya，音译作阿泥底耶，又作日天子、日神。佛教世界观中他是居住于日宫的天神，隶属欲界的四天王天，佛说法时常追随于左右。据《长阿含经·世本缘品》记载，起世之初，没有日月，随后，暴风吹散海水，形成日天宫殿，位于须弥山半山腰，绕须弥山而转，东出西没。关于其形态："宫殿四方远见故圆。寒温和适。天金所成。"[④]另据《起世经》记载，日天子坐辇车中，他的光辉穿透辇车、日宫，照耀四大洲和整个世界。[⑤]

　　日天，位于中脊里端或外端，形象主要有两类。

　　①人形日天：一般为天王形相，头戴宝冠，身披盔甲，胸前有十字束索，身后有三角翼，下着短裙，赤足交脚坐于马车上，一手放于腿上，一手举起，有头光和身光，其身后绘出日宫。此类日天有一简化形式，即其座下马车简化为一双轮车，这应是较晚出现的形式。

　　在后来日益流行的中心柱窟中，人形日天的第一种样式首先出现，如谷西区第7、17窟，但在克孜尔石窟并未流行，而是此类日天的第二种样式大行其道。

　　②日轮形状日天：一般为圆形，有的还绘出光环，其周围有星星或大雁。（图5.59）此种形象接近于自然界的形象。自然太阳形态的日天出现得很早，首先是方形窟，如谷内区第118窟。

① 丁敏：《中国佛教文学的古典与现代：主题与叙事》，第98页，长沙，岳麓书社，2006年。
② 霍旭初：《从龟兹壁画看说一切有部佛陀生身"有漏"思想》，载《西域研究》，2009（3），第61~69页。
③ 李志夫：《中印佛学比较研究》，第672页，北京，中国社会科学出版社，2001年。
④《大正藏》，第1册，第14页。
⑤《大正藏》，第1册，第359页。

　　龟兹石窟天相图中的日天乘马拉车，一般仅绘出马的前半部分，相背而立，低头作奔跑状。这种图像在中亚的片治肯特也有发现，表明中亚一带都流行这种形象。

　　在印度秣菟罗笈多时期的胡维什迦（Huvishka）寺院的雕刻中，以及犍陀罗的伽玛尔伽西（Jamalgarhi）出土的一块贵霜时期的石雕上均出现了乘马车的世俗贵族装的太阳神苏利耶[①]。太阳神乘坐马车的拉车之马均为全身。尽管苏利耶是印度教的神祇，与克孜尔石窟的人格化日天所表达的宗教内涵不同，但其基本构图无疑是相似的，反映出两者间的密切联系。巴米扬石窟东大佛窟券顶中脊绘出了站在马车上的太阳神，拉车之马不仅是全身，而且有双翼，更多体现出印度的影响。[②]（图5.60）

　　至于四马两两相背，仅绘前身，日天着盔甲的形态，或许起源于龟兹地区。

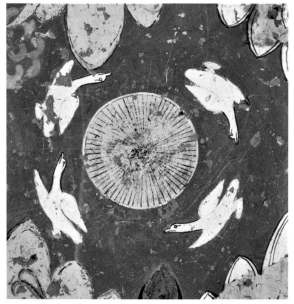

图 5.59　克孜尔石窟第 38 窟主室券顶　日天　　　图 5.60　巴米扬石窟东大佛窟顶的太阳神
　　　　　　　　　　　　　　　　　　　　　　　　　　　　　　　　　　　（线描）

三、月天

　　月天，梵名 Candra，又作月天子、宝吉祥天子。其形象与日天相似，其发出的光芒为白色，而日天为红色。据相关佛经的记载，月天也与日天大致相同，只是光芒较弱，且有变化，住于月宫殿中。在佛教艺术中，月天一般与日天同时出现。

① Tian shu Zhu（朱天舒），"The Sun God and the Wind Deity at Kizil", in Matteo Compareti，Paola R affetta & Gianroberto Scarcia eds.，Webfestschrift Marshak Studies presented to BorisIlich Marshak on occasion of his 70th birthday. Buenos Aires，Transoxiana，2003，pp. 681~718.
② 名古屋大学，《ベーミヤン・1969 年度の调查》，1971，第 98 页。

月天的形态可分为三类。

①人形月天：与人形日天大体相同。差别是月宫的背景为白色。

②圆月或新月状：模仿自然形态。（图 5.61）

③月亮中有兔子形象存在：在圆月中绘出一兔，这种形式在克孜尔石窟第 34 窟、森木塞姆石窟第 48 窟和玛扎伯哈石窟第 42 窟均可以见到。（图 5.62）

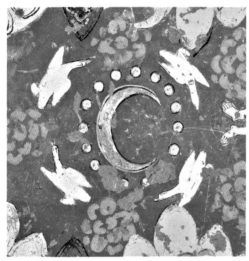

图 5.61　克孜尔石窟第 38 窟主室券顶　　　　图 5.62　森木塞姆石窟第 48 窟主室券
　　　　中脊　月天　　　　　　　　　　　　　　　　　顶中脊　月天

月中出现白兔的来历，据《大唐西域记》卷七"婆罗痆斯国"中记载：月中现白兔，是帝释天将兔王焚身后的骸骨寄于月中，传于后世，以资纪念。[1]

四、风天

风神，梵名 Vāyu，是佛教中的四大神之一。在佛教世界观中由于风的作用，我们生活的宇宙才得以产生。

《立世阿毗昙论》记载风界的位置、范围，并阐明它是宇宙运动的动力。[2]《长阿含经·世本缘品》载，由于风的作用，产生了太阳，以后继续受风的影响。[3]

风天不仅在天界有"呼风唤雨"辅佐日天的作用，还在佛陀世间弘扬佛法时，尽其护卫的职能。《根本说一切有部毗奈耶药事》卷五载：尔时世尊舍室罗伐城，与诸苾刍渐渐游行，往至摩揭陀国界首，以佛威力，诸风神王起妙和风，吹去毒水悉令涸干；诸

---

① （唐）玄奘、辩机著：《大唐西域记校注》，季羡林等校注，第 579 页，北京，中华书局，1985 年。

② 《立世阿毗昙论》卷一，载《大正藏》第 32 册，第 173 页。

③ 《长阿含经》卷二十二，载《大正藏》第 1 册，第 145 页。

水神王皆涌八功德水，泉池溢满，空注甘雨；信佛善神，咸驱疫鬼，疾死休息。[①]

龟兹石窟天相图中的风神多为女性，丰乳凸显，仅绘出半身像，身体前倾作运动姿势，嘴作吹气状，两手各持风带一端，风带位于身后或裹住全身。（图 5.63）

风神在希腊、印度等地的神话中都有记载，萨珊波斯的艺术品中还有女性风神的形象。在犍陀罗地区出土的一件雕刻品上也出现了女性风神的形象。在此件雕刻品的上部正中雕刻一男人头像，雕刻品的

图 5.63　克孜尔石窟第 38 窟主室券顶
中脊　风神

中部两侧各雕刻一女性风神。两身风神均立姿，两手各执风带一端作起舞状，风带位于风神头后上方。雕刻品的下部正中雕刻一人，坐于一异兽上。[②]

将这些图像进行对比，我们可以看出克孜尔石窟中的女性风神形象是在犍陀罗艺术的影响下产生的。两风神对称布置的构图形式在龟兹石窟中也有发现。如森木塞姆石窟第 11 窟左甬道券顶中脊天相图在两身立佛的头部上方就对称地绘出了两身女性风神，画面的整体构图与犍陀罗的这件雕刻品非常相似（图 5.64），此石窟的开凿年代是公元6—7 世纪[③]。

相似的形象在阿富汗巴米扬的东大佛窟顶部所绘天相图中也能看到。[④]画面仅存里端，主神的头部两侧各绘一女性风神，其形象特征与龟兹石窟中的女性风神形象非常相似。龟兹地区与巴米扬地区的女性风神均只绘出了她们的半身像，且两手持风带的姿势以及风带的位置都与犍陀罗的有所不同。

以克孜尔石窟为代表的龟兹地区的这种风神形象不仅出现得非常普遍，而且经历了很长的发展过程，具有非常丰富的图像序列。据学者研究，巴米扬东大佛窟的开凿年代可能晚于六七世纪。[⑤]这样，我们是否可以说龟兹地区的半身像型的女性风神为巴米扬的女性风神造像提供了样本呢？

至于风神作吹气状，应当是受到中原文化影响的结果。据研究，以嘴吹风是中原地

① 《根本说一切有部毗奈耶药事》卷五，载《大正藏》第 24 册，第 20 页。
② [德] 阿尔伯特·冯·勒柯克著：《中亚艺术与文化史图鉴》，赵崇民、巫新华译，图 176，北京，中国人民大学出版社，2005 年。
③ 李崇峰：《中印佛教石窟寺比较研究》，第 182 页，北京，北京大学出版社，2003 年。
④ 《游方记抄·往五天竺国传》，载《大正藏》，第 51 册，第 2089 页。
⑤ 新疆维吾尔自治区文物管理委员会、库车市文物保管所、北京大学考古系编：《中国石窟·库木吐喇石窟》，北京，文物出版社，1992 年。

图 5.64　森木塞姆石窟第 11 窟左甬道券顶中脊　风神

区风神的传统特点，这一风格早在东汉时期就已形成[1]。

　　关于女性风神的由来，在龟兹地区和巴米扬地区目前公布的材料尚无法给以圆满的解释。但我们可以从其他地区的材料中找到一些线索。如印度史诗《梨俱吠陀》第十卷第一六八首："她们随风一同前进，如同妇女们走向欢乐聚会。"她们指的是谁？有人认为是各种风。[2]此外，中亚地区从远古以来的女神信仰的流行，也是这一地区流行女性风神的一个原因。[3]

五、金翅鸟

　　金翅鸟，梵语 suparna 或 garuda，又名迦楼罗鸟，意译作食吐悲苦声。依佛典所载，金翅鸟的翅膀是由众宝交织而成，所以又称为金翅鸟或妙翅鸟。这种鸟的躯体极大，两翅一张开，有数千余里，甚至于数百万里之大，住于须弥山下层。

　　金翅鸟的最主要特色，便是以龙为食物，它是龙族的克星。[4]为佛教护法八部众之一。有时它还被用作对佛的比喻。《大智度论》卷二十七曰："如金翅鸟王普观诸龙命应尽者，以翅搏海令水两辟，取而食之。佛亦如是，以佛眼观十方世界五道众生，（中略）除三障碍而为说法。"[5]故在龟兹石窟中，金翅鸟多绘于天相图的正中。

---

① 张平：《从克孜尔遗址和墓葬看龟兹青铜时代的文化》，载《新疆文物》，1999（2），第 62 页。
② 金克木：《〈梨俱吠陀〉的咏自然现象的诗》，载《梵佛探》，第 186 页，石家庄，河北教育出版社，1996 年。
③ [俄] г.A.普加琴科娃、л.и.列穆佩著：《中亚古代艺术》，陈继周、李琪译，第 26、33 页，乌鲁木齐，新疆美术摄影出版社，1994。
④ 《大正藏》，第 1 册，第 127 页。
⑤ 《大正藏》，第 25 册，第 263 页。

克孜尔石窟天相图中的金翅鸟有两种类型。

①鸟形：两翼张开作飞行状，两头或一头，嘴叼数蛇（龙），正是表现了金翅鸟吞食诸龙的情况。

②人面鸟身：一般戴宝冠，鸟嘴。亦叼数蛇。（图 5.65）

在这两种形态中，最早出现的应为鸟形一头的金翅鸟，如第 118 窟。而后是双头鸟形金翅鸟，如第 38 窟。最后是人面鸟身金翅鸟，如第 171 窟。

鸟形金翅鸟的图像在印度和犍陀罗出土的雕刻品中均有发现。雕刻于公元前 2 世纪—公元 1 世纪的桑奇大塔东门的一块门楣上，刻出群兽礼拜菩提圣树

图 5.65　克孜尔尕哈石窟第 11 窟主室券顶中脊　金翅鸟

的情景。在画面的一角，龙王的旁边，绘出了一金翅鸟。[①] 桑奇大塔的雕刻中还发现有作为骑乘的金翅鸟，亦为鸟形。此外，出土于犍陀罗的雕刻品上也有这种鸟形金翅鸟的图像。[②]

我们在云冈第 9、10 窟也见到了类似的造型[③]，这两个窟开凿于公元 5 世纪末。[④] 说明这种形态的金翅鸟这时业已传到了中原。

双头鹰形的金翅鸟我们在坦叉始罗公元前 1 世纪的一座佛塔台阶一侧佛龛顶上可以看到。[⑤] 据英国学者约翰·马歇尔研究，这种双头鹰的形象，"最初出现在赫梯和巴比伦雕塑中。后来，从斯巴达发现的一块带有几何图案的象牙上，出现了双头鹰。再往后，……与斯基泰人联系在了一起。我们有理由相信，是斯基泰人把这一图案引入塔克西拉的。……穿过印度，到了维查亚瓦达和锡兰。"[⑥] 后来，这种形象也传到了龟兹地区。

关于人面鸟身的金翅鸟，常任侠先生在《印度与东南亚美术发展史》中指出，"在公元后初年秣菟罗附近的康迦黎的带状雕饰上，有希腊神话中女面鸟身哈耳皮埃

① Von Albert Grunwedel："Buddhist Art In India"，translated by Agnes C. Gibson，London，Bernard Quaritch，1901，50.

② Albert Von Le Coq，"Bilderatlas Zur Kunst Und Kulturgeschichte Mittelasiens"，Akademische Druck-u. Verlagsanstalt Graz-Austria，1907，79.

③ 阎文儒：《中国石窟艺术总论》，第 151 页，桂林，广西师范大学出版社，2003 年。

④ 宿白：《云冈石窟分期试论》，载《中国石窟寺研究》，第 78~85 页，北京，文物出版社，1996 年。

⑤ [英]约翰·马歇尔著：《塔克西拉 I》，秦立彦译，第 235 页，昆明，云南人民出版社，2002 年。

⑥ [英]约翰·马歇尔著：《塔克西拉 I》，秦立彦译，第 235 页，昆明，云南人民出版社，2002 年。

（Harpy）形的金翅鸟。"① 这说明，此种形态的金翅鸟的图像起源是希腊。

六、龙

梵语 nāga，汉译为龙，群龙之首，称为龙王或龙神。一般谓龙为住于水中之蛇形鬼类（或谓属畜生趣），具有呼云唤雨之神力②，亦为守护佛法之异类。经典中有关龙的故事很多，并绘有种种龙王像。

在印度神话中，它们为蛇之神格化，乃人面蛇尾之半神，种族有一千，为迦叶波之妻歌头所生，住于地下或地下龙宫。

据《正法念处经（卷十八）》畜生品载，龙王属于畜生趣，乃愚痴、嗔恚之人所受之果报，其住所称为戏乐城，分为法行龙王、非法行龙王两种。

法行龙王有七头，如象面、婆修吉、得叉迦、跋陀罗等诸龙王，嗔恚之心薄，忆念福德，随顺法行，故不受热沙之苦。它们有的护卫诸天宫殿；有的依时降雨，令世间五谷成熟，施惠于人间；也有的控制大地上的江河湖泊，使它们顺畅流通；有的转轮王和宝藏。

非法行龙王有波罗摩梯、毗谋林婆、迦罗等龙王，不顺法行，行不善法，不敬沙门、婆罗门之故，常受热沙之苦，以恶心起恶云雨，令一切五谷皆悉弊恶。③

《长阿含经（卷十九）》龙鸟品载，龙有卵、胎、湿、化生等之别，为卵、胎、湿、化生等4种金翅鸟所吞食。④据《佛母大孔雀明王经（卷上）》载，龙王或行于地上，或常居于空中，或恒依妙高山，或住于水中。或一首、二头乃至多头之龙王，或无足、二足、四足乃至多足之龙王等。⑤此外，亦有守护佛法之八大龙王，及"龙女成佛"之记载。

经论中有关龙与佛的故事也很多，例如：《过去现在因果经（卷一）》《修行本起经（卷上）》等载，佛诞生时，难陀及优波难陀二龙王在虚空中吐清净水，一温一凉，以灌洗太子之身；《佛本行集经（卷三十一）》《有部毗奈耶破僧事（卷五）》等记载，佛从菩提树下起，往牟枝磷陀龙王池边，坐一树下思惟，时七日洪雨不止，牟枝磷陀龙王乃出，以身绕佛七匝，引头覆佛头上，守护佛陀，使不受诸恼乱；《增一阿含经（卷十四）》《太子瑞应本起经（卷下）》载，佛在教化优楼频螺迦叶时，尝于火神堂中降伏毒龙。

此等传说，在现今印度的巴尔胡特（Bharhut）、桑奇（Sanci）、阿玛拉瓦蒂（Amaravati），及爪哇的波罗浮屠（Buro-budur）等古塔处，皆存有其雕刻，其中龙多作人身蛇形之像。

---

① 常任侠：《印度与东南亚美术发展史》，合肥，安徽教育出版社，2006 年。
② 《大正藏》，第 27 册，第 60 页。
③ 《大正藏》，第 127 册，第 105~124 页。
④ 《大正藏》，第 1 册，第 127~128 页。
⑤ 《大正藏》，第 19 册，第 417 页。

　　龟兹石窟天相图中的雨神的形象是在浓密的云团中绘出多条蛇。图像比较图案化，但正是"兴云致雨"的情景。（图 5.66）

　　在佛教中，须弥山起自人类生活的大地，天界位于须弥山中部及其以上的空间。在克孜尔石窟中心柱窟中，主室四壁及甬道四壁多绘佛传说法图，按其空间位置来说，正是人间的象征。券顶绘本生故事或因缘故事，是对释迦前世今生无量功德和神通的表现。而在其正中的中脊上绘出天相图，从空间位置上说，恰是对天界的象征。

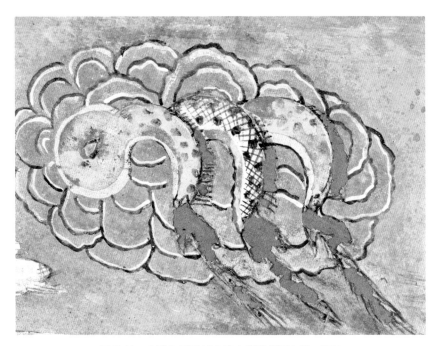

图 5.66　克孜尔石窟新 1 窟左甬道券顶中脊　雨神

第六节

尊像图

　　尊像，是指佛、菩萨、明王、诸天和护法神等的单身像。尊像图是绘制尊像的壁画。

龟兹石窟中目前出现较多的尊像图有释迦牟尼、阿弥陀佛、药师佛、卢舍那佛、弥勒菩萨、观音菩萨、文殊菩萨、地藏菩萨、金刚和龙王等。

一、佛

（一）类型

1. 释迦牟尼

佛教创始人。本名悉达多，意为"义成就者"（旧译"义成"），姓乔达摩（瞿昙）。因父为释迦族，成道后被尊称为释迦牟尼，意为"释迦族的圣人"。

释尊自幼深切地体会到生老病死的痛苦，感受到人生欢乐的无常，于是发心寻求解脱之道。他曾在尼连禅河附近苦修 6 年。大约在 35 岁时，他在佛陀伽耶的菩提树下得到完全的觉悟，亦即证得阿耨多罗三藐三菩提。为了使他的思想学说被他人所理解和接受，他便开始了长达 45 年的传教活动。释迦牟尼传教的区域，主要是恒河流域的中印度。80 岁时，他在拘尸那城的娑罗树下涅槃。

后来，随着佛教向印度次大陆发展，在部派佛教中出现了对教祖的崇拜，把佛陀描写为神通广大、威力无穷、大智大慧，具有"三十二相"、八十种好，可度化六道众生等。克孜尔石窟第 17 窟主室左右甬道外侧壁外端均绘有身绘三道的佛陀，就是这种理念的反映。

依据大乘佛教《法华经》的说法，在印度成道、弘法与涅槃的释迦牟尼，只不过是一时的权宜示现而已。事实上，释尊在久远劫前，早已成佛。佛陀的寿量是无限的；佛身是常住的；佛陀的智慧光芒，是永恒地照耀众生的。库木吐喇石窟窟群区第 16 窟的主尊应该就是永恒存在的释迦佛。

依据《华严经》的记载，佛有三身，即法身、报身、应身。"身"除指体貌外，亦有"聚积"之义，即由觉悟和聚积功德而成就佛体。分别是：毗卢遮那佛、卢舍那佛和释迦牟尼佛。毗卢遮那佛（即大日如来）是法身佛，佛以法为身，故称法身；法身处于常寂光净土。卢舍那佛是报身佛，意思是光明遍照。报身佛是表示证得了绝对真理获得佛果而显示了佛的智慧的佛身，报身处于实报庄严土。释迦牟尼佛是应身佛，是表示随缘教化，度脱世间众生而现的佛身，特指释迦牟尼的生身，他在我们生活的这个娑婆世界度化众生。因一佛具三身之功德性能，所以三身即一佛，释迦牟尼佛即毗卢遮那佛和卢舍那佛，他们的差别只是我们对其不同层面体征的反映。

龟兹石窟中既绘有传道说法的释迦牟尼佛，也绘有永远的释迦佛。

2. 阿弥陀佛

阿弥陀佛又名无量光、无量寿，意为光明和寿命无限，西方极乐净土的教主。

据《无量寿经》载，过去久远劫世自在王佛住世时，有一国王发无上道心，舍王位出家，名为法藏比丘，于世自在王佛处修行，熟知诸佛之净土，历经五劫之思虑而发殊胜之四十八愿，誓愿建立一个庄严的极乐世界，以救渡一切念佛名号的众生。

此后，不断积聚功德，而于距今十劫之前，愿行圆满，成阿弥陀佛，在离此十万亿佛土之西方，报得极乐净土。

基于这些上述的誓愿，因此，在他成佛之后，任何人只要具足信愿行、如法念佛，则一定会得到他的接引，而往生至真至善至美的净土佛国。

阿弥陀佛属于大乘佛身观中的报身佛，是法藏比丘初发心修习，至十地之行满足，酬报此等愿行之果身，为万德圆满之佛身。

观无量寿经中说，无量寿佛之身如百千亿夜摩天阎浮檀金之色，他的身高六十万亿那由他恒河沙由旬。眉间之白毫右旋宛转，毫相之大小犹如五倍须弥山之高广；其眼清白分明，眼之大小犹如四倍大海水之纵广。其身有八万四千相，一一相中有八万四千好，一一好中有八万四千光明，遍照十方世界，摄取念佛之众生。①

此佛身，随顺众生种种机类应现，永不消失破坏。

阿弥陀佛信仰特别强调阿弥陀佛的加持的无上效力，加上修行方式简单，对于渴望摆脱世间诸苦和解脱成佛，而又畏难婆娑世界成佛之路的众生来说，无疑具有极大的吸引力。故而，从唐代开始，弥陀信仰成为中国佛教信仰的一个主流。阿弥陀佛信仰的经典主要有《无量寿经》《佛说阿弥陀经》《佛说观无量寿佛经》，依据这些经典产生了许多与阿弥陀佛有关的经变故事画。

龟兹石窟中曾绘有单尊的阿弥陀佛，但可惜保存状况不好。

3. 药师佛

药师佛，全称"药师琉璃光如来"。相传他能除生死之病，故名药师，以琉璃为名，是因为琉璃之光明透彻，用以比喻他的国土清净无染。《药师本愿功德经》记载，佛告诉曼殊师利（文殊菩萨），从此向东，过数如十条恒河之沙那么多的佛国，有世界名净琉璃，佛号药师琉璃光如来。他是东方净琉璃世界的教主，在往昔为成佛行菩萨道修习根本行法之时，曾发下十二宏誓大愿，以使所有的众生，所求皆能如愿。

"第一大愿：愿我来世得获无上正等正觉、觉悟成佛时，自身光明显赫，照耀无量无边、无穷无尽一切世界；以三十二种显著殊胜的大丈夫相、八十种细微精妙的好相庄严自身，容貌端庄无比。同时，令一切众生与我一样，毫无差异。

"第二大愿：愿我来世证得无上菩提时，身体犹如琉璃，内外通体透明清澈，毫无瑕疵；所放光明，广大无边。万丈光芒交相辉映，远超日月，普照一切，乃至黑暗幽冥之处，悉皆充满光明；众生承蒙佛光照耀，悉皆心明眼亮，事事毫无障碍，心想事成。

"第三大愿：愿我来世证得无上菩提时，能用无量智慧以及方便，使一切众生悉皆

① 《大正藏》，第 12 册，第 343 页。

丰衣足食，生活所需，充裕丰满，毫无匮乏。

"第四大愿：愿我来世证得无上菩提时，若有众生，修行邪道，我当悉皆使其舍邪归正，坚持修行无上菩提；如果有人，修行声闻、独觉等小乘之法，我当悉皆引导他们归向大乘，永不退转。

"第五大愿：愿我来世证得无上菩提时，若有无量无边众生，于我正法之中修行清净梵行，我当使其圆满受持一切戒法，无有缺漏，具足受持三聚净戒；如有毁犯，若能听闻我名，（一心称念不忘，恳切忏悔）即能恢复清净，不堕恶道。

"第六大愿：愿我来世证得无上菩提时，若有众生，身体下劣，六根不全，长相丑陋，愚痴蠢笨，眼盲耳聋，五音不全，四肢残缺，弯腰驼背，身患麻风，精神疯癫……种种疾病缠身。这时，若能听闻我名，（恳切至诚，一心称念）即能个个容貌端正，聪明无比，六根俱全，无有各种疾病之苦。

"第七大愿：愿我来世得无上菩提时，若有众生，种种疾病缠身，无医救治、无人可依，无医无药、无亲无家，贫穷困苦，这时，若能瞬间听闻我名，众病悉皆去除，身心安康快乐，亲朋儿孙满堂，丰衣足食，直至证得无上菩提。

"第八大愿：愿我来世得无上菩提时，若有女人，不堪女性种种困苦折磨，极力想要摆脱女身，这时，若能听闻我名，（恳切至诚，一心称念）即能个个转女成男，具足大丈夫之相，直至证得无上菩提。

"第九大愿：愿我来世得无上菩提时，能使一切众生跳出邪魔罗网，从一切外道束缚中解脱出来。若有众生，误入歧途，堕落各种茂密的恶见之林，我当悉皆加以引导，使之重归正见之道，逐渐修学菩萨之行，快速证得无上菩提。

"第十大愿：愿我来世得无上菩提时，若有众生，遭受国法制裁——枷锁加身，皮鞭抽打，身陷牢狱，或者即将极刑处死，乃至其他无数灾难降临，身心备受煎熬，痛苦忧愁不堪；这时，若能听闻我名，凭我福德之力以及威神之力，摆脱一切痛苦。

"第十一大愿：愿我来世证得无上菩提时，若有众生，饥寒交迫，为求衣食而造种种恶业，这时，倘若听闻我名，恳切至诚，一心称念，我将先赐其上等美妙饮食，使其丰衣足食，最后用佛法加以教化，使其从根本上得获安稳快乐。

"第十二大愿：愿我来世证得无上菩提时，若有众生，贫穷困苦，衣不蔽体，昼夜蚊叮虫咬，寒热难当；这时，倘若听闻我名，恳切至诚，一心称念，即能心想事成，得获种种上等美妙衣服，以及一切珍宝首饰；鲜花香油、鼓乐歌舞，一切娱乐，随心所欲，无不满足。"①

此外信仰药师佛的人可避免9种横死。它们是：

第一，若有众生，得病虽轻，但是无医无药，也没有照看护理之人；或者虽有医

---

① 《大正藏》，第14册，第401页。

生救治，然而医生给予的药材不对，就这样，本来不该死的，最后意外死去，这就是横死。还有人，相信世间邪魔外道以及精怪妖孽等巫师神汉的说法。这些巫师神汉，胡言乱语，为人预测祸福；相信的人听了，心生恐惧。因为自心正气不足，占卦问卜，寻求祸害的根源。为了消灾免难，宰杀种种众生，供养启奏神明、招引呼唤鬼怪，乞求保佑，希望延年益寿，最后终究一无所得，反而因为愚痴无知、相信颠倒邪见，招致横死，堕落地狱，永无出头之时。

第二，违反国法，受到国法制裁，斩杀致死。

第三，喜欢打猎以及嬉戏娱乐，沉溺女色，嗜酒如命，放纵无度，横遭鬼神侵犯，夺其精气而亡。

第四，大火焚烧而死。

第五，溺水身亡。

第六，遭遇种种猛兽，被猛兽咬死。

第七，坠落悬崖而死。

第八，毒药、邪恶祈祷、邪咒、起尸鬼等毒害致死。

第九，饥寒交迫，饿死渴死。[1]

此佛誓愿不可思议，若有人身患重病，死衰相现，眷属于此人临命终时昼夜尽心供养礼拜药师佛，读诵药师如来本愿功德经四十九遍，燃四十九灯，造四十九天之五色彩幡，其人得以苏生续命。[2]

凡愿往生西方极乐净土而未奏效者，只要听闻药师佛名号，就有药师八大菩萨显现神通，前来指引，使其化生东方琉璃世界。

求平安长寿是人们的主要愿望，药师佛以除怖、疗疾、解难、满愿等与人们切身有关的需求吸引信众，只要敬念药师佛名号，就可以解脱生、老、病、死等苦难，可以免除 9 种横死。药师佛消灾除病、延年益寿等满足众生现世利益的特点，对信众的吸引力很大，这是药师信仰在中土流行的主要原因。药师信仰兴起于唐代，唐宋之后，药师佛信仰之风仍然颇为盛行。

阿艾石窟中绘有药师佛。（图 5.67）

4. 卢舍那佛

卢舍那佛，梵文 Locanabuddha，即报身佛，是表示证得了绝对真理，获得佛果而显示佛智的佛身。"卢舍那"的意思就是智慧广大，光明普照。卢舍那这个名字其实就是法身"毗卢遮那"的简称，释迦牟尼佛在立名时，把他的报身和法身立在同一个名中，表示法、报不二。

① 《大正藏》，第 14 册，第 408 页。
② 《大正藏》，第 14 册，第 404 页。

佛有三身，法身即是最本质、最圆满的
智慧，是无相可言的。法身佛就是宇宙的人格
化，一切佛的智慧和宇宙本身平等不二，所以
一切佛的法身根本无分别，都是摩诃毗卢遮那
佛（汉译为大日如来）。它是过去现在存在于
不同空间的佛产生和存在的本原。永恒存在，
是诸佛之母。[①] 该法身相好庄严，清净常寂，
普照十方。[②]

报身是佛的修行依因果感召而来的报应
身，是修行圆满、大彻大悟的表现。阿弥陀
佛、药师佛等都属于报身佛，卢舍那佛也是。
释迦牟尼佛原本是莲华藏世界中卢舍那座下的
十地菩萨，也是卢舍那的化身、分身之一，他
来到娑婆世界，依照法门修行而成就了卢舍那
的报身。简而言之，毗卢遮那佛是法身佛，卢
舍那佛是报身佛，释迦牟尼佛是应身佛。

阿艾石窟主室右侧壁绘有一幅卢舍那佛。

（二）艺术风格

龟兹石窟中的佛像风格主要有三类：龟兹
风格、汉风风格和回鹘风格。

图 5.67　阿艾石窟主室右侧壁　药师佛

1. 龟兹风格佛像

龟兹风格佛像是指在龟兹本地传统文化基础上吸收犍陀罗艺术、秣菟罗艺术、波
斯艺术，乃至中原地区艺术，逐渐产生和发展起来的佛教艺术风格，是经过长期发展
而形成的相对稳定的具有鲜明民族和地域特色的一种艺术模式。其年代为公元4—9
世纪。

现将其主要特点列表如下：

发髻样式	发髻颜色	白毫	脸型	五官特征
①磨光发髻； 肉髻扁平 ②螺髻； 肉髻扁平	蓝色	圆圈形	椭圆	额头宽； 距发髻距离长； 五官集中

① "去来今佛，一切悉等，为一法身。"载《大正藏》，第10册，第592页。
② 《大正藏》，第9册，第399、736页。

续表

袈裟样式	袈裟颜色	手印	手特征	姿态
①通肩 ②袒右 ③偏衫	①贴金箔 ②灰色 ③黑色	①禅定印 ②说法印	手指修长； 指节由粗变细； 指尖上翘	①立姿 ②跏趺坐 ③交脚 ④倚坐姿 ⑤卧姿

佛座	头光	背光		
①金刚座 ②莲花座	圆轮形	圆轮形		

    龟兹风佛像艺术的最重要的特点就是佛像的面貌、神态、服饰等都被打上了龟兹地域的烙印。

    首先是面部造型开始平面化，具有明显的龟兹地区本地民族特点。其特征主要是：头形椭圆，额际扁高而宽阔，发际到眉间的距离较长，两颊浑圆，下颌短而深陷两颊中，形成所谓的双下巴。圆浑的脸上，安排着小而集中的五官，形成长眉、大眼、高鼻、纤口的特点。上述特点均与犍陀罗风格的佛像有着明显的区别。手的造型上二者区别也很大。犍陀罗风格佛像的手部较写实、手指粗短、指尖上翘、指肚圆润。龟兹风佛像的手指修长、指节由粗变细，指肚均匀，指尖上翘。（图 5.68）

    其次是龟兹佛像色彩使用上。龟兹风格佛像的袈裟颜色除赤色外，还出现了贴金、青灰色和黑色的袈裟，佛像的发髻部位用蓝色绘出，与印度地区佛像发髻一般为黑色不同。

    龟兹石窟中除了阿艾石窟以外，其余 8 处石窟——克孜尔石窟、库木吐喇石窟、森木塞姆石窟、克孜尔尕哈石窟、玛扎伯哈石窟、托乎拉克艾肯石窟、台台尔石窟、温巴什石窟中都存有大量龟兹风格的佛像。

2. 汉风佛像

    龟兹地区汉风佛像形成于唐代安

图 5.68 库木吐喇石窟窟群区第 63 窟主室券顶 因缘故事

西大都护时期，是汉传佛教在龟兹地区传播的见证。主要保存在库木吐喇石窟和阿艾石窟中，其代表为库木吐喇石窟窟群区的第11、14—17窟以及阿艾石窟中的佛像，明显具有同时期汉传佛教艺术的特点。其年代为公元8—9世纪。①

汉风佛像造型为中原人的特征，五官分散、眼睛细长、眼角上扬、嘴唇丰盈、下巴丰韵；手部写实、手掌宽大、手指丰满、肉感十足。佛衣衣着样式上除了犍陀罗风格和龟兹风格流行的通肩、袒右、偏衫袈裟外，还出现了中原地区流行的典型袈裟样式：敷搭双肩下垂式袈裟、钩钮式袈裟和"半披式"融入"敷搭双肩下垂式"的袈裟。

库木吐喇石窟窟群区第12窟后甬道正壁第4身佛像，上身内着僧祇支，外披两层袈裟，内层袈裟左领襟自然下垂，右领襟下垂至腹部复向上敷搭至右前臂，外层袈裟右袒披着后，末端并未敷搭至左前臂，而是将左臂、左肩一并敷盖。这种披"敷搭双肩下垂式"佛衣的佛像最早见于龙门普泰洞北壁大龛内坐佛，在东魏、北齐境内的佛像中也最为常见，除安阳大留圣窟东魏三佛外，安阳小南海、南响堂山及曲阳修德寺的北齐佛像衣着多为此式。②

"钩钮式"佛衣出现于北朝晚期的山东青州地区，分别以右袒和通肩的方式呈现，其中右袒披着袈裟律典中并未要求施钩钮，而通肩披着施钩钮，须将钩钮藏于敷搭左肩的袈裟之下。③此种佛衣样式见库木吐喇石窟窟群区第12窟后甬道正壁第2身佛像。

"半披式"融入"敷搭双肩下垂式"并不是以叠加方式，而是将"敷搭双肩下垂式"中外层袈裟的"右袒式"改作"半披式"。以现有实物资料看，"半披式"融入"敷搭双肩下垂式"始见于北朝晚期石窟造像，发生时间要晚于"敷搭双肩下垂式"。这种新式披法在北朝造像中为数不多，地域分布却较广，北周以后趋于流行并成为隋唐佛衣的常见样式，多见于天龙山、莫高窟及四川同期石窟造像中。④这种样式见于库木吐喇石窟窟群区第14窟正壁经变图中的佛像。

3. 回鹘风格佛像

回鹘风格的佛像是公元9世纪西迁龟兹的西域回鹘人按照本民族的审美习惯，吸收中原地区及龟兹艺术形式所创造的佛像艺术风格，其年代为公元9世纪及以后。

回鹘风格佛像的主要特点包括：发髻中分，肉髻高耸，呈灰色；脸型方圆，额头偏窄，下颌宽大，颧骨突出；五官较集中，鼻梁挺直，樱桃小口，眉毛呈柳叶形，眼睛细长，眼皮两至三层；手掌宽大，手指细长，指肚均匀向指尖逐渐变细；大多佛像身穿土红色通肩袈裟，也有穿着袒右、偏衫式袈裟的；坐莲花座乘着流云说法，身旁有小供养

① 马世长：《库木吐喇的汉风洞窟》，载新疆维吾尔自治区文物管理委员会、库车市文物保管所、北京大学考古系编，《中国石窟·库木吐喇石窟》，第223页，北京，文物出版社，1992年。
② 费泳：《"敷搭双领下垂式"与"钩钮式"佛衣在北朝晚期的兴起》，载《考古与文物》，2010（5），第72页。
③ 费泳：《"敷搭双领下垂式"与"钩钮式"佛衣在北朝晚期的兴起》，载《考古与文物》，2010（5），第72页。
④ 费泳：《佛衣样式中的"半披式"及其在南北方的演绎》，载《敦煌研究》，2009（3），第33页。

人或比丘。（图 5.69）

　　回鹘风格的佛像在龟兹地区分布比较广泛，库木吐喇石窟、森木塞姆石窟、克孜尔尕哈石窟、托乎拉克艾肯石窟和温巴什石窟都有发现。

　　其中库木吐喇石窟保存回鹘风格佛像洞窟的数量最多，有十余个。以窟群区第 10、42 和 45 窟最为典型。如第 45 窟两甬道各壁和后甬道正壁，现存的画面均交替绘佛和菩萨立像（第 10、12 窟两甬道内侧壁画面被切割），这些回鹘洞窟佛像的人物造型、装饰效果以及绘画技艺等方面具有明显的回鹘艺术特点，应当是吐鲁番回鹘佛教艺术西渐的结果。

图 5.69　库木吐喇石窟窟群区第 45 窟右甬道外侧壁的立佛

回鹘风格的佛像特点在柏孜克里克石窟第20窟的佛本行经变图（流失国外）中得到了充分的反映。该图正中绘着立佛，高大、慈祥。佛陀右手上举，双脚踏在莲花宝筏上，作施无畏状向大众说法。佛像五官及肢体造型均与上述龟兹地区回鹘风格佛像相同。有趣的是，这尊立佛长有胡须，佛身略呈S形，衣纹用屈铁盘丝画法，紧贴身体。（图5.70）

这种长胡须的佛像在柏孜克里克石窟第15、31、33窟佛本行经变图中都有出现，在库木吐喇石窟窟群区第42窟中的佛像上也可以看到，其中有几身佛像还披着钩纽式田相袈裟，与柏孜克里克石窟第20窟智通、进惠、法惠三都统供养像中人物着装一致。但这几身佛像与柏孜克里克第20窟中佛像的磨光发髻不同，为螺发式的高肉髻。

库木吐喇石窟窟群区第42、45窟中的部分佛像佩戴耳环，这种情况在吐鲁番高昌回鹘时期的所有洞窟中未曾见过，这可能是回鹘风格从吐鲁番地区西渐龟兹，当地回鹘人民在原有风格的基础上又有所创新和发展的结果。

图5.70　柏孜克里克石窟第20窟　佛本行经变

二、菩萨

（一）观音菩萨

观音又名观世音、观自在。他在无量国土中，以菩萨之身到处寻声救苦。观音菩萨具有平等无私的广大悲愿，当众生遇到任何的困难和苦痛，如能至诚称念观世音菩萨，就会得到菩萨的救护。

佛告诉无尽意菩萨：“善男子，如果有无量百千万亿那么多的众生，他们遭受到种种苦恼，现在听说过观世音菩萨之后，只要一心称念他的名号，观世音菩萨就会立即观察到这音声，使那些身处苦恼的人都得到解脱。如果有人奉持称诵观世音菩萨的名号，那么即使他不幸陷入大火之中，大火也不能将其烧着，这是因为此菩萨有大威力大神力的缘故。假如有人不幸被大水卷走，只要他有称念观世音菩萨的名号，他就能很快到达浅处。假如有百千万亿那么多的众生，为了寻求金、银、琉璃、砗磲、玛瑙、珊瑚、琥珀、珍珠等宝物，乘船进入大海，即使正好碰上狂风，将其船只吹到罗刹鬼国，如果其中有人，甚至仅仅一人，称念观世音菩萨的名号，那么所遇难的人都能从鬼国中解脱出来。因为这种因缘，所以就称其为观世音菩萨。”①

而且，观世音菩萨最能适应众生的要求，对不同的众生，便现化不同的身相，说不同的法门。

佛告诉无尽意菩萨：“善男子，在三千大千世界的国土中，若有众生应以佛身而获得救度的，观世音菩萨即现佛身为其说法；应以辟支佛身获得救度的，即现辟支佛身为其说法；应以声闻身获得救度的，即现声闻身为其说法；应以梵王身获得救度的，即现梵王身为其说法；应以帝释身获得救度的，即现帝释身为其说法；应以自在天身获得救度的，即现自在天身为其说法；应以大自在天身获得救度的，即现大自在天身为其说法；应以天上大将军身获得救度的，即现天上大将军身为其说法；应以毗沙门身获得救度的，即现毗沙门身为其说法；应以小王身获得救度的，即现小王身为其说法；应以长者身获得救度的，即现长者身为其说法；应以居士身获得救度的，即现居士身为其说法；应以婆罗门身获得救度的，即现婆罗门身为其说法；应以比丘、比丘尼、男居士、女居士身获得救度的，即现比丘、比丘尼、男居士、女居士身为其说法；应以长者、居士、宰官、婆罗门的妇女身获得救度的，即现相应的妇女身为其说法；应以童男、童女身获得救度的，即现童男、童女身为其说法；应以天神、龙神、乾闼婆、阿修罗、迦楼罗、紧那罗、摩睺罗伽以及人和非人之身获得救度的，即现各之自身为其说法；应以金刚神身获得救度的，即现金刚神身为其说法。”②

---

① 《大正藏》，第9册，第56页。
② 《大正藏》，第9册，第57页。

魏晋时期，观音信仰传入中国，其传播包括经典和图像两个内容。这时期，观音形象为男像，一般作为阿弥陀佛的胁侍。唐代，观音信仰进入一个高潮时期，观音的功能和类型也日益多样，他也是法华经中释迦座前的大菩萨，同时与密教教义有关的六观音也开始出现。但无论如何变化，观音救赎现世的特点始终没有改变。

　　龟兹石窟中现存有表现观音信仰的壁画保存在阿艾石窟的正壁、左侧壁以及库木吐喇石窟窟群区第14和16窟。其图像样式主要有两种：西方净土变中的观音菩萨和单尊的观音菩萨。它们各自的功能也不同。

　　1. 西方净土变中的观音菩萨

　　西方净土变中的观音菩萨是阿弥陀佛的胁侍菩萨，出现在《阿弥陀经变》和《观无量寿经变》中。佛经记载，观音菩萨在这种信仰中具有重要地位，观音菩萨是协助阿弥陀佛接引众生往生西方的菩萨。观音菩萨也被认为是极乐世界教主阿弥陀佛的接班人，阿弥陀佛涅槃之后将由观音菩萨继承佛位教化西方极乐世界。

　　还有经典指出，信仰、礼拜观世音菩萨，或持念、修持观世音相关的陀罗尼或仪轨，并以此功德发愿往生极乐世界，也可以达成往生极乐世界的愿望。因此，在有关西方净土的造像中，观音是重要的内容。

　　阿艾石窟的正壁以及库木吐喇石窟窟群区第14和第16窟都绘有此种观音。（图5.71）

　　2. 单尊观音像

　　另一种单尊的观音出现于阿艾石窟的左侧壁。头戴化佛冠，上身内着僧祇支，披璎珞，外披双领下垂式袈裟，下着裙裤，挂流苏环佩。两手执物脱落，从残存部分看，应为莲花或杨枝。（图5.72）

　　根据有关学者的研究，该窟是中小层民众以社邑方式兴建的洞窟。因而，此身观音的性质当是救赎现世的观音。

　　3. 宋元以后观音信仰的变化

　　宋元以后，观音信仰日益世俗化和中国化，一个表现就是女相观音的流行，以及更多观音造型的出现。这种变化，我们在龟兹地区的石窟壁画中也可以看到。

　　库木吐喇石窟窟群区第42、45窟右甬道外侧壁均发现与西方净土信仰相关的圣观音造像及汉文题记，库木吐喇石窟窟群区第38窟主室地坪发现有马头观音的画像，库木吐喇石窟窟群区第12窟后甬道正壁有三头八臂的不空羂索观音画像，库木吐喇石窟窟群区第7和第41窟发现有千手千眼观音的塑像残件。

　　（1）马头观音

　　库木吐喇石窟窟群区第38窟主室地坪发现有马头观音的画像。该菩萨像有头光、裸上身，双手托盘，盘内放一摩尼宝珠和两个绿色珠环。头冠中，绘一马头。（图5.73）

　　据佛典记载，马头观音是胎藏界观音院之一尊，六观音之一，为畜生道之教主，是无量寿之忿怒身，以观音为自性身，以马置于头，故曰马头观音，亦曰马头大士，为大

图 5.71　库木吐喇石窟窟群区第 14 窟主室正壁　　　图 5.72　阿艾石窟主室左侧壁　观音菩萨
　　　　观音菩萨

忿怒威猛摧伏之形，故称为马头明王^①，乃五部明王中莲华部之明王。戴马者，如转轮圣王之宝马驰驱四方而威伏之，表跋涉生死大海摧伏四魔之大威势力大精进力，有啖食无明重障之意。

（2）不空罥索观音

库木吐喇石窟窟群区第 12 窟后甬道正壁有三头八臂的不空罥索观音画像。该观音像几与人等高。三面，左面毁；右面较小，为怪面，耀眉睬眼，白牙露出；正面，丰颐秀目，气质娴雅，慈善安宁。头冠大多毁。八臂，上二臂，左手上举托圆月，右手上举托红日；次二臂，左臂左手上举掐持莲花枝，右臂毁；再二臂下垂，手及印契均毁；下二臂于胸际双手合掌。手腕均佩二轮宝镯。（图 5.74）

不空罥索，六观音之一。"不空"是指心愿不空。"罥索"原意是指古代印度在战争或狩猎时捕捉人马的绳索。以"不空罥索"为名，是象征观世音菩萨以慈悲的罥索救度化导众生，其心愿不会落空的意思。依密教经典记载，在过去九十一劫的最后一劫中，观世音菩萨曾经接受世间自在王如来的传授，而学得不空罥索心王母陀罗尼。此后，观世音菩萨即常以该真言教法，化导无量百千众生。^②因此，当观世音菩萨示现化身以此

① 全佛编辑部：《观音宝典》，第 123~124 页，北京，中国社会科学出版社，2003 年。
② 《大正藏》，第 20 册，第 227 页。

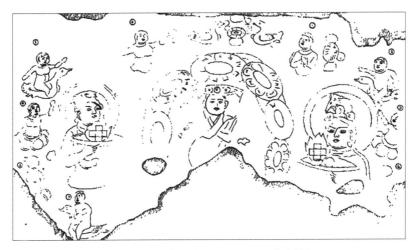

图 5.73　库木吐喇石窟窟群区第 38 窟主室地坪画

图 5.74　库木吐喇石窟窟群区第 12 窟后甬道正壁　不空罥索观音

法度众时，便称为不空胃索观音。对于不空胃索观音的信仰，唐代以后逐渐流行，随即也传入了龟兹。

（3）千手千眼观音

从经轨的卷数、造像的流行程度上看，千手千眼观音是诸观音中最主要的一种。其形象，在两眼两臂之外，左右各有二十手，表示如来、金刚、摩尼、莲华、羯磨五部各八手，成为四十手。四十手中现菩萨像，每手含二十五有界，故成一千。"千"，表无量、圆满之义。即"千手"象征此观音大悲利他之方便无量广大，"千眼"象征应物化导时观察机根之智圆满无碍。

至于此观音的由来，伽梵达摩著《大悲心陀罗尼经》记载如下。

观世音菩萨再次对佛说："世尊，我忆念过去无量亿劫，有佛出世，名号千光王静住如来。那佛世尊，因为怜悯顾念我，以及为一切众生，演说这广大圆满无碍大悲心陀罗尼。（那佛）以金色手，摩我头顶，这般说道：善男子，你当受持这心咒。普为未来恶世一切众生，作大利乐。我那时，才刚登上菩萨初地。一听闻这咒，便超越菩萨八地。我那时因为心欢喜，便发誓言：如果我将来，能够利益安乐一切众生的话，令我当下身体生出具足的千手千眼。发了誓愿后，身体应时具足千手千眼。"①

信仰《大悲心陀罗尼经》及千手千眼观音者可得"十五善生"、可避免"十五恶死"。其"恶死"者有不令其饥饿困苦死，不为枷禁杖楚死，不为怨家仇对死，不为军阵相杀死，不为豺狼恶兽残害死，不为毒蛇蚖蝎所中死，不为水火焚漂死，不为毒药所中死，不为蛊毒害死，不为狂乱失念死，不为山树崖岸坠落死，不为恶人厌魅死，不为邪神恶鬼得便死，不为恶病缠身死，不为非分自害死等。十五种善生者即所生之处常逢善王，常生善国，常值好时，常逢善友，身根常得具足，道心纯熟，不犯禁戒，所有眷属恩义和顺，资具财食常得丰足，恒得他人恭敬扶接，所有财宝不受他人劫夺，意欲所求皆悉称遂，龙天善神恒常护卫，所生之处见佛闻法，所闻正法悟甚深义等。②

有关此尊之仪轨及图像等，至唐朝时始传至我国。据千眼千臂观世音菩萨陀罗尼神咒经之序所载，武德年中（618—626），中天竺僧瞿多提婆赍来此尊之形像及结坛手印之经本；贞观年中（627—649），另有北天竺僧以千臂千眼陀罗尼之梵本奉进，后由智通译成汉文。③故有关此尊之信仰，至7世纪已逐渐形成。"千手千眼观音"塑像盛行于宋代，龟兹地区也同时流行。

库木吐喇石窟窟群区第7窟和第41窟发现均有千手千眼观音的塑像残件，多个手掌中可见眼睛。

---

① 《大正藏》，第20册，第206页。
② 《大正藏》，第20册，第107页。
③ 《大正藏》，第20册，第83页。

（二）文殊菩萨

文殊全称"文殊师利"。在佛教中，文殊代表般若大智，是辅佐佛陀弘法的上首菩萨。初期大乘佛教中，文殊是最具崇高威望的菩萨，几乎主要的大乘经典都会提及，"法王子"在佛经中往往是文殊的专有称呼。

依大乘经典所载，在所有大菩萨中，文殊菩萨不只是四大菩萨中"大智"的象征，而且，在过去世他曾为七佛之师。其锐利的智慧，被喻为三世诸佛成道之母，因而有"三世觉母妙吉祥"的尊号。而且，依《首楞严三昧经》所载，他在久远的过去世早已成佛，号称龙种上如来。所以，其为释迦牟尼佛二胁侍之一，只不过一种慈悲度化的大权示现而已。[①]

释迦牟尼灭度后，文殊菩萨在印度铁围山和弥勒、阿难等菩萨共同结集大乘经典，使之得以存世并发扬光大。

在印度及西域等地，有关文殊信仰之记载很少。中国自东晋以来信仰文殊之风渐盛，于唐代达到顶峰。

其形像种类颇多，或作草衣文殊，或作僧形文殊，或作童子形，或作渡海之相，而以右手持智剑、左手执青莲花，以狮子为坐骑的文殊像，最为常见。

文殊像既有绘于经变画中，如《法华经变》《维摩诘经变》《华严经变》，也有单尊像。

龟兹石窟中，库木吐喇石窟窟群区第16窟的主室正壁绘有法华经变，其中主室正壁上方佛龛左侧绘骑狮文殊菩萨。其项饰璎珞，臂腕配钏，左足踏莲花，半结跏趺坐于狮子上。周围绘制三身胁侍菩萨。文殊菩萨及周围胁侍菩萨丰腴华美。文殊菩萨左下方绘制一身牵狮昆仑奴，昆仑奴及狮子均踏莲花。[②]文殊周围云气环绕，飞天供养。整幅法华经变的布局和文殊的造型与同时期敦煌的法华经变极为相似。[③]此外，库木吐喇石窟窟群区第12窟左甬道内侧壁也绘有骑狮的文殊形象。[④]

单尊像的文殊菩萨见于阿艾石窟主室右侧壁和库木吐喇石窟窟群区第42窟后甬道正壁，旁边有汉文题记。（图5.75）

（三）地藏菩萨

依据佛经记载，地藏菩萨是释迦灭度后至弥勒出现之间，愿意现身六道，普救众生的菩萨。因他像大地一样安忍不动、静虑深密，故名地藏。[⑤]

至迟在公元6世纪，地藏信仰已经传入中原。唐代是地藏信仰的一个繁盛时期。这

① 《大正藏》，第15册，第643页。

② 此资料由德国柏林亚洲艺术博物馆提供。

③ 将骑狮文殊和乘象普贤对称布置的法华经变的图像，在初唐时期就已出现于敦煌的第220窟和331窟中。

④ 贾应逸：《新疆佛教壁画的历史学研究》，第239页，北京，中国人民大学出版社，2010年；

　　[德]格伦威德尔著：《新疆古佛寺》，赵崇民、巫新华译，第55页，北京，中国人民大学出版社，2007年。

⑤ 《大正藏》，第13册，第721页。

一时期，一方面由于唐代政治经济的繁荣，
为大量佛教造像的出现提供了物质基础。另
一方面，则是佛教在社会生活中的地位有了
很大的提高，灵验记的流行推动了大众对
佛教的信仰更加普及和虔诚。此外，玄奘对
《十轮经》的重译，也使得人们对地藏的信
仰达到新高度。[①] 这一时期，地藏信仰的主
要内容是普济六道众生。地藏菩萨的图像既
有菩萨装的，也有佛装以及沙门形的，其中
沙门形的常常与六趣图像结合。[②]

阿艾石窟的右侧壁绘有地藏菩萨的图
像。不过非常残破，仅可看出一个在熊熊烈
火中燃烧的鼎。可能是地狱的局部。

图 5.75　阿艾石窟主室右侧壁　文殊菩萨

宋元以后，地藏的济世功能减弱，其主要职能变为幽冥世界的救济者。这种转变
的原因，一方面是此时传入地藏类经典，描述了地藏菩萨的大愿为：众生度尽，方证菩
提；地狱未空，誓不成佛。[③] 那些恶贯满盈的众生，只要改恶从善，至心诵念地藏菩萨
圣号，可以解除一切苦厄，体现出他对救度地狱众生的独特关怀。另一方面则是与中国
民众固有的重视死后世界的背景有关。此外，也与中国早期幽冥世界救济者多为僧侣有
关。而华严宗人则是推动地藏信仰变化的佛教界力量。

这一时期，地藏造像既有菩萨形，也有沙门形和佛装形，与《大乘大集地藏十轮
经》所载一致。地藏菩萨，"为了成熟一切有情众生，在十方一切佛土世界，有时示现
大梵王身，为诸众生说与其相应的妙法，有时示现大自在天身，或化作欲界他化自在天
身、乐变化天身。或作睹史多天身、夜摩天身、帝释天身、四大王天身。或者示现佛
身、菩萨身、独觉身、声闻身。又或者示现转轮王身、刹帝利身、婆罗门身、筏舍身、
戍达罗身。或者示现丈夫身、妇女身、童男身、童女身。或示现健达缚身、阿素洛身、
紧捺洛身、莫呼洛伽身。或者又示现龙身、药叉身、罗刹身、鸠畔荼身。或示现毕舍遮
身、饿鬼身、布怛那身、羯吒布怛那身、粤阇诃洛鬼身。或者示现狮子身、香象身、马
身、牛身，以及其他种种禽兽之身。或示现剡魔王身、地狱卒身，或者示现地狱中的一
切有情众生之身。示现像这样无量无数的各种种类的身相，为一切有情众生说与其相应
的佛法。还按照各个众生不同的情况，分别安置在三乘之中的不退转之位。"[④]

---

① 尹富：《中国地藏信仰研究》，第 117~133 页，成都，巴蜀书社，2009 年。
② 尹富：《中国地藏信仰研究》，第 134~139 页，成都，巴蜀书社，2009 年。
③《大正藏》，第 6 册，第 25 页。
④《大正藏》，第 13 册，第 725 页。

其中沙门形数量最多。沙门形地藏有时与六道或地狱图像相结合，充分体现出这一时期地藏菩萨的信仰内涵。① 它的理论依据为《大方广十轮经》载：一切六道诸众生，常为苦恼之所逼，当悉归命于地藏，当令苦恼悉消灭。②

这种造型的地藏像早在公元 7 世纪就已出现，但在这个时期才得以流行。

这种信仰及造像的变化在龟兹地区也有反映。如库木吐喇石窟窟群区第 75 窟就绘有结跏趺坐的地藏菩萨的画像，其双手捧摩尼珠，从中放出六道光芒，上绘六道众生。（图 5.76）

图 5.76　库木吐喇石窟窟群区第 75 窟主室正壁
地藏菩萨

此外，库木吐喇石窟窟群区第 79 窟主室右侧壁绘制的地狱经变图也属于地藏信仰的部分。第 12 窟右甬道外侧壁发现有地藏菩萨的题记。③

三、龙王

龙王，梵文 nāga，是蛇的神格化。中国佛教将其翻译成龙，试图注入中国传统龙崇拜的理念。但是，从佛教经典有关龙的性质与行为看，仍然保持着印度 nāga 的本色。

龙为水生动物，有呼风唤雨的神力，为佛教护法神。龙之首称为龙王。龙是群体，龙王亦有多数，著名的有八大龙王。佛经中龙王故事很多，龙的形象也是多种多样。

在佛陀一生经历中，与龙有很多因缘故事，如"九龙灌顶""龙王守护""降伏火龙"等。"本生故事"中与龙相关的故事也不少，如"大施抒海""马壁龙王"等。还有天相图中为金翅鸟食用的龙。但龙神最重要的功能是护卫佛及佛法。因为龙是护法部众的第二位，故护法神众被称为"天龙八部"。

佛教认为龙属于"傍生"（即畜生），"傍生"寿命不一，有长有短。难陀龙王是寿命最长的，寿可长一"中劫"。《俱舍论》说：傍生寿量多无定限，若寿极长，亦一中

① 尹富：《中国地藏信仰研究》，第 221~222 页，成都，巴蜀书社，2009 年。

② 《大正藏》，第 13 册，第 686 页。

③ 新疆维吾尔自治区文物管理委员会、库车市文物保管所、北京大学考古系编：《中国石窟·库木吐喇石窟》，第 264 页，北京，文物出版社，1992 年。

劫，谓难陀等诸大龙王。故世尊言，大龙有
八，皆住一劫能持大地。

龟兹石窟图像中，龙王的形象有非常鲜
明的拟人化，即人形与蛇形结合在一起。克
孜尔石窟第 179、193 窟，库木吐喇石窟窟群
区第 58 窟还保留有典型的龙王图像，尤以克
孜尔石窟第 193 窟为最完整（图 5.77）。龙王
有头光，身着龟兹式铠甲，头戴尖角冠，身
后有三角翼。头上伸出数条蛇。龟兹石窟护
法龙王的位置多在中心柱窟主室前壁门的一
侧，形体高大与真人相等，把守主室大门，
显出龙王护法的重要地位。这种造型可能是
龟兹创造的。

图 5.77　克孜尔石窟第 193 窟主室前壁　龙王

第七节

乐舞图

古代龟兹地区乐舞艺术发达，大唐高僧玄奘称其"管弦伎乐，独善诸国"，就是最
好的注脚。这种情况在龟兹壁画中也有所反映。

一、龟兹音乐

（一）乐器种类

根据有关史籍记载、洞窟壁画和出土文物等，古代龟兹地区的乐器，可分为拨弦、
吹奏和打击 3 个类型。

1. 拨弦乐器

拨弦乐器有五弦、曲颈琵琶、阮咸、竖箜篌、弓形箜篌和卧箜篌（筝），共计 6 种。

（1）五弦

五弦，全名为五弦琵琶。在龟兹地区的石窟群中是出现频率最高的乐器，在克孜尔

石窟第 8、14、38、80、98、100、135、192、196 等窟，库木吐喇石窟窟群区第 34、56、58 等窟，以及森木塞姆石窟第 26、42、48 等窟中都有图像表现。

五弦为木制，直颈，琴头呈梯形，有 5 个弦轸分列于顶端左右两侧，长形半梨状的共鸣箱与琴杆浑为一体。共鸣箱面上有两个月牙形音孔分置琴弦两侧，琴杆上有 4~5 个品柱或无品柱。五弦的弹奏方法，大多是以右手持木拨拨弦发声，左手按品位改变音高，演奏姿态多种多样。有自奏自舞，也有的与筚篥合奏。（图 5.78）

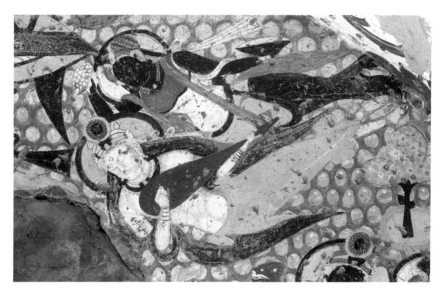

图 5.78　克孜尔石窟第 8 窟主室前壁　五弦琵琶

（2）曲颈琵琶

曲颈琵琶，是"曲颈四弦琵琶"的简称。在克孜尔石窟第 178 等窟，库木吐喇石窟窟群区第 13 和 46 等窟均有出现。

龟兹的曲颈琵琶为木制，曲颈四弦，4 个弦轸分列于顶端左右两侧，共鸣箱呈长圆形半梨状且与琴杆浑然一体。演奏姿态和技法与五弦相似，右手用木拨弹奏，左手按弦定音。

（3）阮咸

阮咸，是龟兹石窟中使用最多的乐器之一。在克孜尔石窟第 14、38、77、80、98、118、206 等窟，克孜尔尕哈石窟第 11 窟中都有表现。

这种乐器传自中原，但在龟兹地区有所发展。历史上阮咸有曲颈和直颈两种。曲颈阮咸出现较早，在克孜尔石窟的早期壁画第 14、38 窟中可见，在南北朝至隋朝以后即被直颈阮咸所替代。阮咸用拨子演奏，共鸣体为圆形、长把、四弦。另外，在克孜尔石窟第 77 窟中，画有一种三弦阮咸。这个阮咸也为直颈，琴体呈圆状，由于弦数只有 3 根，故琴把非常细长，此阮咸在演奏时，会因转调而频繁更换把位。（图 5.79）

（4）竖箜篌

竖箜篌，在克孜尔石窟第 80 窟，库木吐喇石窟窟群区第 13、58 窟，克孜尔尕哈石窟第 30 窟中可以见到。

竖箜篌有多种形制，有弓形琴杆、琴弦直挂（库木吐喇石窟窟群区第 13 窟、克孜尔石窟第 69 窟），也有长形半梨状共鸣箱前斜挂琴弦，底端为不知质地的囊状共鸣箱，弓形琴杆插入其中，琴弦或直挂或斜挂琴杆上（克孜尔石窟第 80 窟）。

龟兹壁画中，大多为 10~14 根弦的小型竖箜篌，用左臂夹琴体，两手拨奏。（图 5.80）

图 5.79　克孜尔石窟第 77 窟后室正壁　阮咸　　　图 5.80　森木塞姆石窟第 48 窟主
　　　　　　　　　　　　　　　　　　　　　　　　　　　　室正壁　竖箜篌

（5）弓形箜篌

弓形箜篌，在克孜尔石窟第 38、80 窟，森木塞姆石窟第 48 窟中有描绘。弓形箜篌的特征是共鸣体在下部，呈竖式，再伸出弦杆，形似弓状，所以被称为弓形箜篌。它与竖箜篌有一个明显的区别，即弓形箜篌的弦轴在琴的竖端，竖箜篌则在琴的底端。弓形箜篌传自印度，原来是用拨子弹奏的，传入龟兹后，改成了两手拨弹，使得它的表现能力大大提高。（图 5.81）

（6）卧箜篌（筝）

卧箜篌（筝）仅发现于库木吐喇石窟窟群区第 68 号窟。壁画中的筝共鸣箱为略呈长方形板体，柱数和弦数皆已经无法辨别。它的演奏方法是左手按品，右手徒手或执拨子进行弹奏。

2. 吹奏乐器

吹奏乐器有筚篥、排箫、笙、横笛、洞箫、贝、铜角。共计 7 种，此处介绍 5 种。

（1）筚篥

筚篥，在克孜尔石窟第 38、100 窟，库木吐喇石窟窟群区第 13、46 窟中均有描绘。

　　筚篥是用芦苇或竹制成的吹奏乐器，其顶端有一个倒梯形（上宽下窄）的哨片，由两个苇片相夹，用以固定，管身开音孔，一般为 7 个。演奏时双手竖执筚篥，口吹哨片发音，双手按音孔改变音高。

　　这种乐器产生于龟兹。传入中原后，在隋唐燕乐中与琵琶同为主要旋律乐器，同时，由于筚篥的音调基本固定，因此筚篥就成为隋唐宫廷弦乐器定音的标准乐器。（图 5.82）

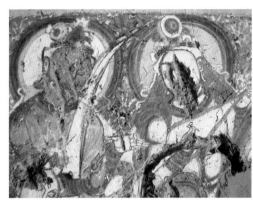

图 5.81　克孜尔石窟第 80 窟主室右侧壁　凤首箜篌　图 5.82　库木吐喇石窟窟群区第 46 窟主室　筚篥

　　（2）排箫

　　排箫，为石窟群中第二位常见乐器，分别在克孜尔石窟第 77、100、135 窟，库木吐喇石窟窟群区第 13、16、58 窟，克孜尔尕哈石窟第 30 窟等窟中出现。

　　排箫为竹制，由 9~14 根竹管并排用绳系在一起。在龟兹石窟中，排箫有两种形制，一种为数管按由短到长并排而成，乐器呈梯形状，此为中原式排箫；另一种为排箫的数管以相同长度排列，形制近似为方形，多在龟兹早期壁画中出现，系龟兹艺人依据龟兹音律进行的改变。

　　在克孜尔石窟第 77 窟（公元 4 世纪）中描绘的排箫为等管形制，而克孜尔尕哈石窟第 30 窟（公元 7 世纪）中天人手执的排箫形制似单翼形。排箫的音色悠扬青涩，婉转动听，管数越多，可吹奏的音域越宽。在克孜尔石窟第 189 窟中绘有 12 管排箫，在库木吐喇石窟窟群区第 16 窟中绘有 16 管排箫。

　　（3）笙

　　笙，在库木吐喇石窟窟群区第 13、68、73 窟中出现。

　　笙为簧管型吹奏乐器，刘熙《释名》说："笙……以匏为之，其中空，以受簧也。"笙有十七簧、十九簧、二十三簧等多种形制，一般将多簧的笙称为"竽"，又把大笙称为"巢"，小笙称为"和"。库木吐喇石窟窟群区第 13 窟内描绘的笙为系彩带，匏体，圆形。

　　笙是汉族乐器，来自中原。（图 5.83）

图 5.83 库木吐喇石窟壁画中的笙

（4）横笛

横笛，克孜尔石窟第 38、77、193 等窟的壁画中都有呈现。

壁画中的横笛为竹制，两端无底，管身上有七个气孔。演奏时，用两手控制气孔开合发出不同的音高，用嘴送气发音（图 5.84）

图 5.84　克孜尔石窟第 38 窟主室右侧壁　横笛

（5）铜角

在日本大谷探险队挖走的龟兹舍利盒乐舞图上有铜角的形象。[①]《旧唐书·音乐志》中记载："西戎有吹金者，铜角是也，长二尺，形如牛角。"[②]

3. 打击乐器

龟兹乐器中，打击乐器的种类是最多的，有腰鼓、毛员鼓、都昙鼓、羯鼓、答腊鼓、鸡娄鼓、齐鼓、大鼓、铜钹、拍板、碰铃、手鼓、铁环和铜锣等。

（1）腰鼓

腰鼓，克孜尔石窟第 163、224 窟，在库木吐喇石窟窟群区第 13、68 窟中均有描绘，说明它是龟兹乐中常用的乐器。腰鼓为中间细，两头宽，鼓的两面蒙皮，用绳系在腰间用双手击打出声。（图 5.85）

（2）毛员鼓和都昙鼓

毛员鼓和都昙鼓的形状特点都是鼓腰内敛，呈蜂腰式。《通典》中记载："都昙鼓似腰鼓而小，以槌击之"，"毛员鼓似都昙鼓而稍大"。[③]

毛员鼓可见于克孜尔石窟第 171 窟。（图 5.86）

① 霍旭初、祁小山著：《丝绸之路——新疆佛教艺术》，第 171 页，乌鲁木齐，新疆大学出版社，2006 年。
② （后晋）刘昫撰：《旧唐书》，第 1078 页，北京，中华书局，2013 年。
③ （唐）杜佑撰：《通典》，第 752 页，北京，中华书局，2000 年。

图 5.85　克孜尔石窟第 77 窟后室顶部　腰鼓　　图 5.86　克孜尔石窟第 171 窟主室券顶　毛员鼓

（3）羯鼓

羯鼓，是龟兹乐中的代表乐器之一，在克孜尔石窟第 224 窟和库木吐喇石窟窟群区第 68 窟中都有较为清晰的描绘。

文献中记载，羯鼓为桶状的直筒型，因两杖相击，故称两杖鼓。羯鼓传入中原以后，在唐代是非常受欢迎的乐器，常用于独奏，两面蒙皮，鼓槌敲打，声音很高，有极丰富的表现力："其声焦杀鸣烈，尤宜促曲急破，作战杖连碎之声，又宜高楼晚景，明月清风破空透远。"

（4）答腊鼓

答腊鼓，在克孜尔石窟第 38、77 和 135 窟中，库木吐喇石窟窟群区第 68 窟中有描绘。

据《文献通考》记载："答腊鼓，龟兹、疏勒之器也。其制如羯鼓，抑又广而短，以指揩之，其声甚震，亦谓之揩鼓也，后世教坊奏龟兹曲用焉。"① 由此可知，答腊鼓是从羯鼓演变而来，但演奏方法不尽相同，答腊鼓是以指揩奏，就是用手指摩擦鼓面，而不用木槌。这种鼓，多用于戏剧音乐，如舞蹈、游艺师、乞食还有耍猴等。（图 5.87）

---

① （元）马端临：《文献通考》，第 1208 页，北京，中华书局，1986 年。

（5）鸡娄鼓

鸡娄鼓，见于克孜尔石窟第186窟。是近于球形的框，两头张着面积狭窄的革面。《通典》中记载："鸡娄鼓，正圆，而首尾可击之处，平可数寸。"①

（6）鼗鼓

鼗鼓，实际上就是拨浪鼓。克孜尔石窟第8、184、186窟因缘故事中出现了这一乐器。

《周礼·春官·宗伯》"掌教鼗鼓"郑玄注："如鼓而小，持其柄摇之，旁耳还自击。"②

（7）大鼓

在克孜尔石窟第76窟降伏魔众的壁画上有大鼓的描绘。

大鼓实际上是从羯鼓演变而来的，鼓面朝上，用两杖相击演奏。《新唐书》中记载："革有杖鼓、第二鼓、第三鼓、腰鼓、大鼓。"③

（8）铜钹

铜钹，可见于克孜尔石窟第38窟。

《旧唐书·音乐志》记载："铜钹，亦谓之铜盘……其圆数寸，隐起若浮沤，贯之以韦皮，相击以和乐也。"④一副两枚，直径不大，由一根绳子维系。铜钹为佛教僧人法会时所用。（图5.88）

（9）拍板

拍板，在库木吐喇石窟窟群区第68窟中有描绘。

龟兹石窟中的拍板一般由6块板组成，将这些木片或者铁片排在一起，用绳穿连起来，两手以板相击拍打。

《文献通考》中记载："拍板长阔如手，重大者九板，小者六板，以韦编之。胡部以为乐节盖所以代抃也。"⑤记载与画面相符。（图5.89）

图5.87　克孜尔石窟第135窟主室穹窿顶答腊鼓

① （唐）杜佑：《通典》，第752页，北京，中华书局，1984年。

② （唐）南卓：《羯鼓录》，载《中国文学参考资料小丛书（第1辑）》，第3页，上海，古典文学出版社，1957年。

③ （北宋）欧阳修、宋祁等：《新唐书》卷二十二，第473页，北京，中华书局，1975年。

④ （后晋）刘昫撰：《旧唐书》卷二十九，第1078页，北京，中华书局，1975年。

⑤ （元）马端临著：《文献通考》，第1231页，北京，中华书局，1986年。

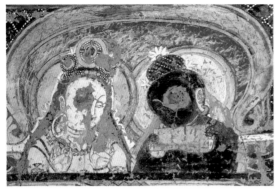
图 5.88　克孜尔石窟第 38 窟主室右侧壁　铜钹

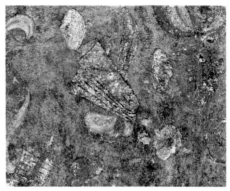
图 5.89　库木吐喇石窟窟群区第 68 窟主室
窟顶　拍板

（二）乐器源流

1. 本地乐器

“龟兹乐”中有很多都是龟兹本土的乐器，但长期以来，有些乐器被误认为是来自西亚及印度。通过史籍文献的记载，属于龟兹本土乐器的有筚篥。

筚篥，是古代龟兹语的译名，其还有“屠觱”“必栗”“悲篥”“觱篥”等不同译法。

史籍中有充分的证据证明筚篥是龟兹乐中固有的吹奏乐器。《乐府杂录》中记载：“觱篥者，本龟兹国乐也，亦曰悲篥。”[①]唐代诗人李欣有“南山截竹为觱篥，此乐本是龟兹出”的描述。《文献通考》中有：“陈氏乐书曰觱篥，一名悲篥，一名笳管。羌胡龟兹之乐也。”[②]

龟兹筚篥为气孔乐器，传入中原后，由原先的七孔乐器被改制为九孔乐器。

2. 来自中原的乐器

除了龟兹乐器被带入中原，中原的乐器也输出到了西域。在龟兹壁画中有许多来自中原的乐器，它们是筝、排箫、笙、鼗鼓、拍板等。

（1）卧箜篌（筝）

卧箜篌（筝），是中原古代秦国的乐器，向以秦筝著称。

《史记·李斯传》中有载：“弹筝搏髀，而歌呼呜呜快耳（目）者，真秦之声也。”[③]曹植的《箜篌引》中说：“秦筝何慷慨，齐瑟且和柔。”这些皆可说明卧箜篌（筝）是汉族乐器。

卧箜篌（筝）在“龟兹乐”中称为弹筝，用拨子弹奏。（图 5.90）

（2）排箫

排箫，也是中原古老而知名的乐器。

《文献通考》中记载：“世本曰，舜所造，其形参差象凤翼，长二尺。尔雅曰，编

① （唐）段安节：《乐府杂录》，罗济平校点，第 13 页，沈阳，辽宁教育出版社，1998 年。
② （元）马端临：《文献通考》，第 1224 页，北京，中华书局，1986 年。
③ （西汉）司马迁著：《史记》，第 2543~2544 页，北京，中华书局，1959 年。

图 5.90　库木吐喇石窟窟群区第 68 窟主室券顶　筝

二十二管，长一尺四寸者曰箫，十六管，长尺二寸者曰筊，凡箫，一名籁。"[①]

　　龟兹石窟中出现的为 10 管箫，在舍利盒上画的是 14 管箫，都属于小型的"筊"类。

　　（3）笙

　　笙，是古老的汉族乐器。

　　《礼记》中有"女娲之笙簧。"殷代卜辞中有"和"，"和"即是笙，因此在周礼春官大司乐中就有笙师掌教吹笙竽了。

　　笙自汉代起就在西域使用，由于西域与中原的密切交往，龟兹王奉行汉乐制度，不少汉族音乐家来到西域，促使笙在西域流传。（图 5.91）

图 5.91　库木吐喇石窟窟群区第 68 窟主室券顶　笙

　　（4）鼗鼓

　　鼗鼓，是中原十分古老的乐器，可能在汉代就已经传入龟兹，并且成为西域行巫作法的乐器。

---

① （元）马端临著：《文献通考》，第 1222 页，北京，中华书局，1986 年。

在中原的龟兹乐队中，羯鼓与鸡娄鼓并合为一人兼奏，是汉族授之于西域民族的。

（5）拍板

拍板，为汉族乐器，来自中原。在西域由汉人开凿的石窟中，多有描绘，这说明来自中原的汉族乐器在天山南麓各地非常受欢迎。

3. 来自西亚和印度的乐器

龟兹乐器中有一部分是来自西亚和印度地区，其中有曲颈琵琶、竖箜篌、凤首箜篌、贝、铜钹和手鼓等，后来经过聪明的龟兹人对乐器的改造和对演奏法的改革，大大推进了乐器的发展。

（1）五弦琵琶

五弦琵琶源于印度。目前发现最早的五弦琵琶的图像资料见于印度的阿马拉瓦蒂佛塔。该佛塔的建造年代为公元2世纪。魏晋前后五弦琵琶传入龟兹，后又由龟兹传入中原。尽管龟兹石窟现存壁画中的五弦琵琶没有早于4世纪的，但其实际流行时间很可能早于4世纪。

（2）曲颈琵琶

曲颈琵琶，来自西亚。

早在公元前4000年，美索不达米亚已出现琵琶。公元前8世纪波斯开始使用琵琶，此种琵琶的共鸣体很大，梨形接近于圆状，其颈向后弯曲，类似半月牙形，故称"曲颈琵琶"。

传入龟兹后的曲颈琵琶，经过龟兹人的改制，共鸣体没有波斯那样圆大，而是向修长方向发展，呈长形半梨状。

（3）竖箜篌

竖箜篌源于西亚，后传入波斯、犍陀罗，然后传入西域，汉代传入中原，唐代又东渡传到日本。

早在公元前3000年至公元前2110年的埃及古王国中就已出现了竖箜篌。从埃及古墓中出土过1米、2米和近3米高的弓形箜篌，埃及人叫作"哈卜"，分别有13根弦、18根弦，甚至22根弦，站立拨奏琴弦。公元前2000多年在亚述使用的是一种小型的抱在怀里弹奏的箜篌，他们叫作"桑加"，有弓形和角形的不同形制。这种竖箜篌的琴轴在弓形上端，后来传到了波斯，称作 Cǎnk。

西汉年间 Cǎnk 从波斯传入西域，因为是竖式演奏，所以叫"竖箜篌"，以区别于卧箜篌。

（4）弓形箜篌

弓形箜篌，源于印度，随佛教传入龟兹，比竖箜篌较晚传入西域，是"天竺乐"的代表乐器。

龟兹的音乐家把原有的14根弦改为10根弦，演奏方法也从原来的单手拨奏改为双手拨奏。这不仅在龟兹壁画中有充分反映，同时在昭怙厘大寺遗址出土的舍利盒乐舞图上的弓型箜篌也是双手拨奏的姿态。

（5）腰鼓

龟兹地区的腰鼓的形制与印度帕鲁德地区公元前 2—1 世纪雕刻中出现的腰鼓形制相同，即腰鼓两端大小相似，而中原早期腰鼓两端大小不一致。故而龟兹腰鼓应该是从印度传入的。同属腰鼓类的毛员鼓和都昙鼓，也应该是由印度传入，或者有所改良的乐器。

（6）铜钹

铜钹，源于亚述。公元前 800 年，亚述人已开始使用这种乐器了，后来铜钹又从希腊一直向东，随着亚历山大东征传到了北印度，之后传入西域，还到了中原。

《通典》中记载："铜钹，亦谓之铜盘，出西戎及南蛮，其圆数寸，隐起如浮沤贯之，以韦相击，以和乐也。"①《妙法莲华经》中也说："箫笛琴箜篌，琵琶铙铜钹。"②鸠摩罗什在公元 385 年随吕光到中原，因此可知中原在东晋时已开始使用铜钹了，那么可以推测，铜钹应是在两汉时期传入西域的。

（7）手鼓

手鼓，源自希伯来语 daft，古代的亚述人和埃及人都使用这种乐器。很显然，手鼓是随着丝绸之路传入龟兹，并被龟兹人所喜爱，直到今天。

综上所述，龟兹乐器博采众长，丰富多彩，对繁荣龟兹当地的音乐以及乐器形制的发展都做出了不可磨灭的贡献。

4. 龟兹的乐队

"龟兹乐"的乐队编制以吹乐、弹乐和鼓乐并用为特色，其中吹奏乐器为主奏旋律及和声，拨弦乐器奏旋律兼节奏，打击乐器则击打节奏。（图 5.92）

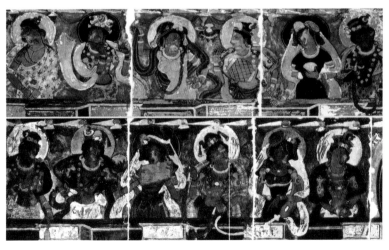

图 5.92　克孜尔石窟第 76 窟主室侧壁上部　天宫伎乐

① （唐）杜佑：《通典》，第 752 页，北京，中华书局，1984 年。
② 冯国超：《妙法莲华经》，第 57 页，长春，吉林人民出版社，2003 年。

　　龟兹乐队具有丰富的音色和生动的表现力。婉转流畅的横笛，悠扬飘洒的排箫，典雅柔和的笙，温雅清亮的筚篥，尖利洪亮的贝，粗犷嘹亮的铜角，构成色彩斑斓的吹乐图，拨弦乐器的晶莹通透，再加上有革制、铜制、木制、铁制等丰富材质的打击乐器，更为乐队增添色彩。

　　乐队的音域多达两到三个八度，可分高、中、低音三个声部，如吹奏乐器组，横笛、排箫为高音乐器，筚篥、洞箫、笙为中音乐器，贝和铜角为低音乐器。

　　打击乐在"龟兹乐"中占有绝对优势，在总共20余种乐器中，打击乐就有14种，说明龟兹乐中鼓乐的重要地位，这和龟兹乐中舞曲众多也有关系。在打击乐中，又尤以羯鼓更为重要，它担纲指挥和领奏。

　　龟兹乐队的阵容齐全，规模较大，无论是乐器的种类，还是乐工人数，皆列中原宫廷音乐和域外乐部之首。据史料记载，"龟兹乐"乐工20人，皂丝布头巾，绯丝布袍，锦袖，绯布袴，各种乐器的组合方式多种多样，演奏方式也非单纯的齐奏，而是有全奏、合奏、领奏或独奏。

　　在克孜尔石窟第38、100窟的"天宫伎乐"图中，龟兹乐的表演形式多为双人歌舞，即一人奏乐，一人舞蹈，或者边奏边舞。这种组合形式，在龟兹石窟以外的石窟壁画中尚属少见，这很可能与龟兹民间流行的双人歌舞有关。龟兹使用的乐器皆为小型、非卧弹的乐器，便于拿在手上，边歌边舞、边奏边舞，显示出龟兹音乐轻快、热烈和奔放的特点，这与现在维吾尔族的歌舞形式如出一辙，不难看出它们之间的渊源关系。（图5.93）

图 5.93　克孜尔石窟第 38 窟右侧壁　天宫伎乐

　　从龟兹石窟壁画中还可以看到，这种两人一组的乐舞形式多为男女组合。男伎乐多担纲弹拨与打击乐器，女伎乐担纲吹奏乐器。这也表明男伎乐在演奏中占有主要地位，主奏乐器及控制节拍和节奏。

　　从乐器的组合来看，通常是一个主奏乐器与一个节奏乐器形成组合。比如，一位男伎乐在吹奏排箫，旁边的女伎乐则敲打铜钹以示节拍。吹奏乐器为主奏声部时，弹拨乐器则担任控制细小节拍的节奏声部。如此看来，每两人就能组织成一支小乐队，若是整个天宫乐队同时演奏，则为莺歌燕舞，鼓乐齐鸣，声势浩大，不同凡响。

二、龟兹舞蹈

　　龟兹壁画中也有大量的舞蹈场面，根据研究，舞蹈的种类有持具舞、胡旋舞和胡腾舞、双人歌舞等。

（一）龟兹舞蹈的种类

1. 持具舞

持具舞，表演时多用道具，或持乐器，或持巾带，或挥花舞碗等。特别是女子舞蹈，多以披帛彩带、璎珞花绳为道具，飘逸洒脱，姿态万千。使用各种道具作为舞蹈的表现手段，是龟兹舞蹈表现形式的一个突出特点。

（1）飘带舞

飘带舞又称绸舞。飘带舞是汉民族古老的传统舞蹈，远在西汉时已相当流行，在汉画像砖已有描绘。在龟兹石窟壁画中多次出现飘带舞，说明飘带舞曾在古代龟兹地区广为流传。这充分体现了汉民族和龟兹古代民族的文化交流。（图5.94）

克孜尔石窟第135窟有两幅舞飘带的伎乐图，两舞者一个站姿、一个跃姿，飘带在手中飞扬，姿态栩栩如生。

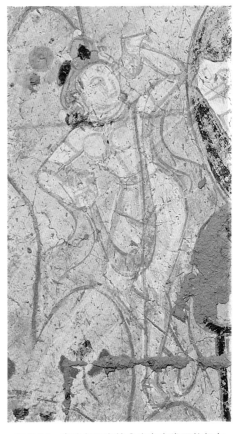

图5.94　克孜尔石窟第8窟主室券顶的舞女形象

在克孜尔石窟第77窟绘有一裸上身的舞伎，伎人双手持一帛带，左臂上扬，右臂下垂，帛带呈弓形，右脚呈前掖腿状，从舞姿上看，好像在做跳跃的动作。

（2）鼓舞

在龟兹舞蹈中，鼓舞的种类很多。

对于龟兹舞蹈来说，"心应弦、手应鼓"，是龟兹舞蹈也是西域舞蹈独具一格的表演特点。反映在壁画中的鼓舞种类有腰鼓舞、鸡娄鼓舞等。不同类型的鼓舞，舞蹈风格也不同。

在克孜尔石窟第224窟有一幅双手击腰鼓的图，画面上的舞者胸前挂有一鼓身较长的圆形鼓，舞者头向左偏，上身左拧，重心稍向前倾，双手做击鼓状。舞者姿态柔美娴缓。

克孜尔石窟第77窟画有一幅拍鸡娄鼓的伎乐图，画面上的舞者正在双手拍鼓，左腿做吸腿跳动作。从舞者的姿态可以看出这是一个欢快活泼的舞蹈。

在第101、135等窟中均有鼓舞的壁画，这表明了各种类型的鼓舞在龟兹舞乐中占有极为重要的位置。

（3）碗舞、盘舞

托碗、托盘的舞蹈伎乐图也是克孜尔石窟壁画中比较多见的。如，第135窟就绘有一幅碗舞图，画面上的舞者右手胸前托碗，左臂屈肘位于胸前，是一个似准备转碗的姿态。在第38窟天宫伎乐图中，有很多托盘的舞蹈姿态，从画面上舞者手中倾斜的盘，可以想象出盘舞的技巧难度。

2. 胡旋舞和胡腾舞

（1）胡旋舞

胡旋舞发源于康国、史国、米国（均在今中亚乌兹别克斯坦境内）一带。

隋唐《九部乐》《十部乐》也有《康国乐》"急转如风，俗谓之胡旋"的记载，可见这种舞蹈的动作特点以急速连续旋转为主，节奏鲜明，轻快敏捷。胡旋舞表演者多为女子，也有男子参加。其表演形式可以是独舞，亦有双人或三四人群舞。

图5.95　克孜尔石窟第135窟主室穹隆顶的舞者

龟兹石窟壁画中也保存了一些发带飞扬、衣裙飘起、正在旋转起舞的人物形象，可被视作胡旋舞在佛教壁画中的反映。（图5.95）

（2）胡腾舞

胡腾舞源于石国（唐属安西都护府管辖，故址在今中亚塔什干一带）。

胡腾舞的节奏较快，伴奏的音乐自始至终都以欢快跳跃的旋律作为基调。舞者以急促多变、纷繁复杂的舞步，以及高难度的腾跃、空转、大幅度的弯腰等技巧动作为其特征，舞姿矫捷豪放、刚中有柔、刚柔相济。

在克孜尔石窟第69窟壁画中，就有一幅女子做"撼头"动作的图。克孜尔石窟第80窟有拍手舞图，第175窟中也有拍手舞画面，这些都是"抃"的动作。在第189、178窟中均可见到"弹指"姿态。

3. 双人歌舞

双人伎乐图在克孜尔石窟壁画中，是比较常见的一种。

在克孜尔石窟第69窟绘有两幅双人伎乐图，每幅图均由一男一女两个伎乐菩萨相依而舞组成，从画面上看，应是一种边歌边舞的形式。较多的画面为一人弹奏乐器，一人舞蹈。也有两人徒手而舞的，两舞者之间动作配合得非常默契，造型充满了柔情。

从双人伎乐图所表现的情调来看，大体是以表现男女爱情为主要内容的。类似这样的双人伎乐图在克孜尔石窟第38、100等窟都可见到。

（二）龟兹舞蹈的主要特点

从隋唐时代关于龟兹舞乐的记载来看，龟兹舞蹈主要有以下几个特点。

1. 种类繁多

从内容上说，有自娱性舞蹈、表演性舞蹈、生活习俗舞蹈等；从表演形式上说，有单人舞、四人舞、多人舞、双人歌舞等。

2. 富于变化

龟兹舞者表演时表情非常丰富，节奏时急时缓，具有强烈的对比性。舞蹈动作有刚有柔，起伏鲜明，韵味无穷，具有强烈的艺术魅力。龟兹舞者腾踏跳跃，忽而蹁跹，忽而奔放，跷脚弹指，撼头弄目，情动于中不能自已。飞速旋转和带有杂技性的舞蹈技巧令人目眩，此种艺术风格和技巧至今仍遗存于新疆及中亚地区各民族舞蹈之中。

3. 舞姿造型独特

依据史料和壁画形象，我们可将龟兹舞蹈的舞姿造型归纳为以下几种：手臂的姿态多见左臂高举，左手翻腕托掌，右臂平举屈肘，掌心向外，拇指、食指相捏，脚的站姿多见双脚交叉（女），或站"右踏步"，基本造型为以头、腰、腿成S形曲线，含胸出胯，总体姿态优美典雅。从现存的壁画姿态中，特别是面部丰富的表情、手形的变化和胯的耸出，可看到印度舞蹈的影响。

4. 所持道具多样

在龟兹壁画舞蹈形象中，对彩带和披纱的运用很普遍，持巾舞蹈的、持彩带舞蹈的伎乐图很多，从中反映出中原善舞绸帛对龟兹的影响。鼓舞的伎乐图也不少，舞蹈与乐器结合，边演奏边舞蹈的也比较多见，如吹筚篥的、吹横笛的、吹箫的，乐器既用于演奏，又用来作为舞蹈道具，是龟兹舞蹈的突出特点。这种形式既可以借助于乐器的音响、旋律、节奏传递舞蹈的内在情感，更能借助于道具变化出万千姿态，来延伸舞蹈，增加舞蹈的感染力。

佛教作为一种宗教，其宗教仪规往往与一定的艺术形式相结合。音乐是艺术形式中最活跃、最显现的因素之一。音乐能够激发信众对佛教的宗教情感，有助于他们对佛教的理解，促进僧侣的佛教修行。因此，音乐也就成了体现佛教信仰和宣传佛教教理、教义乃至帮助修行的重要手段。音乐是佛教思想家、教育家非常重视的一种方便法门，是佛教文化的一个固有内容。

龟兹壁画中出现乐舞场面是佛教文化内涵的一个反映。但是，龟兹壁画中的乐舞场面出现之多，规模之大，内容之丰富，乐舞的本地化和世俗化色彩之强烈却是其他地区所罕见的。这与古代龟兹地区乐舞艺术发达有着密切关系。

除了玄奘对龟兹乐舞给予高度评价外，在许多历史文献、古代传记、小说、诗词、笔记和传说中也都有龟兹盛行音乐舞蹈的记述。龟兹乐舞自汉时即入乐府，以其绚丽多姿的舞蹈、声势浩大的吹奏场面影响着中原及其周边少数民族的音乐文化。隋唐时期，龟兹乐均是中央王朝厘定的宫廷音乐中的主要部分，对我国优秀传统音乐文化的形成发挥了重要作用。

第八节

服饰

西域服饰文化源远流长，各民族的服饰随着所处地理环境、气候条件、战争需要、民族特色、审美需求等因素在不断变化着。

各民族的服饰虽各有特色，但也有许多的关联之处。我们会发现不管是龟兹服饰、回鹘服饰还是粟特服饰等，从服装的质地看都显得很厚重，这应与西域地处亚欧大陆内部，冬季寒冷、夏季炎热、温差大、风沙较多等因素有关。

西域民族服饰大都以窄袖袍服、裤子、靴子为主，冠或是帽的样式非常多，服饰色彩多样化，装饰的图案也十分丰富，佩戴各种首饰和装饰品，这些都是生活在西域地区各民族服饰的相似之处。不同之处体现在发式、袍服的款式、配饰等方面，龟兹人的发式多是短发垂项，而回鹘人多辫发垂肩。

龟兹石窟中的服饰是在历史长河中日积月累形成的深厚广博的民族文化复合体，是古代龟兹物质文明的重要标志之一。有关龟兹石窟服饰的文字记录见于《汉书》《晋书》《旧唐书》等，但也只是寥寥数语，未作具体描述。除文献记录外，龟兹石窟壁画中的人物形象也为研究龟兹石窟服饰提供了珍贵的图像资料。但因龟兹石窟屡遭破坏，壁画剥落严重，对于服饰的研究要做好文献资料与实物壁画的结合。

龟兹石窟壁画中的服饰主要有佛衣、僧衣、天人装、世俗供养人装、普通百姓装等，既有关于佛教文化的服饰，又有关于世俗百姓的服饰。其中，世俗供养人的服饰是龟兹石窟壁画服饰中最具特色的，不同于佛、菩萨等具有神秘宗教色彩，世俗供养人服饰更能真实地反映当时的服饰文化，或许在壁画中会有所美化，但大致是不会有很多偏差的。

龟兹石窟壁画中绘制了许多供养人形象。供养人，即出资造窟的功德主及其家人、侍从等人物。古代佛教徒认为开窟造像这种耗资巨大的佛教供养活动是极大的功德，为了表现对佛的虔诚，彰扬礼佛供养的功德，他们往往将自己的画像绘制在洞窟内。出资造窟需要耗费巨大的人力、物力，非少数人可以独立完成，因此供养人像往往是成组出现的，龟兹石窟的供养人也大都是以群像的形式出现。

供养人包括王侯供养人、供养比丘以及普通人物等。我们这里所说的世俗供养人是国王与王后、贵族及普通人物。公元3世纪龟兹石窟壁画中已出现供养人像，这一时期的世俗供养人像大多绘制在洞窟内不明显的部位且人物比例小，服饰简单，反映出供养人在壁画中尚处低微的地位。之后，世俗供养人地位有所提高，形象也变大，服饰趋于华丽，开始出现女性供养人。龟兹石窟壁画中现存世俗供养人中男性供养人比例高于女性供养人，且女性供养人多出现在与男性王侯贵族供养人并列的场合，少见有平民女性供养人。到了石窟发展的繁盛期，龟兹石窟壁画中的供养人以龟兹王室贵族供养人像为主，他们多绘制在主室前壁门道两侧或是左右甬道的内外侧壁，人物形象非常高大，服饰华丽繁复。不论是男性供养人还是女性供养人，都是以礼拜、供养佛的姿态出现，除了少数跪拜像外，大多是侧面姿态站立，表现出虔诚礼敬的神情。

沈括在《梦溪笔谈》里说到"中国衣冠，自北齐以来，乃全用胡服。窄袖绯绿短衣，长勒靴，有蹀躞带，皆胡服也。窄袖利于驰射，短衣长勒皆便于涉草……带衣所垂蹀躞，盖欲佩带弓剑、帉帨、算囊、刀砺之类。"从这段话中我们可以了解到，胡人的服装样式以窄袖衣、长筒靴为主，有蹀躞带（蹀躞带即腰带，可在上悬挂各类物品）。形成这种形式的服装，是因为紧身窄袖衣便于骑马射箭，短衣与长筒靴便于在草地上行走，腰间束带，可以用来佩带小刀、巾、磨刀石一类的物品。龟兹石窟壁画中世俗供养人的服饰就是上述历史文献最好的印证。

服装的产生最初源于人们御寒的需求，之后才被运用到狩猎和战争时的防护。因此，龟兹石窟壁画中展现的服装样式还与当地的气候条件有关。龟兹地处北温带，大陆性半湿润季风气候，气温偏低，四季分明。同时，龟兹有着得天独厚的地理条件，北依横贯新疆的天山，南临中国最大的内陆河流——塔里木河，渭干河与库车河滋润着龟兹大地。龟兹的东西两面是塔里木盆地北缘平坦而广袤的平原，这里是亚洲连接西方的通道，也是古代民族生活、迁徙、征战的舞台。壁画中的龟兹服饰还有回鹘服饰，很多都是里外两层，外层的衣服厚实，可抵御大风、雨雪等。

龟兹石窟中绘制有世俗供养人的主要有5处石窟：龟兹石窟、库木吐喇石窟、龟兹石窟、森木塞姆石窟以及台台尔石窟。其中以龟兹、库木吐喇、龟兹和森木塞姆石窟最为丰富。这4处石窟中的龟兹供养人、回鹘供养人以及汉族供养人的穿着向我们展示了不同民族的服装样式，其中以龟兹供养人服饰最为精彩，回鹘供养人和汉族供养人的描绘虽不如柏孜克里克石窟、敦煌莫高窟那样丰富，但也具有本地特色。

龟兹石窟以龟兹供养人为主，因此壁画中多展现的是龟兹服饰，包括龟兹王和王后、贵族及普通平民，为我们展现了不同性别、不同地位的龟兹人服饰，具有比较广泛

的代表性。这种龟兹特色服饰应与龟兹人当时的生活习惯有关。《晋书·四夷传》记载
"龟兹国西去洛阳八千二百八十里，俗有城郭，其城三重，中有佛塔庙千所。人以田种
畜牧为业，男女皆剪发垂项。王宫壮丽，焕若神居"。当时的龟兹人以耕作业和畜牧业
为主，服饰既要抵御寒冷和风沙，又要便于狩猎和生产，还要满足艺术形式等精神层面
的追求，展现了当时龟兹人的智慧。

库木吐喇石窟世俗供养人较为多样，包括龟兹供养人、回鹘供养人以及汉族供养
人。库木吐喇龟兹供养人的穿着同样是龟兹服饰，但也出现了与传统服饰不一样的特殊
样式；回鹘供养人着典型回鹘服饰；汉族供养人穿纯汉式服饰。此外，还出现了回鹘服
饰与汉族服饰的混合穿着，两者相互交融，充分体现了多民族文化共融背景下的古龟兹
受到中原佛教艺术回传的影响。

克孜尔尕哈石窟的世俗供养人同样以龟兹供养人为主，未出现回鹘供养人和汉族
供养人。因克孜尔尕哈石窟是龟兹王族寺院，壁画中的龟兹供养人服饰为我们展现了
龟兹贵族的穿着打扮，其服饰形制与克孜尔石窟中龟兹贵族的服饰基本相同。除一组
绘制在克孜尔尕哈石窟第 31 窟特殊穿着的供养人外，这组供养人的服饰似藏族传统服
饰褚巴。

森木塞姆石窟世俗供养人数量较少，只有龟兹供养人和回鹘供养人，除回鹘供养
人服饰出现圆帽外，两者所穿的服饰也与其他三处石窟的龟兹供养人与回鹘供养人穿着
一致。

龟兹石窟世俗供养人服饰类型可以分为本土服饰、回鹘风服饰、汉风服饰、其他服
饰四类。每一类服饰依据性别的不同、地位的高低等有所变化。

一、龟兹风服饰

龟兹风服饰是龟兹本地人身着服饰，其中龟兹王、王后与贵族的服饰非常华丽，普
通平民的服饰则相对简单。

（一）克孜尔石窟所见供养人服饰及配饰

龟兹本土服饰以克孜尔石窟最为典型。克孜尔石窟的龟兹供养人主要绘制在主室
前壁、主室左右侧壁、左右甬道等地方，少数分布在主室正壁、券腹、佛龛内。通过观
察可发现这些供养人在洞窟内的位置变化有一定的规律：①早期供养人多出现在主室前
壁不太醒目的地方，形态较小，很少有成组出现的供养人，如谷西区第 47 窟、新 1 窟，
（图 5.96）整个洞窟只有一身龟兹供养人。②随着克孜尔石窟的发展，供养人开始绘制
在甬道的内外侧壁，这一时期的供养人大多成组出现，人物形象比较高大，在洞窟中非
常醒目，如谷东区第 189 窟，（图 5.97）共有 5 身站立的男性龟兹供养人，绘制在南壁主
室窗左侧下部。其中两身保存较为完好，其余 3 身大部分缺失，这 5 身供养人均面朝同
一方向，头部微向前倾。

图 5.96　克孜尔石窟新 1 窟主室右侧壁的龟兹
供养人

图 5.97　克孜尔石窟第 189 窟主室前壁的龟兹
供养人

1. 供养人姿势

克孜尔石窟龟兹供养人的姿势一共有两种：站姿和跪姿。呈站姿的龟兹供养人不是脚掌落地的，而是双脚以脚尖点地，身姿活泼多样，这是龟兹供养人常见的供养姿势。同一洞窟同一组供养人姿势基本相同，但不同组供养人姿势可能有所不同。谷西区第 69窟，位于主室前壁半圆端面的这组供养人呈跪姿，龟兹王及王后／王妃在持灯比丘的引导下，身体均朝向画面的中心跪坐着，正聆听佛祖说法，礼拜供养；位于主室左侧壁下端的这组供养人呈站姿，两身男性供养人面朝相反方向站立着。

2. 供养人发式

西域地区的发式主要有剪发与辫发两种形制，通过观察我们可以发现，壁画中的龟兹供养人无论男女均为剪发，唯一不同的是，龟兹王是不剪发的。这些在史籍中均有相关记载：《大唐西域记》对龟兹人的描述是"服饰锦褐，断发巾帽"；《旧唐书·西戎传》载"龟兹……男女皆剪发，垂与项齐，唯王不剪发"，同样的描述还见于《晋书》等史料，可见壁画里描绘的与文献记载是一致的。男性供养人中分，发长至耳际，垂于脑后，偶有系装饰性头巾者。女性供养人亦为中分，头发向后垂至耳际，大都系装饰性的头巾。龟兹男性供养人与女性供养人发式方面并无区别，但值得注意的是龟兹王的发式，据《魏书》记载"龟兹……其王头系彩带，垂之于后，坐金狮子床"。对于龟兹王具体是长发披肩还是辫发，这些并没有文字的具体描述，只知道龟兹王也是系装饰性的彩带。

3. 男性供养人服饰

龟兹男性供养人均为上衣下裤的组合，窄袖与束腰是其特点，身份高贵者服饰华丽，多上身内着贴身衣衫，外穿翻领、广口、半袖、及膝长袍，下身穿紧腿裤，脚穿尖头靴，戴由圆环组合而成的腰带。

如谷东区第 199 窟，（图 5.98）右甬道内侧壁原有 6 身衣着华丽的龟兹供养人，现已被揭取，其中两身遗失于第二次世界大战，剩余 4 身供养人现保存于德国柏林亚洲艺术博物馆。这 4 身男性供养人头部

图 5.98　克孜尔石窟第 199 窟右甬道内侧壁的龟兹供养人

微向前倾、面朝同一方向站立。右起第一身供养人带有头光，短发垂项，中分，头发向后垂到后颈上，系一条白色的头巾。上身内搭圆领、贴身衣衫，外穿翻领、半袖、及膝长袍，下身穿紧腿裤，脚穿尖头短靴，戴由金属片组合而成的腰带，腰上挂一把短刀，刀身系一条锦带，同时还配有一把长剑，衣料上绘制了绚丽多彩的纹饰。紧随其后的第二身供养人相比第一身供养人外搭的锦袍稍显简化，衣袖也由宽半袖变为长窄袖。第三、第四身供养人与第二身供养人服饰一致。从服饰及带头光可看出他们身份的高贵。

身份略低者服饰稍显简单，有的上身穿翻领、窄袖、及膝长袍。如谷西区第 69 窟，位于主室左壁下端有两身男性供养人，面朝相反方向呈站立姿势，短发垂项，上身穿翻领、对襟、窄袖、及膝长袍，两身供养人领口样式略微不同，衣领以横纹装饰，下部壁画已无存，系圆环相连的腰带。两身供养人都右手持莲花，左手叉腰，显得恭敬又活泼。

有的穿圆领、窄袖、及膝长袍。如第185 窟等，（图 5.99）位于券顶右侧券腹一男性供养人，双手合十在胸前，跪坐在佛祖左侧。上身穿圆领、窄袖、及膝长袍，衣服上装饰有菱格纹。与圆领的单一样式不同，翻领既有对称向两边翻开的双翻领；还有只有一侧有翻领，另一侧直接与

图 5.99　克孜尔石窟第 185 窟右侧券腹的龟兹供养人

衣襟相连的单翻领。单翻领还可划分为有飘带与无飘带的，这个飘带指的是在翻出的领尖上连接有一条与领子镶边同宽、同色的带子。这个飘带一条在身前，另一条从肩部绕至身后垂下。

4. 女性供养人服饰

女性供养人多以上衣下裙的方式为主，上身着翻领或圆领衣衫，下身穿下摆宽大的长裙，披帛。如谷东区第171窟，位于主室前壁门道左侧两身站立的女性供养人，从头光可看出身份的高贵，她们跟随在一男性供养人身后，上身穿紧身窄袖短衣，下身着拖地长裙，披帛。

龟兹王后衣着更为繁复，后山区第205窟的龟兹王后斯瓦扬·普拉芭短发垂项，（图5.100）头戴绒帽，两侧有缎带。上身内穿紧身、窄袖、条纹衣衫，外搭翻领、

图 5.100　克孜尔石窟第205窟主室前壁的龟兹供养人

半臂、短身锦袍，下身穿长裙，颈挂璎珞，双手亦持璎珞。

5. 供养人配饰

供养人的配饰，可分为佩戴与手持两种。男性供养人与女性供养人有佩戴耳饰、项链等精美首饰的情况出现，其中以耳饰出现的最多，但耳饰并不是所有的供养人都有佩戴，以王和王后等龟兹贵族为代表，地位越高佩戴的耳饰越复杂。

男性供养人的腰上除了十字手柄的长剑、短刀外，还会系香囊、巾一类的物件。（图5.101）女性供养人多身披璎珞，手亦持璎珞。男性与女性供养人大都手持物品，如香炉、莲花等，这些都是出现较为频繁的物品，也有个别供养人所持物品在其他供养人中未出现的。克孜尔石窟第198窟有一身供养人左手下垂提一单耳壶，右手高举持一杯或碗状物。男性供养人的短刀和女性供养人的耳饰等不是同一种样式，而是多种多样的。如谷西区第69窟主室前壁龟兹王所佩短刀与其他龟兹男性供养人所佩短刀不一样，非常有特点。

6. 供养人服装纹饰

龟兹石窟中的纹饰不仅出现在壁画中，在造像及出土文物中也有出现。

龟兹供养人服饰上也多有装饰性的图案，简单的纹饰有三角纹、斜纹、联珠纹等，复杂的纹饰有莲花纹等植物纹饰以及组合纹饰。联珠纹是出现得较为频繁的纹饰，源于波斯，这种纹样在新疆地区的石窟以及内地的石窟中都很常见，说明了它们之间的相承

图 5.101　克孜尔石窟第 8 窟右甬道内侧壁的龟兹供养人

关系。龟兹石窟中环形联珠纹主要装饰在衣服的边缘，让服饰整体看起来更加挺括。

谷西区第 8 窟中龟兹供养人服饰上的图案较为丰富，出现了周围带有闪光的小形十字纹、菱格纹、桃心纹、梅花纹等，这些精致的纹饰在不同的供养人身上相互交织，使得画面更加生动与活泼。

斜纹多出现于龟兹王与王后的服饰中。后山区第 205 窟龟兹王与王后的服饰上除斜纹外还出现了组合纹饰，龟兹王身上有联珠纹组合成的三角纹式，王后裙子上的组合纹饰更加繁复，六边形框内绘制了花纹和三角纹饰等。谷东区第 171 窟主室前壁门道右侧有一女性供养人拖地长裙上的图案颇为特别，这个纹饰在其他供养人身上没有出现过，通过观察，似向日葵，暂定为植物纹饰。（图 5.102）

图 5.102　克孜尔石窟第 171 窟主室前壁的龟兹供养人

7. 供养人服饰配色

龟兹供养人服饰颜色以白色、红色、赭色、蓝色、绿色为主，这也是龟兹石窟壁画的主体颜色。这5种颜色在供养人身上不断变化，有时以白色、蓝色、绿色为基本色调，在其上面带有红色的装饰；有时以红色、白色为基本色调，在其上面带有蓝色、绿色的装饰。

身份高贵者，服饰颜色种类较多，像上文描述的第8、199、205等窟内的龟兹贵族衣服颜色多样；身份低微者，服饰的颜色则较为单调，像谷西区第69窟主室左侧壁下端的两身男性供养人衣服以白色和赭色为基本色调，无蓝色、绿色等较鲜艳的颜色。（图5.103）

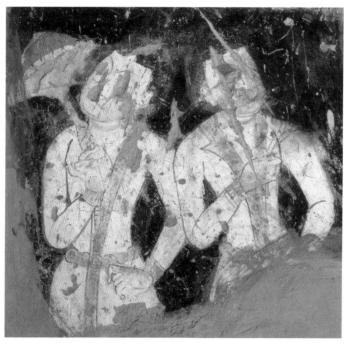

图 5.103　克孜尔石窟第 69 窟主室左侧壁的龟兹供养人

（二）龟兹地区其他石窟中的供养人服饰

库木吐喇石窟、克孜尔尕哈石窟等龟兹供养人服饰与克孜尔石窟基本一致，但也有例外。

1. 库木吐喇石窟

（1）男性供养人

库木吐喇石窟有几身龟兹男性供养人服饰较为特殊。

库木吐喇石窟窟群区第23窟的男性供养人短发垂项，系一条头巾，有放射性的头光。服饰为内穿圆领、窄袖衣衫，外搭对襟袍服，胸部有横向的装饰宽带，里外两层，里层的服装下摆明显长出外层的服装，袖口类似于现代的流苏袖，与常见的双翻领半臂的效果相同，系腰带，配短刀、长剑等。

还有库木吐喇石窟谷口区第 17 窟有一身站立的男性供养人，面部已无存，有头光，头光更加的华丽，不是放射状，而是同心圆，并且每一圈都有不同的纹饰。服饰为里外两层，里层为一圆领衣衫，外层为单翻领、窄袖、及膝袍服，其单翻领的领尖不是三角形而是呈方形的，胸部也有横向的装饰宽带，里面一层衣衫下摆明显长出外层袍服许多，系腰带，腰上挂短刀、长剑，短刀也与其他供养人佩戴的短刀不一样，形制比较特别，不是尖刀，而是形状呈梯形的刀，靠近刀柄处较窄，腰部为弧形。

这些都是与其他几处石窟男性龟兹供养人服饰不同的地方。

（2）女性供养人

库木吐喇石窟女性龟兹供养人的服饰也有特别之处。

上衣下裙的形制不变，不同的是女性供养人发上系长至肩下的披巾，戴半圆形的帽饰，上身穿翻领或是圆领、窄袖短衣，下摆有一定的弧度，收腰，圆领的上衣会在领口处打一个蝴蝶结，下身穿宽松的筒裙。

这种宽松的筒裙不似克孜尔石窟女性供养人的大裙摆，宽大的裙摆会使人物形象稍显臃肿，库木吐喇的女性供养人更显干练。

2. 克孜尔尕哈石窟

克孜尔尕哈石窟第 13、14 窟的龟兹供养人画像中出现了地神托举龟兹王和王后的形象，为龟兹石窟所独有。龟兹王与王后脚尖点地，两腿之间可见地神双手托举其双足。（图 5.104）

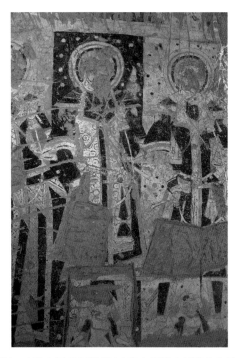

图 5.104 克孜尔尕哈石窟第 14 窟右甬道内侧壁的龟兹供养人

佛教的地神，名坚牢，因其是佛教的十二天之第十天，故又名地天。地神有男性形象，也有女性形象：男性地神头顶有球形发髻，脸颊有浓密的络腮胡须，上身裸露，双肩两侧垂下披帛缠绕在双臂上，有头光；女性地神头顶亦有球形发髻，戴头巾，上身着无袖的胸衣，披帛绕臂，亦有头光。不论是男性地神还是女性地神都曲臂，双手托举上方供养人的双足。

克孜尔尕哈石窟第14窟右甬道内侧壁龟兹王后的服饰，上身服饰与克孜尔石窟的王后服装的形制接近，不同的是在上衣下摆的部分有三角形的装饰，下身的服装造型为桶状的，前襟和下摆有很宽的装饰带，并且是开衩的，没有宽大的下摆。

二、汉风服饰

龟兹石窟中绘制有汉族供养人的主要保存在库木吐喇石窟，数量也不多。

库木吐喇石窟中的汉族供养人，与大批汉僧来此传教、学习有关。汉僧的到来将中原佛教艺术也带来此地，汉风艺术在此大量传播，深刻影响了西域佛教艺术，丰富了龟兹的佛教体系。

第16窟主室前壁绘制有一身站立的男性供养人，与真人同高，头带幞头，唇上有须，穿朱红色盘领衫，束腰带，双手拱于胸前，与唐代供养人像风格一致，旁有汉文榜题，马世长先生在《库木吐喇的汉风洞窟》一文中认为："根据此供养人服饰和高大形象判断，应是一个身份较高贵的唐代汉族官吏供养人像。"

第46附一窟中曾清理出壁画残块，壁画残存女性供养人像，横插木梳，衣服为交领样式，根据这几身供养人的服饰还有题名等可以判断其为汉人。

图　5.105

第75窟主室右侧壁亦绘制有汉族供养人。龟兹石窟的汉风供养人直观地体现了中原文化对龟兹佛教及佛教艺术的影响。

三、回鹘风服饰

龟兹石窟中，库木吐喇石窟回鹘供养人像是最丰富的，尤其是库木吐喇石窟第75、79窟，保存相对完整，是研究龟兹地区回鹘风服饰的重要资料。

1. 库木吐喇石窟中的回鹘男性供养人形象

库木吐喇石窟回鹘男女供养人服饰以红色为主。男性供养人辫发垂肩或中分后披，头戴三叉冠或尖顶花瓣形高冠。如库木吐喇窟群区第38窟一男性回鹘供养人头戴三叉冠，冠后有两根飘带，冠以带系结，头发中分后披。头戴三叉冠的形象在库木吐喇石窟回鹘供养人中仅此一例。三叉冠的样式非常独特，主要特征是冠体呈圆柱形，冠顶上竖立 3 个等高柱状物。这个在其他民族服饰中极少见，因此一般认为三叉冠是回鹘男性独特的服饰。窟群区第 79 窟主室前壁一男性供养人发式中分后披，头戴尖顶花瓣形冠，颔下系带，冠座圆形，冠体如一片片莲花花瓣尖而高，从后向前合围而成，中间有一凸起形如花蕊，这种头冠应是回鹘贵族男子应用非常广泛的一种类型。（图 5.106）

　　回鹘男性供养人身穿圆领长袍，长袍下摆开衩，袖子宽大但袖口收紧，束腰带，腰带上挂短剑、荷包和巾等物件，脚穿黑色长筒靴。如窟群区第 79 窟地坪中央二层坛基一身站姿的男性供养人，头部已残，只余白色冠带结于颔下，蓄络腮胡须，肩部有黑色辫发散落，穿圆领长袍至脚踝，袍自腰部开衩，露出长至膝部的白色里衣，里衣下摆有红色装饰，穿黑色长靴，腰上系带，长袍上装饰有红地白色蜂房花纹，蜂房中隐约可见填有六瓣小花。（图 5.107、图 5.108）

　　2. 库木吐喇石窟中的回鹘女性供养人形象

　　女性供养人头部"红绢囊之"，这与《五代史记》描绘的回鹘女性"妇人总发为髻，高五六寸，以红绢囊之"的记载相符，绢带后垂，发式雍容华贵，冠后垂红结绶，也出现了女性供养人头上插梳篦装饰。

　　窟群区第 79 窟地坪中央二层坛基前壁的女性供养人便是这种服装样式。头顶有一红色头饰，呈角状，用红绢包裹，在脑后亦有红绢下垂，头饰造型非常特别，身穿红色窄袖长袍，领部有弯月状装饰，这种样式也出现在敦煌莫高窟中。另一种则是头上插梳篦装饰，穿红色短襦，浅色高腰长裙，系腰带，腰带尾端较长，橘红色小花披帛。

图 5.106　库木吐喇窟群区第 79 窟主室前壁的回鹘供养人

图 5.107　库木吐喇窟群区第 79 窟主室坛基正壁的回鹘供养人

图 5.108　库木吐喇窟群区第 79 窟的回鹘供养人（线描图）

3. 库木吐喇石窟中的回鹘儿童形象

库木吐喇石窟回鹘供养人中还有儿童形象。窟群区第 79 窟的童子辫发垂肩，额前有条状刘海，戴翻檐的白色小帽，帽体较小，圆顶，帽檐翻折向上，在前面形成两个尖角。这种帽式以及额前梳条状刘海的发式在回鹘供养人中比较少见。童子身穿圆领长袍，束腰带，旁边同时有回鹘文和汉文榜题。

库木吐喇石窟壁画里绘制了回鹘人的不同穿着打扮，对我们研究回鹘民俗文化以及回鹘历史有着重要意义。另外还出现了身上既有回鹘元素又有汉式元素的人物形象，如发式是回鹘发式但穿着却是汉式穿着。

回鹘元素与汉式元素两者相互交融，体现了民族和文化的多样性，是多元文化兼收并蓄的结果。

四、其他风格

龟兹石窟中也存在其他风格的服饰。如克孜尔尕哈石窟第 31 窟左甬道内侧壁下部残存 6 身世俗供养人像，壁画大部分已漫漶不清，只余 2 身供养人的服饰尚可辨认。其中一身女性供养人内穿圆领衣衫，上面装饰有云头纹或漩涡纹，外搭红色袒右的"褚巴"。另一身男性供养人同样内穿红色圆领衣衫，外搭"褚巴"，上面装饰有竖条纹与联珠纹。"褚巴"是藏族传统服饰，它是一种无领、斜襟、右衽长袍。

龟兹石窟壁画中世俗供养人所展现的民族服饰具有浓郁的地方特色和民族风格，并且在长期的交流与互通过程中，各民族的服饰相互融合，呈现出多姿多彩的风貌。这些龟兹特色服饰、回鹘特色服饰是中华民族服饰文化的重要组成部分，对中国古代服饰史学科的建设具有重要价值，更有助于我们研究中国古代西域各民族的服饰发展演变情况及其服饰文化交流情况。

壁画中的世俗供养人服饰不仅为我们展示了古代西域不同民族的特色服饰，透过服饰我们还能掌握许多重要的信息。服饰作为生活方式的外显性层面，是与人们的日常生活密切相关的，我们可以通过服饰大致了解当时的生活环境、审美需求、宗教习俗等。同时，服饰还可以反映人们的身份地位。以龟兹供养人来说，像王室贵族成员在壁画中的表现除服饰的华丽繁复外，还可从是否带头光、地神托举等来判断。而回鹘供养人服饰在回鹘人当中也起着区别社会等级的重要作用。回鹘男子服饰可以归类为尖顶花瓣形冠、桃形冠、三叉冠、扇形冠、圆帽、翻檐帽等。其中尖顶花瓣形冠、三叉冠、扇形冠和桃形冠是贵族身份的标志。

不论是世俗供养人服装样式，还是服饰里的元素，并没有随着历史的发展而消逝，历经千年的传统服饰很多元素保留了下来。如壁画中供养人有戴巾、帽和冠的形象出现，克孜尔石窟中龟兹王后戴圆形的绒帽，库木吐喇石窟中回鹘供养人戴翻檐帽等。现在生活在新疆的少数民族男女同样穿戴不同样式的首服，其中有头巾、毡帽、花帽等。佩饰也是不可或缺的，像维吾尔族、哈萨克族等少数民族男女出于日常生活和生产的需要，常在腰带上挂带各种实用性和审美性为一体的配饰，主要有小刀、火石、梳子、烟袋、茶袋等，这与壁画中供养人腰带上悬挂各类物件是一致的。这些都是壁画中供养人服饰的再体现。

壁画中供养人衣服上的装饰图案，在一些少数民族的生活工具——碗、罐子、地毯等物品上也作为装饰图案出现。龟兹石窟壁画中最具有艺术特色的当属菱格画艺术，这种菱格的表现形式也出现在供养人的服饰中，克孜尔石窟第8窟的龟兹供养人服饰中就出现了菱格纹。这种菱格纹也出现在当今维吾尔民族的生产生活中，除服饰外还包括建筑装饰、生活用具装饰等。建筑装饰主要有菱格镂空窗、菱格花砖等；生活用具的菱格纹样主要出现在陶器、乐器、地毯上。艾德莱斯织锦是维吾尔族最珍贵的衣料，菱形图案作为边框或连续纹样也经常出现在艾德莱斯织锦中，具有突出的民族特色。

龟兹石窟中的世俗供养人服饰是龟兹石窟服饰的重要组成部分，不同于佛衣、僧衣、天人装等的神秘性，世俗供养人服饰在表现艺术性的同时兼具实用性，为现代服饰的设计提供了重要的历史资料与设计灵感。当代很多的服装研究者和设计者不仅将壁画中的龟兹服饰复制出来，还不断推陈出新，将壁画中的服饰元素提取出来，加以改造、设计，开发了一系列具有龟兹特色的服饰，使之更适用于现代社会人们的需求和审美，将优秀的传统文化以更被大众所接受的方式展现出来，对弘扬龟兹优秀传统文化具有重要的意义。

第九节

人体画

一、龟兹石窟人体画内容分类

（一）因缘佛传故事中的人体形象

1. 太子降生图

克孜尔石窟壁画佛传故事中不少描写太子降生的图画也是裸体形象：无忧树下，摩耶夫人扶在侍女肩上，双腿交叉站立，右臂扬起，太子从她臂下胁间诞生，上身因之微向右倾。姿态从容、高雅，完全是舞蹈动作。在这组人物的旁边，同样以动人的姿势站立着的是裸体的小太子，他和他的母亲摩耶夫人在画家的笔下，人体的形体美得到了最充分的表现。

现存克孜尔石窟第175窟后室左端壁和第99窟左甬道外侧壁有比较完整的画面。

2. 娱乐太子图

据佛经记载，当佛还是太子的时候，因看到现实生活中种种苦恼，而决心出家。其父净饭王为留他继承王位，便有意在其周围营造一个享乐的环境，使他忘掉这一切。《娱乐太子图》描绘的就是这一情节。

克孜尔石窟第110窟和第118窟绘有此类图像。第110窟的《王观舞女图》把悉达多太子放在画面中间，四周环绕着宫女和伎乐，太子托腮沉思。第118窟主室正壁中间的太子带宝冠、挂璎珞、着臂环。王子左侧均为女像，着紧身胸衣、袒臂、吹箫笛、逗鸟、弹箜篌，姿态妖媚。最近处为一全裸女子，右手握挤乳房，上身前倾逼近主像，有明显的引诱之意；王子右侧基本为男像，均端坐。（图5.109）

3. 耶输陀罗入梦

克孜尔石窟壁画表现佛成道前"看破红尘"的段落，除《娱乐太子图》外，《耶输陀罗入梦》也有裸体形象。故事大意是，当悉达多太子产生出家的念头之后，某晚，他看到宫女和妻子耶输陀罗沉睡以后失态的身体，更坚定了出走的决心，于是当夜便偷出宫门，让马夫车匿牵来名叫犍陟的良马，由4位天神捧起马足，踰城而去。

克孜尔石窟第110窟的同名壁画着重表现耶输陀罗和宫女熟睡以后袒身露体的丑态，用以反衬一旁冷静观察、托腮沉思的太子的深邃思想，所以裸体画非常鲜明。在这里，裸体是因故事内容而有意安排的。（图5.110）

图 5.109　克孜尔石窟第118窟主室正壁　娱乐太子图

图 5.110　克孜尔石窟第 110 窟主室右侧壁　耶输陀罗入梦

4. 降伏魔女

传说佛在修道的时候，魔王波旬嫉惧佛法威力，曾派遣他的 3 个女儿前往引诱，妄图以姿容美色扰乱佛的修行。佛不为其所惑，施展神通法力使她们变成了丑陋老妇。画面中，佛居中，结跏趺坐，苦修相。佛右侧立 3 身女性，其中最外侧一身为全裸形象。

克孜尔石窟第 76 窟绘有这个故事的壁画。

5. 降伏善爱乾闼婆王

乾闼婆王是最后皈依释迦牟尼的乐神，常常被绘在后甬道或后室的右端壁上。常常与其眷属一起被绘出。通常女裸上身，穿紧身胸衣，弹箜篌，交脚而立，肩、胸、胯部都有较大的扭动，姿态柔媚。男全裸，佩璎珞，披帛带，伏女肩上，与女絮谈，生活气息浓郁，异于周围画面，艺术价值很高。

6. 说法图中的人体形象

在说法图的佛座两侧，常有全裸或半裸的人物交脚而坐，双掌相合做听法状，姿态十分优美，故名之为"闻法天人"。此类图像以克孜尔石窟第 163 窟左侧壁保存较好。

有些说法图中，在佛脚下常横卧一全裸女子，闭目锁眉，似不胜痛苦状。克孜尔石窟第 38、84、98、163 窟都有这种图像。

7. 因缘故事中的人体形象

在因缘故事中绘出了裸体舞女的形象，如克孜尔石窟第 8 窟券顶。这个画面表现的是"舞师女作比丘尼"故事。讲的是某舞师的女儿聪明美丽，颇善歌舞，而又轻佻放荡，后经佛劝喻，出家为比丘尼。

画面表现的即是舞师女在佛前以歌舞诱惑，而佛一旁进行劝喻的情节。

8. 闻法的龙王及其眷属

表现龙王在眷属陪伴下来佛前听法的情节。龙王和其眷属一起听法。龙王着纱衣，几近裸体，龙王妃则全裸。

见于克孜尔石窟第 47 窟右甬道内侧壁，第 69 窟主室券顶和第 205 窟主室左侧壁等处，但多漫漶不清，不易辨认。

（二）乐舞场面中的人体形象

佛说法，在佛经记载中是一件了不起的大事，因为佛要把深刻的道理讲给沉迷的人们，唤醒他们并带给他们天国的幸福。这是一个幻想的绮丽的世界。因而在说法讲到微妙之处，常常伴随有音乐、歌舞，天人、伎乐会从各个方面拥向画面，形成一个规模不小的乐队。这个乐队的成员常常半裸或全裸，既有男，又有女，而且往往男女成对。

克孜尔石窟第 38 窟左右壁说法图上方带状的 14 组伎乐就是一男一女配搭在一起的典型例证。

其他说法图中的男女乐神相对来说更重情趣，或站或坐，彼此相偎，在薄而透明的纱衣下显现出来的人体十分健美。代表画幅见于第 8 窟主室前壁、第 80 窟主室正壁等处。

（三）其他裸体形象

裸体形象多系印度本土宗教的神祇或佛教受其影响而在题材内容上相互混杂的人物形象。如大自在天及其妻、苦修老婆罗门等都是。

除以上各类外，克孜尔石窟壁画还有一些裸体，如克孜尔石窟第 13、188、193、206、227窟，因画面过小或比较零散，不作具体分类记述。（图 5.111）

至于壁画中普遍存在的菩萨天人裸露上身的画法，以及佛的苦行像等，均系佛画常规和特定表现方式，不在本文讨论之列。

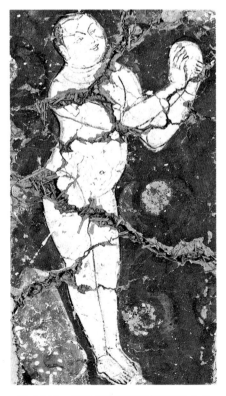

图 5.111　克孜尔石窟壁画中的裸体小儿

二、龟兹石窟壁画中存在裸体内容的原因

（一）观像

之所以出现裸体形象首先是为修行的僧侣或信众提供观像的内容。

"观像"，是通过观看佛及其生平事迹求得精神解脱的手段。"观"在这里不能简单理解为观看，它是指注意力高度集中的一种精神状态，即不仅要看，而且要通过看，冥思苦想；"像"指佛像，包括佛的单身像以及佛本生和佛传等各种故事画面。在谈这个问题之前先介绍一下古代龟兹的禅诵活动。

我们知道，小乘佛教是以自我解脱为目的的，所以重禅行和苦修。克孜尔石窟壁画就有不少僧人坐禅的形象，克孜尔石窟第118窟券顶画面可为其代表。（图5.112）

龟兹在罗什时代禅风已流行。今克孜尔石窟中僧房数目颇大，而且大都很矮小，仅一人高，除一个灶、一个灯台之外，余无它设。显而易见，这些僧房除供僧人日常生活休息外，有相当一部分被当作苦修的禅室。距克孜尔石窟不远的苏巴什废寺也有不少禅室遗迹。这都说明，在龟兹境内，当年禅学是很盛行的。

"禅"亦称"禅定"，梵文为Dhyana，有"思维修""静虑"之意。坐禅的方法很多，其中有一种，简单地说就是排除杂念，把思想集中于某一人或物上，以求得对人或物的认识。对于物的认识我们暂不去说，对于人的认识则包括"观佛"和"观自身"两个方面。所谓"观佛"，就是想象佛身上的一切好处，无限美化佛的形象；所谓"观自身"，则与"观佛"相对，就是想象自身各部分、各器官的污秽，无限丑化自己，故又称"不净观"。在古代龟兹，"修""习"这两种观法都可能联系到裸体图像的内容。

图 5.112　克孜尔石窟第 118 窟主室券顶（局部）

1. "观佛"

克孜尔石窟之主要的龟兹型窟分前、后室，以甬道相连接，这样前后室与左右甬道之间便形成一个中心塔柱。在中心塔柱的正面，一般凿龛塑佛像，龛内或龛之左右亦常画"苦行释迦"一类的裸体像。僧众信徒入室后第一眼看到的就是这些内容。不言而喻，那是专为观像用的。《观佛三昧海经》说："欲观像者，先入佛塔，烧香散花，供养佛像……"龟兹型窟的中心塔柱实际上就是佛塔（Stūpa）的变形，"入塔观佛"就是从观看中心塔柱正壁龛内的佛像开始的。看过这组佛像之后，绕中心柱右旋，继续观看佛的平生事迹，诸如甬道内的"太子降生"、后室"涅槃焚棺"和"八王分舍利"等画面，进一步"谛观佛像相好"，从裸体的太子到苦行释迦，从摩耶夫人胁下生子到阿私陀的占相，都是以裸体形象教化僧众，从而认识到佛陀的伟大。这一点在后面谈克孜尔石窟壁画裸体受外来文化影响的时候也有论述，可前后参照看。

2. "观自身"或"观不净"

按佛教戒律，第一就是不淫戒法，男女大欲在出家比丘和比丘尼中是绝对禁止的。佛陀为清除僧众的欲望，除制定戒律外，还提出"四念处"法门，让僧徒自己教育自己。四念处法门的第一条即"观身不净"，他观自身，也包括观他（她）身。观自身的时间长了，想象自己从头到脚无一处不肮脏，自然悲观厌世；观他（她）身，有可能把一个如花似玉的女子认作一堆粉骷髅，从而看破红尘，弃绝色欲。这二者都为出世、得到精神解脱铺平道路，为禅法的真髓所在。然而，对于克制情欲来说，观他（她）身更多于观自身，特别是对异性的他或她身之不净，尤为重要。

克孜尔石窟壁画里，还有许多裸体形象属于"不净观"的内容。例如克孜尔石窟第67窟左侧壁，有一组人物。左面为一比丘坐于树下，右方为4身贵族身份的人，紧接是一裸露上身姿势优美的女性，女者面部前方有一人头骷髅。这里即是将观想对象看成腐烂死尸，或白骨骷髅。克孜尔石窟第212窟两侧壁残存有多个人头骷髅，也是教授"不净观"的场所。（图5.113）

克孜尔石窟壁画有那么多带有性感的女裸体，实际上都是习禅僧徒的批判对象。从具体画幅看，无论是第118窟的《娱乐太子图》，还是德国人剥走的"优陀羡王缘"和降伏魔女，以及《舞师女作比丘尼》或《耶输陀罗入梦》，都强烈表现出不净观的主题，画面上的娇艳的裸女都有"不净"的喻意，而坐在这些裸女旁边的悉达多太子或佛陀则是超然于女色之外的"觉悟者"，这当然是僧众的榜样。

僧徒只要修习了这种"不净观"，在精神恍惚的时候，也似乎觉得女人的确不是那么美，久而久之，他周围的一切，连同自己都变成他仇恨的对象。毫无疑问，这除了佛陀制定的那种不净观的理论而外，在实践上，观像的作用是不能低估的。

在《耶输陀罗入梦》中，女人的"丑恶和不净"只是太子观想的结果，实际情况并非如此。画面把耶输陀罗描绘得很美，并没有"屎尿涕唾"的丑恶外形，道理很简单，

图 5.113　克孜尔石窟第 212 窟主室右侧壁纹饰

美女愈美，透过"革囊"看内质便愈困难，便愈显出未来佛陀慧根之深；反过来，也正是由于太子主观意志的"定"，才有可能看出美女"革囊"之下的丑。古代龟兹的艺术家很懂得这个艺术表现的规律，他们为了说明一个宗教哲学道理，不是用概念，而是用生动的艺术形象，并始终给观众以回味的余地，这样的教化作用是较之任何一部经典都要收效快的。

（二）直观的教育效果

佛教往往利用艺术，来使我们更好地感到佛教的真理，或是用图像说明佛教的真理以便于想象。龟兹石窟壁画中的裸体就是为"说明佛教的真理"而应用的一种绘画方式。

克孜尔石窟第 118 窟的大壁画是一个典型的例子。

这个洞窟是个讲经堂，一般用于向僧侣和信众讲述佛教的义理和戒律。第 118 窟正壁绘《娱乐太子图》，画面正中，太子结手印作厌恶状，而左侧的女像则完全为持娇求爱的动作。于是，围绕着的主像就构成了一个戏剧冲突的场面：一边是色情的诱惑，一边是理智的召唤，在激烈的争夺中，理智终于占了上风，画面的主人公把头转向一边，双目紧闭，不再理会这些媚人的娇娘们，宗教主题鲜明地显示出来。可以肯定，这个主人公，或者说这幅画的主像就是悉达多太子——未成道之前的佛陀。他正在经受着巨大的考验。按原始佛教的基本精神是"四谛"，即苦谛、集谛、灭谛、道谛。他认为人生的一切都是苦，产生苦的原因是由于有种种欲望，因此必须灭欲。佛教艺术，作为以形象解释教义的一种方式，反复地表现这些内容，它以佛的事迹为样板，使佛教徒相信：只有脱离人间生活，克制欲望，才能成就正果，达得彼岸世界。显然，第 118 窟正壁的壁画可以起到这个作用，它被石窟寺的主持者用来进行布道宣传也是理所当然的。

第 83 窟主室正壁的"优陀羡王缘"壁画也是一个好的案例。

这幅画描述了古代印度卢留城国王优陀羡夫人有相，违反法度，为国王跳舞而将遭夭亡，但通过出家剃度而升天的"因缘果报"故事。有相夫人的舞蹈造型确实很美，但在这里她却是死亡的征候。这幅图提出警诫：克制纵欲，皈依佛法。克孜尔石窟比较多的"舞师女作比丘尼缘"故事的中心意思是"一切有为，无有常定"，宣扬了"无常"这一佛教基本教义，也用此故事的禁"放恣""妄语"等进行戒律的教育。

以上这些故事的主角"有相夫人"和"舞师女"，采用裸体表现她们的"放纵""骄慢""无度"等"贪欲"行为具有特殊的含义，尽管她们很美，有性感的裸体外相，但它们都是进行戒、定、慧教育，达到"弃贪离欲"的反面视觉教材。

（三）印度文化的影响

龟兹石窟中的裸体主要集中在龟兹风风格艺术中。这种风格受印度笈多时期佛教艺术，特别受秣菟罗艺术影响最深。古代印度地区气候温暖湿润，人们衣着很少，是很正常的现象。龟兹佛教受其影响，出现裸体内容是很正常的。

第十节

纹饰

佛教石窟中纹饰图案是佛教艺术中的一个类别，也是我国传统文化的重要组成部分。陈绶祥老师在《中国佛教装饰》一书中的序言中对"图案"一词是这样解释的："图"在中华文化中是一个特别古老的重要观念，体现着自然条件下形成的记录方式，构成图的基本单位是各种纹样。而纹饰一词是"图案"的传统称谓，一般是指花织物上的花纹图案，器物上的花纹总称。它包括纹样、符号、色彩以及器物造型等。纹饰不同于绘画，它的艺术形式是抽象的，大多在几何图形的基础上进行了规范。龟兹石窟中的纹饰从内容到形象都具有鲜明特色，每一个纹饰都含有丰富的文化内涵，表达了当时人们的文化习俗和审美。

洞窟内所绘佛、菩萨和天人的头光与身光虽然是佛的一部分，但同样属于纹饰的一种。佛背光代表火焰与光芒，是佛像身后壁上的装饰，背光包括头光和身光，头光亦称圆光、项光。头光和身光有多种变化，佛的身光就有好几种纹样装饰。（图 5.114）

图 5.114　克孜尔石窟第 171 窟后甬道正壁　涅槃图

　　洞窟主室左右侧壁的上部和下部，券顶中脊及叠涩，正壁佛龛，甬道券顶及侧壁下部等为纹饰的主要分布区域。包括卷草纹、忍冬纹、莲花纹、平行四边形纹、菱格纹、箭头纹、圆圈纹、仿椽纹、立柱纹、垂帐纹、火焰纹和联珠纹等。

一、龟兹石窟纹饰的形成和发展

　　龟兹石窟建造经历了不同的发展时期，公元 3—4 世纪的龟兹石窟纹饰受到犍陀罗艺术的影响。以最典型的克孜尔石窟为例，随着"丝绸之路"的开通和佛教的东传，晚期犍陀罗艺术影响到了我国新疆、敦煌等地，在佛教艺术发展史上占有重要的地位。这一时期诸如三角垂帐纹与联珠纹，样式比较简单。

　　公元 4—6 世纪，是龟兹发展成熟且极为兴盛的阶段。龟兹风是在本地传统文化基础上吸收外来因素，逐渐产生和发展起来的。龟兹风洞窟形制和壁画有其特定的内容和形式，形成了长期而相对稳定的具有鲜明的民族和地域特色的一种艺术模式，菱格纹就是比较典型的纹样。

　　公元 7—8 世纪，来自中原的汉风佛教艺术开始深刻地影响龟兹石窟，唐王朝在西域实行管辖或在丝路贸易交流时，大批中原人迁徙西域，他们带来了中原大乘佛教及其艺术形式，形成了龟兹石窟的汉风艺术模式。汉风洞窟在装饰纹样方面具有鲜明的中原地区的特点，如卷草纹以植物纹样变化而成的图案以及莲花等中原风格特色。

　　龟兹回鹘时期是整个龟兹石窟的最末期。公元 840 年回鹘西迁后，龟兹地区处于回鹘控制之下。回鹘原在漠北时期就深受汉文化的影响，回鹘信仰佛教后，接受的是中原汉地大乘佛教。回鹘西迁后，在龟兹修建和改造的洞窟，实际上是唐代汉风洞窟的继续和发展。回鹘以汉风为基础，吸收融合了龟兹本土的艺术风格，从壁画风格来看，典型的为以红色为基调的千佛，给人的视觉感受是热情奔放的，最重要的是发扬自己的文化传统，最终形成了符合本民族爱好与审美观的风格和特色。回鹘时期较典型的纹样有回纹，立像的头光、背光内多用前期少见的放射状的彩条纹和火焰纹。

二、龟兹石窟纹饰的特点

龟兹石窟纹饰具有以下特点。

1. 多元性

龟兹石窟中的纹样来源多样，具有深刻的象征性与历史意义，既有传承自中原者，也有源自西方者，包括中亚、印度、波斯、希腊等。

在特殊的地理位置和历史背景下，受不同文化的影响，各种纹饰在几千年的发展中逐渐呈现出多样化特点。如联珠纹起源于古波斯，是较为典型的萨珊波斯纹饰，南北朝时期经丝绸之路向东传入龟兹、于阗、高昌等地区。这种纹样传入龟兹后，很快成为流行一时的装饰纹样，凭借其对称、精致等优势，频繁出现在龟兹石窟中。

2. 本土性

龟兹石窟中，最具本地特色并最有丰富内涵的纹饰为菱格纹。菱格纹主要绘于中心柱窟和方形窟主室券顶、两侧券腹、正壁佛龛上方以及甬道券顶，每个菱格都以四方连续的形式排列。龟兹石窟自诞生至衰落都能看到它的身影。这种纹样是佛教须弥山的象征，山峰重峦叠嶂、雄伟庄严，给人以敬畏之感。

古代龟兹画师使其更加简洁、抽象，成为龟兹石窟中使用最广泛、时间跨度最大的纹饰之一。

魏晋南北朝时期是佛教发展的第一个高峰，随之也推动了佛教装饰艺术的发展，底蕴深厚的传统文化有其独特的接纳性和渗透性。植物纹饰的发展变化在一定程度上可以代表这种过程，比如忍冬纹，是当时最为流行的一种植物纹样。最早可以追溯到古希腊、古埃及时期，公元 2—3 世纪经印度、中亚传入西域，公元 4—5 世纪随佛教东传，进入中国内地，日渐成为普遍流行的一种装饰纹样，造型更加丰富多变。

在龟兹石窟左右侧壁中部通常用忍冬纹来装饰，多用于分界，其构图反复且具有一定规律性。如克孜尔石窟第 17 窟主室右侧壁叠涩下沿绘一列二方连续的四出忍冬纹，此忍冬纹别具一格，其枝叶用石绿、褐色、石青交错组成，枝蔓卷曲，富于变化。（图 5.115）克孜尔石窟第 110 窟券顶左侧下沿绘一列二方连续的四出忍冬纹，边饰以淡绿色和肉色为底，用棕色与浅蓝色圈点纹组成斜向的方格。方格中的四出忍冬用浅蓝色涂染，半方格内的忍冬纹用白色，整个纹饰的色调十分素雅大方。（图 5.116）

以菱格纹和忍冬纹为代表的龟兹本地纹饰，展现了当时龟兹地区的本地文化，它们

图 5.115　克孜尔石窟第 17 窟主室右侧壁叠涩下沿

图 5.116　克孜尔石窟第 110 窟主室券顶左侧下沿忍冬纹

作为龟兹石窟中最为丰富和广泛的存在，构成了龟兹石窟纹饰的主要内容。

3. 装饰性

龟兹石窟纹饰应用非常广泛，洞窟内几乎各个位置都能看到用于装饰的各类纹饰，突出装饰题材的丰富性。

首先，纹饰的分布基于一定的规律，洞窟主室正壁中部开龛，龛内基本存在佛头光和身光，颜色以赭石色为主；仿椽纹、平行四边形纹、箭头纹等几何纹样多绘于洞窟主室左右侧壁中部、画幅上部及叠涩；立柱纹、垂帐纹、色带基本绘于主室左右侧壁下方和画幅下部；菱格纹基本绘于洞窟左右甬道、后室券顶。

龟兹的洞窟中以几何类纹样作为装饰非常普遍，几乎遍布全窟。几何纹主要装饰于佛龛楣、龛柱部位，龛口也常装饰联珠纹、菱形纹等，龛内顶面装饰也有菱形几何纹样，四边的菱形纹饰带将券顶衬托出来，菱形纹与洞窟内整体色调一致，在起到丰富点缀窟顶作用的同时又体现出和谐统一的视觉画面。

再例如仿椽纹是一种仿建筑纹样，绘于洞窟内四壁上部，呈凹凸状绕窟一圈，它以重复、连续的表达方法意图在洞窟中呈现建筑的形象，同时作为装饰纹样起到分界和连接的作用。

几何纹饰在龟兹石窟中多是作为衬托主体形象的装饰，其简洁规整而又不失变化。

其次，石窟中还有多种纹饰组合应用。平行四边形纹或立柱纹多伴随着一条赭石色带，仿椽纹与平行四边形纹较多一起出现呈上下分布，几何纹饰常组合出现。菱格纹与其他装饰纹样交相呼应，是所有龟兹石窟壁画中装饰纹样最重要的组成部分，在龟兹石窟中形成了一定的模式，并且从早期到晚期始终流行。

最后，同一种纹饰变化丰富，例如圆圈纹有小圆、椭圆、半圆状，交叉几何纹的绘画手法有点状线条和直线线条等。纹饰基本呈现红、绿、蓝、白4种颜色。典型的菱格构图也在不断发展变化，在早期的壁画中，菱格构图不是很明显，山峦的形状和数量经历了不同的变化，后来逐渐成熟并模式化，成为龟兹壁画中最主要的构图形式。

龟兹石窟中各类纹样不仅分布位置、功能和来源不同，发展变化也有所差异，具有多元性、装饰性和本地性等特点。它们在石窟壁画艺术中交相辉映，反映了抒情写意的审美品质，折射出了丰富多彩的龟兹艺术风格，是龟兹艺术的重要组成。

三、龟兹石窟纹饰的类型

龟兹石窟中的纹饰可以分为几何类、植物类和其他类。

（一）几何类纹饰

几何类纹饰有菱格纹、平行四边形纹、箭头纹、立柱纹、三角垂帐纹、仿椽纹、圆圈纹、椭圆形纹、联珠纹和回纹等。

1.菱格纹

龟兹石窟菱格纹分布普遍，是一种常见的纹饰，它贯穿了龟兹石窟整个建造过程。

菱格图案基本绘在洞窟主室的券腹、甬道的券顶部位，另有一种极特殊的情况，在主室正壁龛外两侧及下方绘有部分菱格纹，如克孜尔石窟第14窟。（图5.117）

龟兹石窟艺术中的菱格纹主要有4种类型。

第一种仅以纯色填充，无任何装饰，如克孜尔石窟第8窟左甬道券顶。（图5.118）

第二种在菱格内用细线条勾勒出山峦的形状，在山峦内或山峦间点缀以勾状、点状或小花朵的装饰，如克孜尔石窟第38窟左右甬道券顶。（图5.119）

第三种在菱格内用白色或赭石色的粗线条将其分为9个小菱格，每个小菱格内还绘

图 5.117　克孜尔石窟第 14 窟主室正壁下沿

图 5.118　克孜尔石窟第 8 窟左甬道券顶

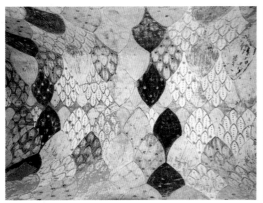

图 5.119　克孜尔石窟第 38 窟甬道券顶（正西角）

图 5.120　克孜尔石窟第 7 窟甬道券顶

有不同颜色的圆点或小花朵装饰，如克孜尔石窟第 7 窟左右甬道券顶。（图 5.120）

第四种为绘在券腹下方的半菱格，其间绘以鸭子、羚羊、蛇、鸟等动物或花草树木装饰。

如果菱格纹出现在较细窄的边饰地带，多是补充与衬托，则会采用呈横向左右或纵向上下连续展开分布的二方连续形式。若菱格纹出现在面积相对较大的区域，则会向四周连续展开，呈网状分布，即采用四方连续形式。从整体上看，画师们多用冷暖色调相间排列，既对比鲜明又调和，色泽相对纯净饱和。（图 5.121）

2. 平行四边形纹

平行四边形纹在不同时期、不同形制的洞窟内均有出现。

该纹饰主要绘在洞窟主室左、右侧壁画幅的中部和下部，起分界作用，如第 8 窟。（图 5.122）

颜色以红色、蓝色、绿色、白色和赭石色为主，但组合顺序有所差别，基本分为两

图 5.121 克孜尔石窟第 17 窟主室券顶右侧

种顺序：一种为赭石色、蓝色、绿色的顺序；另一种为赭石色、蓝色、红色、绿色的顺序。

平行四边形纹的装饰方式主要有 3 种。第一种仅以纯色填充，无任何装饰；第二种在平行四边形内用细线条绘出圆形叶片的形状。这两种装饰方法有时单独出现，有时间隔出现在同一条平行四边形色带上。第三种为在底色以白色为主的平行四边形内用线条描绘出尖状宽叶片的形状。

图 5.122 克孜尔石窟第 8 窟主室左侧壁

3. 箭头纹

箭头纹饰主要出现在中心柱窟内，主要绘在主室左、右侧壁画幅上部，主室券腹下部，甬道左右侧壁的中部或叠涩面上，还有一种较特殊也比较少见的情况是绘在甬道口沿处，颜色以红色、蓝色、白色、赭石色为主。按照内部装饰的不同，我们可以将箭头纹分为 3 类。第一种为最简单的纯色填充，即在每一个箭头单元内用一种或两种颜色进行平面的填充；第二种是在纯色填充的基础上用线条绘制菱形格和点状装饰；第三种则是更为复杂的，在不同色块填充的基础上用深色线条绘制叶片的形状，圆润的叶片与凌厉的箭头组合出奇异的美感。

4. 立柱纹

立柱纹主要保存在龟兹风洞窟中，基本出现在洞窟内主室和甬道的下部，接近地坪处。其中较为特殊的是在克孜尔石窟第 7 窟，该纹饰绘在左右甬道地坪的两侧。

5. 三角垂帐纹

三角垂帐纹与立柱纹相同，一般出现在洞窟内画幅的下部、主室左右侧壁下部、甬道左右侧壁下部和涅槃台前壁的下部。三角垂帐纹的颜色以绿色、赭石色和蓝色为主。

三角垂帐纹主要分为两种，一种仅以纯色填充，另一种在三角形内还绘有圆圈、几何等装饰。

6. 仿椽纹

仿椽纹是龟兹风洞窟中常见纹样。该纹饰基本出现在洞窟主室左右侧壁前壁画幅上部、叠涩、门道上方说法图的上部和甬道左右侧壁的中部。

作为一种建筑装饰纹样，不仅有连续的装饰效果，而且还有间隔画面之用。仿椽纹的形态接近立方体，立方体的正、侧表面大多以纯色填充，也有少量绘植物纹样的。一般仿椽纹作为整体凸出面和凹面来进行绘画，呈现出来的凹凸表面均为正方体，颜色以蓝色、绿色、赭石色为主。仿椽纹绘画技法较突出，用透视法表现出壁画的立体形象。绘制的形象虽然是建筑，但它遵循的是纹饰绘画法则，纹样呈现统一、重复、连续、节奏、韵律感，构成一种特殊的纹饰，在石窟整体中起分界、连接的作用。如克孜尔石窟第 27 窟主室前壁上沿。该建筑纹饰使得石窟内部犹如纹饰图案搭建的殿堂，其朴实、庄重，气势恢宏。（图 5.123）

7. 圆圈纹

圆圈纹使用延续的时间较长，该纹饰出现在几个不同位置，分别为洞窟主室叠涩、左右甬道券腹下和左右侧壁画幅上中间处、涅槃像身光部位，颜色以赭石色为底，用白色线条描绘，且规律排列。以圆点、圆圈等通过疏密、间隔的不同形式排列组合。

8. 椭圆形纹

椭圆形纹基本出现在洞窟主室左右侧壁、甬道口沿处，颜色以赭石色为底，跟圆圈纹类似也是用白色线条描绘，绘出椭圆的形状，重复排列形成连续效果。

9. 联珠纹

联珠纹起源于古波斯，是较为典型的萨珊波斯纹饰，南北朝时经"丝绸之路"向东传入西域诸地，联珠纹传入龟兹后，很快成为了流行一时的装饰纹样。在石窟壁画上国王、王侯供养人服装样式上还保留着联珠纹样。

（二）植物类纹饰

植物类纹饰有卷草纹、忍冬纹、莲花纹、竹节纹、团花纹、茶花纹、缠枝纹等。

新石器时代，在原始的装饰艺术中，以植物作装饰纹样并不多见。此后，植物纹样开始被广泛运用到各种装饰上。缠枝纹、莲花纹和忍冬纹等不仅应用广泛且变化多样。

图 5.123　克孜尔石窟第 27 窟主室前壁上沿

魏晋南北朝时期，由于"丝绸之路"的开通，上述纹样传入龟兹地区，并与本土纹样相互融合碰撞，具有较为明显的本地特点。

1. 卷草纹

卷草纹由忍冬纹变化而来，是魏晋南北朝时期发展起来的装饰纹样。卷草纹又称"卷叶纹""卷枝纹"，以植物的藤蔓和枝干当作骨架，向四周延伸，形成连绵不断的 S 形波浪形线，装饰着花卉、枝叶，形成的纹样变化多样、连续不断，有生生不息之意。

该纹饰基本绘制在洞窟主室左右画幅的上部，不仅以单独装饰纹样的形式出现，也以和不同的植物装饰纹样相组合出现。

卷草纹起源于古埃及，以莲花纹为原型。西方的卷草纹象征永生，主要应用在古希腊罗马的建筑上。这种植物起初生长于地中海，有较强的繁殖能力，能够覆盖住其他植物，为自己形成屏障。不同形态的卷草纹都是变化无穷的。

卷草纹被广泛地使用，成为装饰纹样的一部分，除了装饰画幅的边框之外，有的还应用于窟顶，形成窟顶装饰图案。

克孜尔石窟第77窟左甬道上部存留下来的图案，可以清晰地看到波浪状的卷草纹。

2. 忍冬纹

忍冬纹在很多洞窟内都有出现，该纹饰基本出现在洞窟主室的左、右侧壁叠涩部位。

忍冬是一种缠绕纹饰，俗称"金银花""金银藤"。其花长瓣垂须，黄白相伴，故名金银花，凛冬不凋，故有忍冬之名。

忍冬纹在石窟装饰中较常见，形式多样，用途广泛，有四出忍冬纹、波状忍冬纹等。这两种忍冬纹在克孜尔石窟第4窟中同时出现，第80窟也绘有四出忍冬纹；第17窟主室券顶下部、第77窟甬道中部和后室窟顶的上部、第207窟菱形格下部都绘有二方连续波浪式忍冬纹，此忍冬纹单叶、双叶、有顺向，但都处理为波浪形曲线排列，构成二方连续纹样，首尾相连排列，呈波浪状。

3. 莲花纹

佛教把莲花视作象征圣洁、吉祥的名物，传说中佛祖释迦牟尼降生之时走了七步，"步步生莲"，可见莲花与佛教渊源深厚。

莲花纹饰基本出现在洞窟主室的左右侧壁叠涩部位。颜色基本以红色为主。莲花古名芙蓉，现称荷花。盛开时花朵较大，脉络分明，造型优美，结果时可观赏、可食用。莲花在佛教艺术中，作为主要的装饰题材之一，尤其在魏晋南北朝时期，随着佛教的广为流传而盛极一时。而在隋唐时期莲花纹在石窟装饰上的应用已不如前期，更多地应用于陶瓷、金银器、丝织、铜镜、瓦当和彩画。克孜尔第13窟左右甬道紧贴墙根处绘有莲花纹，所绘位置也较为特殊。

龟兹石窟壁画中莲花纹的风格和造型形式都发生了改变，绘制时，屈铁盘丝的线条与凹凸晕染法相结合、装饰性与写实相结合，使莲花纹样的造型与色彩在洞窟整体中相和谐，成为其主要特征。整体观察洞窟中的莲花纹具有南北朝时期艺术风格，莲花纹的形态过于清瘦，更具立体感，姿态自然。到隋唐时期逐渐圆润，慢慢地走向了装饰化。

单瓣莲花纹、多瓣莲花纹所构成的花苞是克孜尔石窟纹饰中莲花纹样的常见形态，在克孜尔石窟早期、繁盛期和晚期均有发现，如第77、207窟中的莲花。第77窟中莲花纹是二方连续的形式。第207窟莲花纹与仿椽纹相结合，再现建筑的视觉效果，柱头表现为两片叶子对称窝卷起来，一朵盛开的覆莲与柱子相结合。

4. 竹节纹

竹节纹在龟兹石窟中普遍存在，该纹饰基本出现在洞窟主室的左右侧壁中部和画幅的上部、甬道两侧券腹下方以及甬道口沿处。颜色基本以赭石色为主，边线以椭圆勾勒，竹节纹主要分为两种，一种为纯色填充，另一种用黑色线条描绘出圆形的叶片。

5. 缠枝纹

缠枝纹基本出现在洞窟主室的叠涩部位。颜色以赭石色为主，用白色线条描绘。

缠枝纹，古称"万寿藤"，后来称为"缠枝"，也叫唐草和藤蔓纹，以牡丹组成的称缠枝牡丹，以莲花和葡萄组成的称缠枝莲和缠枝葡萄。

缠枝纹在两汉时期已萌芽，四川万县和河南洛阳周公庙汉墓出土的画像砖上的蔓草花纹，已具有缠枝的特点，万县出土的汉砖边饰，蔓草以一波线作基线，在每一波曲间配置卷叶。在魏晋南北朝时期，随着佛教的兴盛，缠枝纹大为流行，这可能和它"循环往复，生生不息"的含义有关。隋代的缠枝纹流利生动，唐代的缠枝纹华美多姿，构成之完整以及变化之丰富为前代所未见。缠枝纹经两汉、魏晋南北朝和隋唐历代艺人的创造和丰富，构成多样。从缠枝纹的演变和表现形式来看，这种纹饰是从一种藤蔓卷草植物得到的启发，经过艺术加工和提炼变化形成的，具有较强的动感，委婉多姿，充满活力。

缠枝纹最主要的特点是构成灵活自由，在波状曲线的基线上向左右或上下构成，也有的向四面环绕构成。因缠枝纹构成灵活自由所以才有可能被广泛应用于各种装饰，这或许是它直至今天还被继续运用的主要原因之一。历年的考古资料表明，缠枝纹的发展，两汉为萌芽时期，朴拙古实，南北朝为发展阶段，清新活泼，隋唐尤其是唐为盛期，充满着绚丽、旺盛、多彩的风格。

（三）其他纹饰

其他纹饰有鱼鳞纹、火焰纹、彩条纹、波状纹、大雁衔环纹、"└┐"纹、瓶状纹、马蹄纹、绳纹、云气纹等。

1. 鱼鳞纹

龟兹现存有鱼鳞纹的洞窟也只有个别。西周后期及春秋时期的青铜器上装饰有一种纹饰，表现形式如鱼鳞之排列。龟兹石窟中的鱼鳞纹，基本以单线勾勒圆形，绘出鱼鳞的形状。

2. 火焰纹

火焰纹基本绘在佛身光处，其熊熊燃烧上升的火势真实而生动，其形象活泼，纹样华丽，具有浓郁的装饰性，通常作为一道带状边框画在边缘上。

3. 绳纹

克孜尔石窟后山区第212窟左侧壁中部绘有绳纹，虽然部分已经漫漶不清，但还是可以依稀辨别其纹路。一般绳纹有两波线相交组成、三四重线组结构成。

石窟内作画的古代龟兹画师们，在长期的艺术实践中发挥智慧，巧妙地利用排列、间隔、交叉等手法，绘制出变化丰富的装饰纹样，表现出高度的艺术创作才能。纹样的构成形式有单独、连续以及相互组合等多种形式，结构方法采用对称、平衡、规则、不规则、直立和旋转等多种类型。

在色彩的应用上，用色有红、蓝、绿、白、赭石、黑色等；在色彩的配合上，运用线描的方法，常见白色、黑色线描的方法。洞窟壁画上使用的色彩有土红、朱砂、绿、青金石、白、黑（变色）、赭石色等，其中以土红、绿、白、黑用得最多，基本上都是用土红色做基调，形成一种热烈淳厚的风格，给人以明快淡雅的感觉。龟兹画师在土红的底色上，用单一的白色绘制叶子，更显得结构条理清楚，色彩质朴，形象完整。用绿、黑、白 3 种颜色相间平涂，暖色与冷色交相辉映，形成强烈的对比，显得纹饰更加活泼多姿、爽朗明快。

（四）龟兹石窟纹饰的风格

龟兹各石窟发展情况不同，依据洞窟壁画题材内容、技法布局等特点，可以归纳出 4 种艺术风格，即龟兹风、汉风、回鹘风和犍陀罗风。

1. 龟兹风

龟兹风是在本地传统文化的基础上，吸收了一些非本地文化因子而形成的一种独特的艺术风格。它是龟兹石窟最主要的艺术风格，在公元 4 世纪时就已相当成熟。

菱格纹、仿橡纹、平行四边形纹和立柱纹等都是龟兹风纹饰的典型代表。

2. 汉风

汉风的洞窟建筑形制和壁画的题材内容、构图形式、人物造型、装饰纹样和绘画技艺，都体现了鲜明的中原文化艺术特点，主要是随着唐朝安西都护府移治龟兹而由中原传入的。

唐代作为一个有容乃大、兼收并蓄的时期，装饰纹样得到了充分的发展，许多结合了外来形式与民族文化的纹样得以形成。纹样取材范围比之前大大扩展，生活中所见事物，都可用来作为装饰题材；其表现形式在继承传统优秀手法的基础上，吸收外来营养，达到了完美熟练的程度，造就了那一时代的独特风格；色彩明快大气，鲜艳秀美；富有生命力的缠枝、团圆美好的团花、清贵典雅的茶花、庄丽的莲花忍冬以及纤秀的散点小簇花等，成为这一时期最盛行的纹饰，显示出雍容博大、圆润绚烂、活泼而生动的新风格。与龟兹风洞窟相比较，汉风洞窟中的纹饰从内容到形式均发生了较大变化，纹饰以团花、茶花、云气、莲花为主流，用色淡雅清贵，突出富丽饱满的风格。

（1）团花纹

《中国纹样辞典》中记载："团花是指外轮廓为圆形的装饰纹样。结构复杂，圆形，直径较大的称为大团花；结构简单，圆形，直径较小的称为小团花。后者又称皮球花。"两个团花连接成一个纹样称为"双团花"。团花最大的特征就是它的圆形外轮廓，"团"不是特指圆形，而是近似圆形。团花纹样，整体均匀对称，但细节变化多样。

唐代团花纹样的形象逐渐开始丰满成形，并大范围被推广，整体结构有对称、辐射、旋转等特点。如库木吐喇窟群区第 45 窟主室券顶中脊绘的团花纹，以莲花为中心，

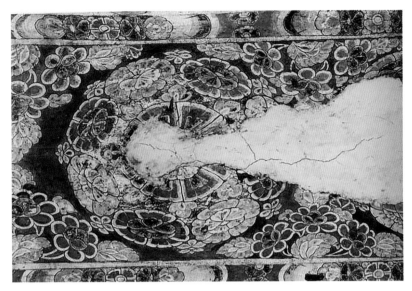

图 5.124 库木吐喇石窟窟群区第 45 窟主室券顶中脊

图 5.125 库木吐喇石窟窟群区第 12 窟后甬道券顶左端上沿

周围以绿叶为衬托，八朵椭圆形茶花环绕一圈，四角填充茶花和叶纹，两侧又以茶花为边饰，具有时代特征。（图 5.124）如库木吐喇窟群区第 12 窟后甬道券顶左端上沿绘的团花纹。（图 5.125）

（2）茶花纹

茶花纹样的枝叶均为平面铺展，纹样在连续中呈现流动感。颜色清淡雅致，风格自由活泼，起到装饰的作用。茶花纹在石窟装饰中的应用非常广泛，除券顶外，四壁、佛龛顶部、佛背光中也有绘饰。

（3）莲花纹

龟兹风壁画中也绘制莲花，多以写实为主，线条柔美飘逸，色彩绚丽，形神兼备。汉风的莲花纹主要出现在公元 7—8 世纪的汉风洞窟中，主要是对莲花象征意义的表现，此时期的莲花纹装饰性强，呈现出程式化、简单化倾向。可见于库木吐喇石窟窟群区第 11 和第 14 窟主室券顶中脊。（图 5.126）

（4）云气纹

该纹饰是汉风艺术特有的传统纹样。云气是一种自然现象，流动不息，变化莫测。云气纹不同于忍冬纹、几何纹等有具体固定的形象，画师们以非凡的想象力设计了用连

图 5.126　库木吐喇石窟窟群区第 11 窟主室券顶部中脊

续回转的弧线表现风云气流的动感，既有形象特征，又有韵律感。

3. 回鹘风

回鹘风是 9 世纪中叶西迁的回鹘人来到龟兹后，接受本地佛教艺术及大唐安西都护府统治时期龟兹地区的汉风佛教艺术，并逐渐融入本民族的文化习俗和审美情趣而形成的一种佛教艺术风格。典型纹样有回纹。

在库木吐喇窟群区第 46 窟附 1 窟和第 45 窟内出现一种白底墨线的回纹，这在其他时期的洞窟中极为少见。立像的头光、背光内多用前期少见的放射状的彩条纹和火焰纹。

第 45 窟现存清晰的贴塑痕与浮塑的彩绘头光、背光遗迹。头光、背光内绘茶花和彩条纹样，图案中间是由条条光芒变体而形成的道道彩条纹，周围有簇簇叶状而组成的火焰纹，笔触细腻，线条精细。（图 5.127）

回纹

回纹这一传统艺术符号是中国传统纹样中形式简洁且具有代表性的几何装饰纹样之一，它方正回旋的纹样构成表达了对现实生活的美好寄托和精神追求。回纹主要用于边饰或底纹，常被用作主体图案间的间隔图案与填充图案。

龟兹石窟中回纹立体感弱，更简单和接近平面化，呈现出整齐划一和中规中矩的视觉效果。回纹以其淳朴的构成形式以及优美多样的纹样形式奠定了中国传统纹样的基础框架和形式美的基本法则。回纹庄重、规整而又不失灵动的装饰美感，给被装饰物带来了充沛的生命活力与形式美感，如库木吐喇第 46 窟附 1 窟左甬道外侧壁下沿。（图 5.128）

4. 犍陀罗风

犍陀罗艺术是指公元 1—5 世纪印度西北部犍陀罗地区（今巴基斯坦白沙瓦一带）形成的佛教艺术风格。它以印度艺术为主体，融入希腊、罗马、波斯、中亚的艺术元

图 5.127　库木吐喇石窟窟群区第 45 窟主室券顶右侧下沿

图 5.128　库木吐喇石窟窟群区第 46 窟附 1 窟左甬道外侧壁下沿

素。这种艺术传入龟兹后，形成了具有犍陀罗风的龟兹石窟艺术。其典型的纹样有筒瓦纹和垂帐纹等。在库木吐喇石窟谷口区第 21 窟中可见相关纹样。

在绘画技法和色彩运用规律上，龟兹石窟壁画大多以单线条勾勒，然后平涂着色，或用晕染法仔细着色。绘画线条流畅而有力度，所有颜料全部以天然矿石研磨制成，绘制后经久不褪色。在构图形式上，具有一定的程式与构成特点，适合性极强。不论是植物纹样的单独装饰，还是组合装饰纹样，都大体遵循了该构图形式。

龟兹石窟的艺术家们，深谙纹饰艺术的适应性、概括性、抽象性和均衡性等规律，在图案的设计和描绘中，继承本地的审美传统，并有机地吸收东西方的艺术形式，创造出龟兹纹饰艺术的独特风格。

参考文献

中文

（西汉）司马迁：《史记》，北京，中华书局，1959年。

（北齐）魏收：《魏书》，北京，中华书局，1974年。

（北宋）欧阳修、宋祁等编著：《新唐书》，北京，中华书局，1975年。

（北魏）郦道元：《水经注》，陈桥驿校证，北京，中华书局，2013年。

（后晋）刘昫撰：《旧唐书》，北京，中华书局，2013年。

（唐）杜佑撰：《通典》，北京，中华书局，2000年。

（唐）段安节撰：《乐府杂录》，罗济平点校，沈阳，辽宁教育出版社，1998年。

（唐）房玄龄等：《晋书》，北京，中华书局，1974年。

（唐）李林甫等撰：《唐六典》，陈仲夫点校，北京，中华书局，1992年。

（唐）李延寿：《北史》，北京，中华书局，1974年。

（唐）南卓撰：《羯鼓录》，载《中国文学参考资料小丛书（第1辑）》，上海，古典文学出版社，1957年。

（唐）玄奘、辩机等：《大唐西域记》，季羡林等校注，北京，中华书局，2000年。

（元）马端临：《文献通考》，北京，中华书局，1986年。

陈溯洛：《论回鹘与五代宋辽金的关系》，载《唐宋回鹘史论集》，北京，人民出版社，1993年，第360~400页。

丁敏：《中国佛教文学的古典与现代：主题与叙事》，长沙，岳麓书社，2006年。

方立天：《方立天讲谈录》，北京，九州出版社，2014年。

方立天：《佛教哲学》，北京，宗教文化出版社，2013年。

费泳："敷搭双领下垂式"与"钩纽式"佛衣在北朝晚期的兴起》，载《考古与文物》，2010（5）。

费泳：《佛衣样式中的"半披式"及其在南北方的演绎》，载《敦煌研究》，2009（3）。

冯国超编：《妙法莲华经》，长春，吉林人民出版社，2003年。

高士荣、杨富学：《汉传佛教对回鹘的影响》，载《民族研究》，2005（1）。

古干主编：《佛教画藏》系列丛书，北京，东方出版社，1996年。

河南省文物考古研究所、周口市文化局：《鹿邑太清宫长子口墓》，郑州，中州古籍出版社，2000年。

河南省文物研究所、河南省丹江库区考古发掘队、淅川县博物馆：《淅川下寺春秋楚墓》，北京，文物出版社，1991年。

河南省信阳地区文管会等：《春秋早期黄君孟夫妇墓发掘报告》，载《考古》，1984（4）。

霍旭初、祁小山：《丝绸之路——新疆佛教艺术》，乌鲁木齐，新疆大学出版社，2006年。

霍旭初：《从龟兹壁画看说一切有部佛陀生身"有漏"思想》，载《西域研究》，2009（3）。

霍旭初：《鸠摩罗什大乘思想的发展及其对龟兹石窟的影响》，载《敦煌研究》，1997（3）。

霍旭初：《克孜尔石窟年代研究和碳十四测定数据的应用》，载《西域研究》，2006（4）。

霍旭初：《龟兹石窟与佛教历史》，乌鲁木齐，新疆人民出版社，2016年。

贾应逸：《新疆佛教壁画的历史学研究》，北京，中国人民大学出版社，2010年。

金克木：《梵佛探》，石家庄，河北教育出版社，1996年。

赖鹏举：《丝路佛教的图像与禅法》，中国台北，圆光佛学研究所，2002年。

李崇峰：《佛教考古：从印度到中国》，上海，上海古籍出版社，2014年。

李崇峰：《中印佛教石窟寺比较研究》，北京，北京大学出版社，2003年。

李志夫：《中印佛学比较研究》，北京，中国社会科学出版社，2001年。

梁志祥、丁明夷：《记新发现的几处洞窟》，载《中国石窟——库木吐喇石窟》，北京，文物出版社，1992年。

马世长：《库木吐喇的汉风洞窟》，载《中国石窟·库木吐喇石窟》，北京，文物出版社，1992年。

苗利辉：《从龟兹石窟和出土文书看唐朝对龟兹的治理》，载《新疆师范大学学报·哲学社会科学版》，2016（6）。

彭杰：《克孜尔224窟涅槃图中突厥风俗索隐》，载《新疆文物》，1997（4）。

全佛编辑部：《观音宝典》，北京，中国社会科学出版社，2003。

荣新江：《归义军史研究——唐宋时代敦煌历史考索》，上海，上海古籍出版社，2015年。

荣新江编：《吐鲁番文书总目·欧美收藏卷》，武汉，武汉大学出版社，2007年。

上原芳太郎编：《新西域记》下卷，有光社，1937年。

宿白：《中国石窟寺研究》，北京，文物出版社，1996年。

田卫疆：《高昌回鹘史稿》，乌鲁木齐，新疆人民出版社，2006年。

汪志强：《印度佛教净土思想研究》，成都，巴蜀书社，2010年。

王小甫：《唐吐蕃大食政治关系史》，北京，北京大学出版社，1992年。

五、论文

谢生保主编：《敦煌图案》，兰州，甘肃人民美术出版社，1996年。

新疆龟兹石窟研究所编：《库木吐喇石窟内容总录》，北京，文物出版社，2008年。

新疆维吾尔自治区教育委员会、新疆历史教材编写组：《新疆地方史》，乌鲁木齐，新疆大学出版社，1993年。

新疆维吾尔自治区文物管理委员会、库车市文物保管所、北京大学考古系编：《中国石窟·库木吐喇石窟》，北京，文物出版社，1992年。

新疆维吾尔自治区文物普查办公室、阿克苏地区文物普查队：《阿克苏地区文物普查报告》，载《新疆文物》，1995（4）。

阎文儒：《中国石窟艺术概论》，桂林，广西师范大学出版社，2003年。

杨富学：《回鹘文献与回鹘文化》，北京，民族出版社，2005年。

尹富：《中国地藏信仰研究》，成都，巴蜀书社，2009年。

印顺：《原始佛教圣典之集成》，中国台北，正闻出版社，1988年。

余太山：《西域通史》，郑州，中州古籍出版社，2003年。

羽田亨：《西域文化史》，耿世民译，乌鲁木齐，新疆人民出版社，1981年。

张平：《从克孜尔遗址和墓葬看龟兹青铜时代的文化》，载《新疆文物》，1999（2）。

中国壁画全集编辑委员会编：《中国美术分类全集·中国新疆壁画全集·库木吐喇》，乌鲁木齐，新疆美术摄影出版社，1995年。

中国壁画全集编辑委员会编：《中国美术分类全集·中国新疆壁画全集·森木塞姆·克孜尔尕哈》，沈阳，辽宁美术出版社；乌鲁木齐，新疆美术摄影出版社，1995年。

中华电子佛典协会，大正新修大藏经（CBETA电子佛典集成版）。

外文

[德]阿尔伯特·冯·勒柯克、恩斯特·瓦尔德施密特：《新疆佛教艺术》，管平、巫新华译，乌鲁木齐，新疆教育出版社，2006年。

[德]阿尔伯特·冯·勒柯克：《中亚艺术与文化史图鉴》，赵崇民、巫新华译，北京，中国人民大学出版社，2005年。

[德]格伦威德尔：《新疆古佛寺》，赵崇民、巫新华译，北京，中国人民大学出版社，2007年。

[俄]г. A. 普加琴科娃．л.и. 列穆佩:《中亚古代艺术》，陈继周、李琪译，乌鲁木齐，新疆美术摄影出版社，1994 年。

[日]《ベーミヤン・1969 年度の调查》，名古屋大学，1971 。

[日]渡边哲信:《西域旅行日记》，载《新西域记》上、下卷，有光社，1937 年。

[日]宫治昭:《宇宙主释迦佛——从印度到中亚、中国》，贺小萍译，载《敦煌研究》，2003（1）。

[日]宫治昭:《犍陀罗美术寻踪》，李萍译，北京，人民美术出版社，2006 年。

[日]龙谷大学佛教文化研究所编:《大谷文书集成（一）》，法藏馆，2009 年。

[日]木村泰贤:《小乘佛教思想论》，演培法师译，贵阳，贵州大学出版社，2013 年。

[日]入泽崇:《禅定僧：近来日本学者对克孜尔石窟图像的研究》，苗利辉译，载《新疆师范大学学报·哲学社会科学版》，2005（2）。

[日]香川默识编:《西域考古图谱》，北京，学苑出版社，1999 年。

[新加坡]古正美:《定义大乘及研究佛性论上的一些反思》，载《佛学研究中心学报》，第三期。

[英]A. K. 渥德尔:《印度佛教史》，王世安译，北京，商务出版社，1987 年。

[英]约翰·马歇尔:《塔克西拉 I》，秦立彦译，昆明，云南人民出版社，2002 年。

《中国大百科全书》总编委会编:《中国大百科全书第二版（第 18 册）》，北京，中国大百科全书出版社，2009 年。

Albert Von Le Coq. Bilderatlas Zur Kunst Und Kulturgeschichte Mittelasiens. Graz-Austria: Akademische Druckuu.Verlagsanstalt, 1907

J. Ph. Vogel. The Mathura School of Sculpture. in：Archaeological Survey of India. Annual Report 1906—1907. pp.137-160

R. C. Sharma. Buddhist Art: Mathura School. New Delhi: Wiley Eastern Limited & New Age International Limited, 1995

Tian shu Zhu（朱天舒）. The Sun God and the Wind Deity at Kizil. in: Matteo Compareti, Paola R affetta & Gianroberto Scarcia eds. Webfestschrift Marshak Studies presented to BorisIlich Marshak on occasion of his 70th birthday. Buenos Aires: Transoxiana，2003. 681-718

Von Albert Grunwedel. Buddhist Art In India. London: Bernard Quaritch，1901